Le grand guide des Styles

Jean Bedel

HACHETTE
Pratique

Smmaire

• *Les premiers styles*

LES MEUBLES ÉGYPTIENS 6

LES MEUBLES GRECS ET ROMAINS 9

DES GAULOIS AUX CAROLINGIENS 10

LES CORPORATIONS S'ORGANISENT 12

• *Connaissance des bois* 14

• *Le mobilier français*

LES STYLES DU MOYEN ÂGE 18

LES STYLES DE LA RENAISSANCE 26

LE STYLE LOUIS XIII. 32

LE STYLE LOUIS XIV. 36

LE STYLE RÉGENCE 48

LE STYLE LOUIS XV 56

LE STYLE TRANSITION 74

LE STYLE LOUIS XVI. 80

DU STYLE DIRECTOIRE AU CONSULAT . . . 92

LE STYLE EMPIRE 96

LE STYLE RESTAURATION 104
LE STYLE CHARLES X.................... 108
LE STYLE LOUIS-PHILIPPE 110
LE STYLE NAPOLÉON III.................. 114
L'ÉCLECTISME EUROPÉEN............... 122
DU MODERN STYLE À L'ART NOUVEAU ... 126
LE STYLE ART DÉCO 132
LE FONCTIONNALISME.................. 138
LES MEUBLES DE L'AN 2000 146

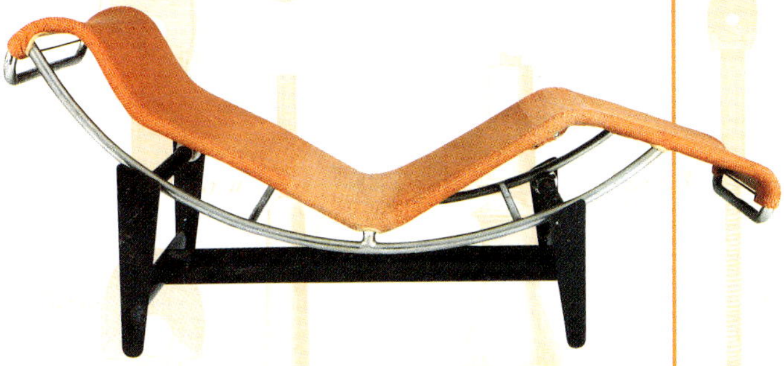

• *Tableau récapitulatif des styles*......................150
• *Tableaux synthétiques des meubles régionaux*........152

• *Le mobilier étranger*

LES STYLES ESPAGNOLS................ 156
LES STYLES ITALIENS 164
LES STYLES ANGLAIS 172
LES STYLES DES ÉTATS-UNIS............ 188
LES STYLES DES PAYS GERMANIQUES..... 190
LES STYLES DES PAYS-BAS 196

• *Le choix d'un meuble*

ANTIQUAIRE OU SALLE DES VENTES ?.... 203
FAUX ET USAGE DE FAUX 207
ENTRETENIR VOS MEUBLES........... 214

Dessins : François Charles
Secrétariat d'édition : Mireille Touret et Catherine Schram
Conception et réalisation de l'intérieur : Graph'M
Conception et réalisation de la couverture : Nicole Dassonville

LE TEMPS RETROUVÉ

Qu'il soit peintre, sculpteur, écrivain, musicien ou créateur de meubles, chaque artiste possède son style personnel. De la même façon, chaque époque sécrète un style qui lui est propre, résultat de trois éléments essentiels : les matériaux utilisés, la technique mise en œuvre et une certaine vision synthétique des goûts de la société dans un contexte historique déterminé. Le style doit être représentatif, ou il n'est pas. Pour que se dégage un style qui soit le reflet de son temps, il faut qu'il y ait coïncidence entre les aspirations collectives et l'expression qu'en proposent les créateurs de formes. C'est ce que nous montre l'histoire des styles successifs du mobilier. Si les contours sont incertains, le style est indéterminé et prête à confusion, comme nous le verrons avec les pastiches Napoléon III.

Au contraire, quand une volonté esthétique fait pression sur les concepteurs, les meubles se stylisent dans un consensus qui assure leur réussite. Ce qui n'empêche pas les périodes de transition où les structures passées s'infléchissent vers un avenir en mouvement. Lorsque les matériaux, les techniques, les formes et les décors sont homogènes, un style se dégage sans équivoque qui se distingue des productions précédentes et prend sa place dans l'histoire d'une société. Le style d'un meuble fonde alors sa propre identité. Si avec le recul du temps on peut dater l'époque qu'il représente, c'est qu'il a su se faire reconnaître. Le style d'un meuble, c'est le temps retrouvé.

-4500 J.C.

Les premiers STYLES

Les premiers styles qu'il nous est possible de répertorier sont nés en Égypte, en Grèce et à Rome. Il a fallu des millénaires pour que les meubles passent d'un rôle d'apparat, réservé aux privilégiés, au confort quotidien du plus grand nombre. Cependant le goût du décor a toujours accompagné cette lente évolution.

On connaît les premiers meubles davantage par les textes ou l'image que par leur survivance physique. Une des plus anciennes représentations d'un siège remonte à plus de 4500 ans av. J.-C., dans cette phase du néolithique qu'on appelle l'âge de pierre. Il s'agit d'une terre cuite de 18,5 centimètres qui représente une femme sur un petit tabouret. Une volonté de décoration apparaît déjà sous la forme d'un pied figurant une feuille à nervures incisées (musée de Prestina, au Dosovo).
Mais c'est en Égypte que sont nés et se sont développés les premiers styles.
Entendons par là un ensemble de caractéristiques structurelles et ornementales qui reflètent les conceptions, les goûts et les modes d'une époque déterminée.

LES MEUBLES ÉGYPTIENS

Le Musée égyptien du Caire, le British Museum et le Louvre nous offrent de nombreux témoignages des premiers styles de mobilier. D'après des fragments de calcaire peints évoquant des scènes funéraires remontant à 2600 ans avant notre ère, les premiers sièges visibles sont des fauteuils formés d'une caisse cubique d'où s'élève un dossier bas. Ils étaient sans doute réservés à des personnages de haut rang. Des pieds détachés allègent bientôt les structures massives. Des stèles funéraires de l'Ancien Empire (2600 à 2200 ans av. J.-C.) représentent, gravées en creux dans la pierre, des tables de forme rectangulaire dont le plateau prend appui sur quatre pieds carrés, renforcés entre eux, en dessous du plateau, par des barres d'entretoises. C'est le style « memphite », reconnaissable par ses lignes droites et ses volumes symétriques. Une révolution stylistique s'accomplit vers 2200 av. J.-C. à la fin de l'Ancien Empire, sans doute sous la IVe dynastie, tandis que s'achèvent les grandes pyramides. C'est alors que se manifeste un élément décoratif nouveau : la patte de lion ou, plus précisément, le jarret de lion terminé par un pied à cinq griffes qui se substitue aux pieds

Chaise d'apparat à cannage tressé (1400-1300 av. J.-C.). À la recherche de l'équilibre et du confort s'ajoutent des incrustations d'ivoire et des pieds en forme de patte de lion. (H : 91 cm ; l : 47,5 cm)

droits du style précédent, aussi bien pour les sièges que pour les lits. On en connaît plusieurs exemplaires bien conservés. Ce style se perpétue de dynastie en dynastie jusqu'au Nouvel Empire, apogée de la puissance égyptienne. La large chaise que l'on peut voir au Louvre comporte un cadre servant de support à un treillis en cordelettes passées dans les trous. Le dossier plein, légèrement incliné, est incrusté de motifs géométriques en ivoire, agrémentés de palmettes. Le siège repose sur quatre pattes de lion qui se prolongent par un pied à cinq griffes en appui sur un talon.

Les autres meubles égyptiens sont les tables à pieds droits ou légèrement inclinés, les tables à trois pieds, les tables à pied central, les lits à pattes de lion, les tabourets cannés à pieds droits ou tournés et les coffrets à tiroirs.

D'une façon générale, les meubles égyptiens empruntent leur forme soit à l'architecture, comme les coffrets à couvercle en double pente, soit au corps animal, comme les pieds de lion, de taureau ou de gazelle. Les accotoirs des fauteuils sont parfois ornés de têtes de gazelle, de bouquetin ou de lotus stylisés (musée du Caire).

Médaillon central d'une coupe à vin en céramique (Vᵉ siècle av. J.-C.). Un des personnages à figure rouge sur fond noir est assis sur une chaise typique, caractérisée par l'incurvation du dossier et des pieds.

Chaise grecque reconstituée pour la villa Kerylos à Beaulieu-sur-mer, d'après des dessins relevés sur des vases grecs du Vᵉ siècle av. J.-C. Elle est ornée d'incrustations d'ivoire et d'ébène.

L'observation des assemblages est révélatrice des techniques maîtrisées par les menuisiers égyptiens. Les pieds sont fixés aux ceintures des sièges et des lits par des tenons ajustés dans une mortaise et bloqués par des chevilles rondes, en bois ou en ivoire. Les tiroirs des meubles de rangement, coffrets ou petits cabinets, présentent une façade munie de poignées de tirage, assemblée à angle droit aux côtés par une courte queue-d'aronde. Les outils employés, retrouvés dans les tombes ou représentés sur des fresques, sont la hache, l'herminette à lame recourbée, la scie, les tenailles, le rabot, le ciseau à bois et le foret dont le mouvement rotatif est assuré par la corde d'un archet.

Ces techniques évoluées s'imposeront en Mésopotamie et en Grèce. Mais les huchiers — ainsi désignait-on les premiers menuisiers — français du Moyen Âge n'en bénéficieront pas directement. Ils devront tâtonner et redécouvrir progressivement ces techniques avancées. Retenons que les artisans de la brillante civilisation égyptienne connaissaient déjà, voilà plus de quarante siècles, les principaux procédés de fabrication des meubles, notamment les assemblages par tenons et mortaises et queues-d'aronde permettant de fixer solidement la façade d'un tiroir à ses deux côtés. Quant aux ornements stylistiques d'une originalité si puissante, ils évolueront vers d'autres formes adaptées aux goûts artistiques des grandes civilisations du monde antique.

Le rayonnement artistique de l'Égypte gagne le Proche-Orient au VIIIᵉ siècle av. J.-C. où les Assyriens et les Perses intègrent les styles pharaoniques hérités de l'Empire chaldéen.

Hérodote, l'historien grec (484-420 av. J.-C.), évoque dans ses récits la somptuosité des palais de Ninive et de Babylone, remplis de lits, de tables et de troncs plaqués d'or ou incrustés de motifs d'ivoire.

Les bas-reliefs assyriens conservés au Louvre montrent des tables et des sièges à pattes de lion directement inspirés des meubles égyptiens. Les accotoirs des trônes assyriens présentent parfois des têtes de chevaux. Le bronze et l'ivoire sont employés en placages, ainsi que l'ébène et le bois de rose importés des Indes.

LES MEUBLES GRECS ET ROMAINS

La Grèce est l'héritière des deux grandes civilisations de l'Égypte et de l'Assyrie, qui inspirent ses monuments et son mobilier. Les fidèles représentations peintes sur les vases en céramique nous permettent de visualiser de nombreux modèles de meubles. Les tables, souvent à trois pieds, les lits et les sièges en bois sculpté sont décorés d'incrustations d'or et d'ivoire. Le bronze est également employé pour façonner des trépieds porteurs d'amphores ainsi que des trônes et des lits ornés de motifs géométriques ciselés.

Le décor et les ornements

Tous les styles qui se sont succédé sur le pourtour de la Méditerranée doivent au génie artistique de la Grèce une floraison ornementale d'une merveilleuse invention.
On a retrouvé dans les vestiges des temples de Delphes, élevés au VIe siècle av. J.-C., au pied du mont Parnasse, la plupart des motifs originaux que l'on verra resurgir de siècle en siècle : cannelures, perles, feuilles d'eau, denticules, palmettes, lignes brisées géométriques qui recevront d'ailleurs le nom de grecques. Tous ces ornements architecturaux s'appliqueront à échelle réduite sur la surface des meubles, en léger relief ou en marqueterie. Les sièges représentés sur les frises du Parthénon sont à pieds tournés, ornés en ceinture de motifs en toupie. Le goût pour le décor abstrait est si fort chez les Grecs qu'il aboutit à une stylisation des formes observées dans la nature, telles que rinceaux ou feuilles d'acanthe.

Les meubles

Le mobilier romain est connu par de nombreux témoignages architecturaux. Mais il a été surtout révélé au XVIIIe siècle par les fouilles des villes d'Herculanum et de Pompéi ensevelies sous les laves du Vésuve en 79 après J.-C. Le musée de Naples présente tout le mobilier sauvé des cendres à une époque où la civilisation romaine était la plus brillante. Inspirés des modèles grecs, les meubles sont alors d'un luxe étonnant. Lits en bois, sauvés des flammes grâce à leur placage d'argent, lits à châssis de bronze à décor ciselé ; sièges en bois ou en bronze portés par quatre pieds tournés en toupie, surmontés d'un bandeau orné de motifs géométriques et de figurines sculptées.
Le bisel est un siège à deux places où l'on veut reconnaître l'ancêtre de la marquise, large bergère apparue sous Louis XV. Plus confortable, le scabellum est un tabouret bas où les personnes assises posent leurs pieds, comme sur le bout de pied des duchesses brisées.
Les plateaux de table reposent sur des pieds en bronze annelés terminés par des griffes de lion. Certains trépieds, également en bronze, supportent une galerie circulaire ornée de guirlandes de fleurs. D'autres pieds de table sont en forme de pliant sur lequel on pose des plateaux mobiles.
Des grands candélabres en forme de mince colonne soutiennent quatre branches où sont pendues des lampes à huile.
Les armoires de rangement à casiers multiples sont d'abord destinées à protéger les armes, d'où leur nom, puis elles ont été utilisées pour conserver les papiers de famille.

Chaise longue tendue de cuir dont les montants et les pieds s'articulent autour d'un axe. Modèle gréco-romain reconstitué d'après des céramiques et des documents archéologiques pour la villa Kerylos de Beaulieu-sur-mer.

Tout le mobilier romain, très inspiré de l'art grec, témoigne de l'habileté des menuisiers et des artisans bronziers toujours soucieux, pour chaque meuble, d'harmoniser les éléments décoratifs à leurs supports fonctionnels.

DES GAULOIS AUX CAROLINGIENS

Les Romains considéraient comme des barbares tous les peuples qui s'opposaient à leur conquête. On sait pourtant qu'avant de se soumettre aux légions de César les Gaulois possédaient un sens artistique développé, dont témoignent des bijoux et des monnaies.
Certains bijoux d'argent à motifs végétaux entrelacés évoquent les pierres sculptées des chapiteaux romans que l'on verra resurgir dix siècles plus tard. Ce peuple de guerriers, dont certains mercenaires s'étaient aventurés jusqu'à la Grèce et au Moyen-Orient, connaissait la civilisation hellénique et pratiquait la frappe monétaire dès le IIIe siècle av. J.-C. Les motifs qu'ils gravaient dans le bronze et l'or sont le reflet d'un art celtique original où la déformation des modèles va jusqu'à l'abstraction. La Gaule « chevelue » avait des artistes pleins de talent et d'imagination. Ils avaient une façon qui n'appartenait qu'à eux d'interpréter le visage humain autour d'un œil ouvert ou de représenter un cheval au galop en quelques traits puissants. Mais la survivance d'un art celtique est vite étouffée par l'empreinte de Rome.

Les meubles gaulois

Bien qu'aucun meuble gaulois n'ait été conservé, on peut imaginer que les « barbares » savaient tailler les planches et les assembler si l'on sait qu'ils disposaient de chars rapides munis de roues à rayons et qu'ils construisaient de grands navires capables de descendre les fleuves jusqu'à la mer. On leur doit l'invention du tonneau qui implique une technique évoluée pour assembler les douelles, les cercler de fer et les rendre étanches, tandis que les Romains ne disposaient que d'incommodes amphores pour transporter le vin ou l'huile. Lorsqu'en 330 l'empereur Constantin, converti au christianisme, fit de Byzance la capitale de l'Empire romain en pleine décadence, les provinces gauloises furent abandonnées aux grandes invasions jusqu'à l'instauration du royaume des Francs et à la conversion de Clovis, à la fin du Ve siècle.
En dépit des grandes invasions, on ne peut croire que pendant plusieurs siècles les hommes qui vivaient sur le sol gaulois se soient passés de meubles. Le fait que l'on n'en connaisse aucun vestige ne veut pas dire qu'ils n'existaient pas. Avec l'évangélisation de la Gaule, c'est surtout dans les communautés religieuses que se perpétue l'initiation à des techniques héritées sans doute des menuisiers égyptiens. Un pupitre en bois sculpté conservé au monastère de Sainte-Croix de Poitiers, que l'on peut dater du VIe siècle, atteste que les huchiers savaient, comme leurs lointains devanciers des bords du Nil, réaliser des assemblages à tenon (partie mâle) enfoncé dans une mortaise (partie femelle). La fixité de l'ensemble était assurée solidement par des chevilles transversales.
Pierre Verlet, qui fut le conservateur exemplaire du département des Objets d'art du musée du Louvre, estime que la plupart des techniques de fabrication des meubles « ne sont pas des inventions du Moyen Âge, car on en rencontre des exemples dès l'Antiquité égyptienne et romaine ». Mais, écrit-il encore, « les cheminements demeurent incertains. L'héritage a pu exister et des souvenirs se maintenir, mais bien souvent n'a-t-on pas dû réinventer ? » (*Styles, meubles, décors du Moyen Âge à nos jours*, Larousse, 1971).

Les meubles byzantins

Le tabouret pliant appelé alors *faldistorium*, sur le même type que le trône de Dagobert, est le siège le plus souvent représenté dans les enluminures et les gravures. Il est soit en bronze, soit en bois, avec une assise d'étoffe de cuir ou de jonc entre les deux branches supérieures de l'X.

À cette époque que l'on peut désigner comme le haut Moyen Âge occidental, et qui correspond aux dynasties carolingiennes, les fabricants de meubles et de sièges byzantins se distinguent par l'emploi d'un revêtement d'ivoire d'une extraordinaire finesse monté sur des structures en bois. On en retiendra comme exemple le trône de l'archevêque Maximien de Ravenne (545-556), couvert de motifs floraux, de rinceaux, de feuillages, de grappes et d'animaux en semi-relief encadrant cinq panneaux allongés représentant saint Jean-Baptiste et les quatre Évangélistes (musée de Ravenne).
Des manuscrits byzantins représentent un autre meuble qui restera présent dans tous les styles jusqu'à la Renaissance, le pupitre de lecture, ou lectrin, muni à sa partie inférieure d'un coffre de rangement destiné aux rouleaux manuscrits.
Il fallut donc un patient travail à l'ombre des monastères pour que se reconstitue progressivement un mobilier religieux et civil.
C'est à partir de planches grossièrement dégrossies à la hache que des sièges, des lits et des tables sortent des mains des huchiers, branche mineure des charpentiers. Le bois de prédilection est alors le chêne, dont la dureté assure la conservation des premiers ornements géométriques où l'on retrouve parfois l'inspiration celte.

Les meubles mérovingiens et carolingiens

Seuls quelques sièges mérovingiens en bronze sont parvenus jusqu'à nous, dont le trône dit de Dagobert que l'on peut voir à la Bibliothèque nationale. Il s'agit d'un siège à piètement en X du même modèle que les sièges curules romains, enrichi de motifs orientaux, dont les quatre pieds en forme de patte griffue sont surmontés de têtes de lion. Ce siège dont les côtés pouvaient à l'origine se refermer autour d'un axe est daté du IXe siècle par les spécialistes. Restauré au XIIe siècle, il a été doté d'un dossier et d'accotoirs à motifs ajourés. Sa forme initiale évoque un pliant transportable qui laisse penser que les Mérovingiens, toujours prêts à guerroyer, étaient alors des itinérants. Les manuscrits à enluminures nous renseignent davantage sur d'autres types de sièges et de meubles apparus sous les Carolingiens à partir du VIIIe siècle, tandis que s'opère en France une véritable renaissance culturelle. Les fauteuils sont à pieds tournés animés de légers renflements avec une assise en joncs tressés, ce qui indique une certaine volonté de confort.

Trône dit de Dagobert en bronze doré, en réalité du IXe siècle. Il est construit selon le modèle de la chaise curule romaine à branches en X. Conservé à la Bibliothèque Nationale de France. (H : 135 cm ; l : 78 cm)

Le coffre qui reste le meuble principal est d'aspect massif, fait de planches à peine dégrossies et serrées les unes contre les autres, à joints vifs dira-t-on, et retenues par des pentures en fer forgé qui témoignent du grand art des ferronniers.
Les bancs-coffres ont la forme d'un cube dont le panneau arrière s'élève en dossier, parfois orné de motifs d'inspiration végétale.
Les structures et les décors de ces premiers meubles sont directement inspirés de l'architecture romane. Le meuble à portes français le plus ancien est l'armoire d'Aubazine, en Corrèze, que nous avons pu étudier de très près.

Les Corporations s'organisent

À l'époque carolingienne (du VIIIe au Xe siècle), les huchiers commencent à s'organiser en coopératives de caractère laïque, même si leurs ateliers sont installés dans des communautés religieuses. Il y a là comme une résurgence des corporations artisanales de l'époque gallo-romaine. De génération en génération, la transmission des secrets du métier, l'initiation et le recrutement de nouveaux compagnons sont assurés par l'apprentissage.

Les menuisiers disposent des mêmes outils que les charpentiers, mais de plus petite taille et plus maniables : hache, herminette (sorte de hachette à lame courbe perpendiculaire au manche), doloire (lame tenue par deux poignées), scie à refendre, gouges et ciseaux à bois, rabots et limes. Les premiers meubles sont d'abord équarris et taillés à la grande cognée. Mais à la suite d'une division du travail, certains artisans délaissent le gros œuvre pour réaliser des coffres, des bancs et des sièges à « menus bois », ce qui leur vaudra le nom de menuisiers ou « huchiers de petite cognée » chargés d'exécuter les parties mobiles de la maison telles que portes, fenêtres et volets. Le mot « huis » qui désignait les portes des chambres donnera « huissier » ou « huchier ». Ces artisans, longtemps sous la coupe des charpentiers, auront du mal à se détacher de leur tutelle. Finalement, un privilège royal les autorisera à pouvoir former un corps de métier séparé. À partir du XIIIe siècle, les meubles, c'est-à-dire tout ce qui est mobile dans la maison, sont définitivement l'œuvre des huchiers qui prendront le nom de menuisiers, tandis que les charpentiers ne traiteront plus que le « gros bois », c'est-à-dire les parties fixes de la construction.

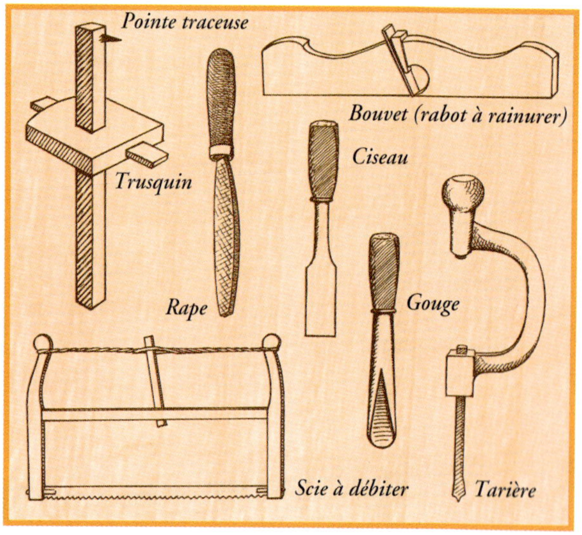

Des perfectionnements techniques importants

L'assemblage par rainures et languettes (début du XVe siècle) allège considérablement les coffres et les armoires jusqu'alors lourds et massifs. De plus, ces panneaux à bordures finement taillées qui se glissent entre les montants offrent aux sculpteurs — appelés imagiers — de nouvelles possibilités ornementales. Enfin, cette technique évite désormais l'assemblage à joints vifs qui consistait à placer les planches côte à côte, seulement retenues par des pentures en fer forgé.

L'assemblage à queue-d'aronde (fin du XIVe siècle) affirme la solidité des structures par un véritable système de clés au niveau des angles droits. Le mot lui-même, « queue-d'aronde » ou « d'hironde », décrit la forme d'une queue d'hirondelle ou, plus précisément, d'un petit trapèze dont la forme précise vient s'ajuster exactement dans une découpe offrant le même contour. Par la suite, et même jusqu'à la fin du XXe siècle, les tiroirs (dont la date d'apparition est incertaine) resteront assemblés à queue-d'aronde, sans qu'il soit nécessaire de les coller.

À la fin du XVe siècle, la structure des meubles est encore allégée par la coupe d'onglet. Il s'agit d'un assemblage des montants d'un panneau qui, au lieu de se placer l'un sur l'autre à angle droit, s'épousent à leur extrémité par une coupe à quarante-cinq degrés. Invisible sous la surface du cadre ainsi formé, le tenon s'ajuste dans une fente, ce qui assure à l'ensemble une grande solidité. Ce type d'assemblage est aisément réalisé par les menuisiers grâce à une boîte à onglets qui permet à la scie de suivre un tracé prédéterminé pour obtenir le bon angle.

Bien qu'aucun siège ne soit parvenu jusqu'à nous, on connaît l'existence de chaires, soit par les sculptures qui ornent les portails des églises, soit par les enluminures des Saintes Écritures. C'est ainsi qu'on a pu identifier des sièges d'époque romane perchés sur des pieds en bois tournés et annelés. On connaît ainsi la représentation d'un pupitre de lecture — ou lectrin — dont la tige centrale montre des renflements en boules de chapelet ou en olives. Ces images confirment que l'usage du tour, connu des Égyptiens, s'est perpétué jusqu'au Moyen Âge, permettant de donner au bois des formes sculpturales.

Tandis qu'ils affinent leur technique, les menuisiers s'organisent et se diversifient. Sous Philippe Auguste, en 1254, le prévôt de Paris définit par une série d'ordonnances les droits et les devoirs des charpentiers et des menuisiers. Des règlements subsidiaires organisent les conditions d'accès au métier de menuisier, les obligations de l'apprenti et même le choix des bois pour les différentes parties du meuble, en interdisant par exemple l'emploi de l'aubier (la partie la plus tendre) pour les montants et les panneaux.

C'est sur ces bases techniques parfaitement maîtrisées que les menuisiers vont, dès le XIIIe siècle, inventer de nouveaux meubles et imaginer de nouveaux décors. Ainsi vont naître les styles successifs qui jalonnent l'histoire du mobilier français.

TECHNIQUES D'ASSEMBLAGES

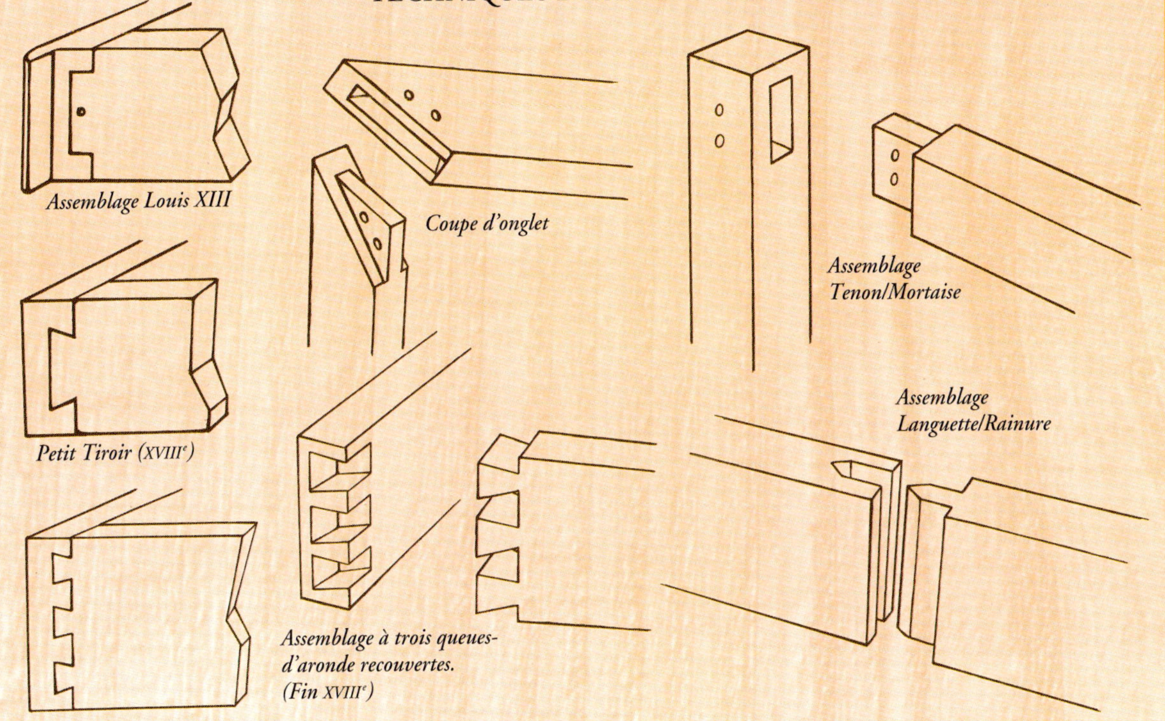

Connaissance DES BOIS

À cette époque aux frontières indécises, qui vont traditionnellement de la chute de l'Empire romain (476) à la chute de Constantinople (1453), rares sont les meubles dans les châteaux, plus rares encore dans les demeures citadines et presque inexistants dans les maisons paysannes. Pour construire des meubles solides et résistants, le chêne est le bois le plus employé en France jusqu'au XVIe siècle. Le châtaignier vient en appoint. En Angleterre, l'âge du chêne dure jusque vers 1650, puis vient l'âge du noyer, auquel succède l'âge de l'acajou à partir de 1730. La Bourgogne, le Languedoc et la Provence de même que l'Italie et l'Espagne marquent leur préférence pour le noyer. Dans presque toutes les provinces, les bois fruitiers (poirier, pommier et surtout merisier, une variété de cerisier) sont utilisés en fonction des besoins, bien qu'ils donnent des planches moins larges. De forte taille, les résineux trouvent leur emploi en charpenterie et en menuiserie. Lorsque les meubles se multiplient et se diversifient, à partir du XVIIe siècle, la demande de bois se fait plus forte et, du même coup, les menuisiers font appel à des essences très variées qui ont chacune leur propriété. Plus un bois est humide moins il est élastique et résistant, d'où la nécessité d'un séchage prolongé. La façon de découper les bois modifie leur résistance à l'usure. On appelle bois de mérain les pièces fendues à la hache dans le sens du fil, ce qui, pendant longtemps, a évité le sciage. De plus, les planches taillées dans du bois de mérain résistent à toutes les distorsions provoquées par les changements de température et d'humidité.

Le bois de fil désigne les planches obtenues en débitant l'arbre dans le sens des veines. On l'oppose au bois de bout taillé perpendiculairement aux veines et qui, à l'usage, offre une très grande dureté. La gravure en bois de bout permet d'obtenir des détails beaucoup plus fins. Un défaut du bois très particulier, mais dont on peut tirer parti en décoration, est la loupe, excroissance fibreuse qui affecte certains arbres comme des verrues. L'orme et le frêne, par exemple, donnent des loupes dont les ramifications sont appréciées en panneaux ou en feuilles de marqueterie. Des effets décoratifs comparables sont également obtenus avec la ronce, partie du bois pleine de nœuds et de veines que l'on tranche à la base de l'arbre au niveau des racines ou au départ des branches.

Les bois

Ce tableau offre une synthèse des caractéristiques essentielles des principaux bois utilisés dans la fabrication des meubles.

Lors de l'achat d'un meuble, la connaissance des bois employés permet d'apprécier leurs qualités particulières. La connaissance des bois est d'autant plus difficile qu'ils n'ont pas toujours le même aspect sous forme de planche que sous forme de meuble.

En fin de compte, ce qui importe à l'amateur d'antiquités, c'est l'art d'authentifier les meubles eux-mêmes et de les situer dans une époque déterminée. Dans cette perspective, il est bon de savoir examiner les traces laissées par les outils sur les surfaces des meubles. Enfin, les assemblages des diverses parties d'un meuble peuvent également fournir des renseignements sur la date de fabrication.

C'est grâce à des observations concordantes qu'il sera possible, comme nous le verrons après l'historique des styles, de « faire parler les meubles » pour qu'ils « avouent » leur âge véritable.

BOIS	LOCALISATION	QUALITÉS	USAGES
CHÊNE ROUVRE 	France, Nord et Centre, en plaine et à moyenne altitude.	Dur, résiste à la compression et à la flexion. Fissile (facile à fendre).	Bois universel. Charpentes (cathédrales et châteaux). Construction navale. Parquets, menuiserie, feuilles de placage.
CHÂTAIGNIER 	Centre, Alpes, Pyrénées, Alsace du Sud.	Dur, résistant, aubier peu étendu. Cœur riche en tanin, ce qui éloigne insectes et vers du bois.	Charpentes. Meubles massifs. Perches, piquets, tonneaux.
HÊTRE 	Moitié Nord de la France. Massif Central.	Nerveux, résistant, raide, facile à travailler et à cintrer (à la vapeur).	Sièges, pieds de tables, portes. Charronnage. Contre-plaqués.
NOYER 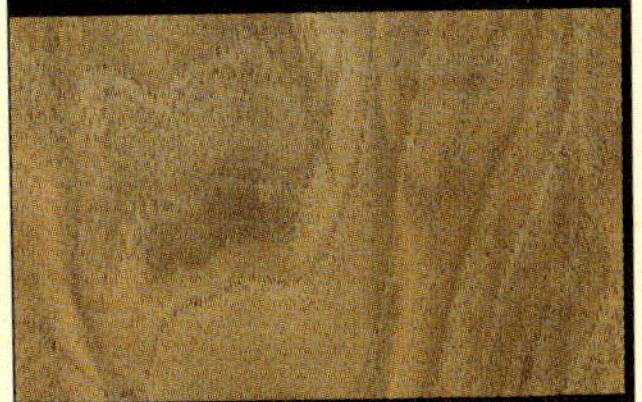	Montagne moyenne et aire de la vigne.	Bonne résistance. Facile à sculpter. Facile à teinter (à l'imitation de l'acajou). Donne des loupes et des ronces.	Menuiserie fine. Boiseries, rampes d'escalier. Feuilles de placage (loupes).
ORME 	Toute la France. Plaines et vallées.	Élastique, résiste à la compression. Peu fissile. Facile à raboter. Loupes intéressantes.	Charpentes, escaliers. Moyeux de roues. Feuilles de placage (loupes).
FRÊNE 	Un peu partout dans les vallées et sur des pentes peu élevées.	Bois clair aux veines mouvementées. Bonne élasticité sans rupture, facile à cintrer.	Manches d'outils. Avirons, skis. Roues de charrettes. Sièges en bois courbé.
TILLEUL 	Toutes régions.	Bois clair, tendre, léger, facile à sculpter mais fragile.	Sculptures, consoles, cadres, miroirs.

	BOIS	LOCALISATION	QUALITÉS	USAGES
	PLATANE 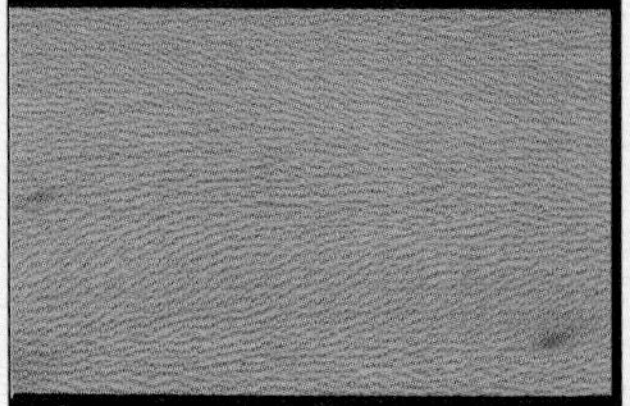	Dans toute la France. Notamment dans le Sud.	Bois clair. jaune pâle. Maillures en ondulations irrégulières. Bonne résistance.	Sièges et meubles massifs. Placage et ébénisterie.
	ÉRABLE 	Dans toute la France.	Jaune à brun clair, veines et nœuds réguliers. Difficile à scier.	Placage, panneaux.
Bois fruitiers	**POIRIER** 	Dans toute la France.	Teintes claires. Facile à cirer. Petit diamètre et petite taille. Bonne résistance. Se prête à la sculpture. Prend facilement la teinture.	Cultivé pour ses fruits. Plateaux de tables et panneaux d'armoires ou de bonnetières.
Bois fruitiers	**MERISIER-CERISIER** 	Dans toute la France.	Résistant, prend une belle patine.	Nombreux meubles régionaux et meubles massifs classiques.
Résineux (conifères)	**ÉPICÉA OU MÉLÈZE** 	Bois de montagne jusqu'à 1200 mètres.	Tailles élevées. Veines apparentes. Résiste (grâce à la résine) aux agents destructeurs.	Menuiserie intérieure, charpentes. Moulures, coffres, boîtes. Fibres du bois. Fibres d'emballage. Meubles d'alpage.
Résineux (conifères)	**PIN SYLVESTRE** 	Bois de petite montagne à plus de 500 mètres d'altitude.	Résistant, léger, veines apparentes.	Menuiserie, caisses, charpentes, panneaux.
Résineux (conifères)	**PIN MARITIME** 	Du Nord au Midi, climat marin.	Riche en résine. Résiste à l'humidité.	Poteaux, échafaudages. Moulures, parquets.

BOIS	LOCALISATION	QUALITÉS	USAGES
AMARANTE 	Amérique du Sud.	Brun rouge foncé. Facile à travailler et à coller.	Placages, marqueteries.
PALISSANDRE 	Brésil.	Brun rouge, veines noires, très résistant.	Placages, marqueteries.
BOIS DE ROSE 	Guyane. Brésil.	Aspect orangé, souple, résistant, veines serrées et rectilignes. Légèrement parfumé.	Placages, fond de marqueteries, frisages.
BOIS DE VIOLETTE 	Brésil.	Variété de palissandre brun rouge aubergine. Parfum de violette, veines sinueuses.	Placages, frisages, marqueteries, tabletterie.
ÉBENE 	Afrique tropicale.	Bois noir, dense, dur, se polit bien.	Tabletterie. Placages.
ACAJOU 	Amérique du Sud. Antilles. Cuba.	Brun rouge, lustré, très dur. Rougeâtre, veinures foncées.	Meubles et sièges au grain serré. Placages.
TECK 	Asie du Sud-Est.	Brun verdâtre, dur et résistant.	Construction navale. Meubles massifs.

Tableau de synthèse des caractéristiques essentielles des principaux bois utilisés dans la fabrication des meubles.

XIe–XVe

Les styles du MOYEN ÂGE

Il n'y a pas un style médiéval unique, mais une série de styles qui évoluent en s'inspirant des éléments décoratifs de l'architecture dominante.

L'ÉPOQUE ROMANE

L'époque romane, que l'on situe dans l'histoire de l'art en Europe aux XIe et XIIe siècles, offre comme modèle principal aux constructeurs de meubles l'arc en plein cintre qui, entre deux piliers, trace une voûte semi-circulaire. Ce motif en arc de cercle est souvent visible sur la façade des coffres ou des armoires. Les portes de l'armoire d'Aubazine en offrent un modèle exemplaire. On retrouve l'arc de cercle dans la forme des couvercles des coffres qu'on désigne sous le nom de bahuts – et qui servent à « transbahuter » les tapisseries, les vêtements ou l'argenterie, d'un château à l'autre dans ces temps où il faut fuir brusquement soldats et pilleurs. Cette nécessité de déplacements rapides et fréquents explique le petit nombre de meubles alors en usage : quelques tables, bancs et châlits de peu de valeur.

Coffre en chêne, XIIIe siècle, à joints vifs renforcés par des pentures en fer forgé fleurdelisées. Les deux personnages qui ornent les pieds ont été sculptés ultérieurement. (L : 78 cm ; l : 64 cm ; H : 76 cm)

Les premiers décors

Des détails décoratifs accessoires sont également empruntés aux motifs sculptés dans la pierre, tels que dés et cubes en léger relief ou encore les dents de loup comme celles qui courent le long de la corniche de l'armoire d'Aubazine. Les entrelacs et les palmettes de certains chapiteaux romans se retrouvent parfois dans les pentures en fer forgé qui s'épanouissent sur la façade des coffres faits de simples planches assemblées à joints vifs, c'est-à-dire juxtaposées, mais rendues solidaires par ces volutes de fer.
L'évolution des techniques de construction des meubles permet progressivement de renforcer les assemblages et de renoncer aux lourdes pentures de fer forgé qui les consolidaient.
À partir du XVe siècle, les panneaux embrevés entre les montants sont sculptés de motifs géométriques puisés dans le répertoire architectural : croix, rosaces, étoiles, cercles, torsades, damiers, animaux et végétaux stylisés.

Les premiers meubles

Le coffre a pour fonction essentielle de contenir le linge et tous les objets familiers, de la vaisselle aux bijoux.
Les tables sont des planches épaisses et à peine dégrossies que l'on pose sur des tréteaux mobiles.
Les armoires sont faites de madriers qui servent de charpente à des panneaux assemblés à joints vifs consolidés par des pentures en fer forgé fixées à gros clous.
Les lits, encore appelés châlits, sont constitués de planches épaisses assemblées à tenons et mortaises sur des madriers verticaux. Ils sont enrobés de courtines, ou tentures, surmontées d'un pavillon parfois suspendu au plafond.
Les premiers sièges connus sont de deux types bien caractérisés : les chaises et les faudesteuils.
Les chayères ou chaires sont des sortes de caisses carrées dont un côté s'élève verticalement comme un court dossier. Des Vierges, romanes en majesté, sont souvent représentées sur ce genre de trône.
Les faudesteuils sont des sièges d'honneur réservés à des nobles ou à des évêques. Ils sont faits d'une assise horizontale portée par quatre pieds tournés. Les pieds arrière se prolongent en hauteur et retiennent les arcatures d'un dossier ajouré. Les pieds avant dépassent en hauteur le niveau du siège pour supporter une barre transversale formant accotoir et rattachée aux montants arrière en suivant une pente douce. Ces sièges d'apparat, d'assise assez haute, sont souvent complétés par un tabouret servant d'appui pour les pieds.
Le banc roman à deux ou trois places comporte également dossier et accotoirs. Le siège est recouvert d'étoffes et de coussins.
La selle est un tabouret à assise circulaire où sont emmanchés trois pieds divergents.

MOTIFS GÉOMÉTRIQUES ROMANS

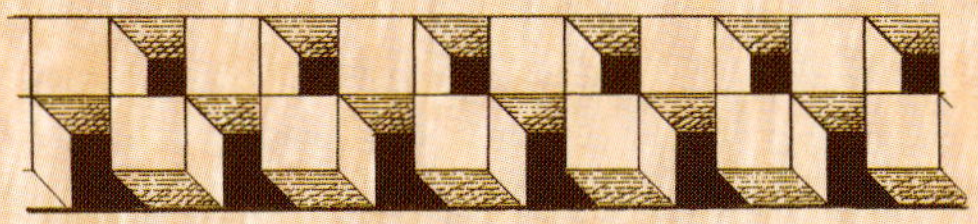
Damiers

Chevrons

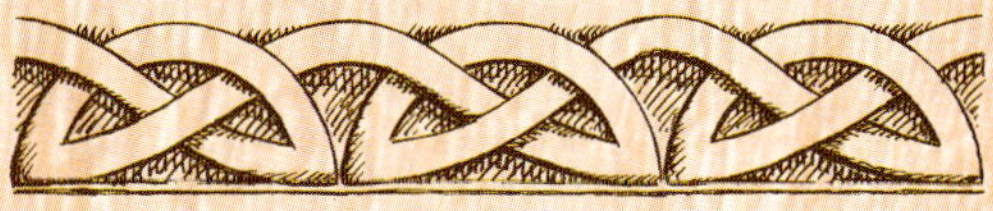
Entrelacs

Arc en plein cintre

Palmette

L'ARMOIRE D'AUBAZINE ET LE STYLE CISTERCIEN

L'armoire d'Aubazine, en Corrèze, a fait l'objet de nombreuses descriptions souvent contradictoires. Viollet-le-Duc dans son Dictionnaire du mobilier français, *paru en 1874, souligne au mot «armoire» certaines particularités de ce meuble dont les côtés présentent «un double rang d'arcatures». Il en donne un dessin fantaisiste et des dimensions inexactes.*

Au Congrès archéologique de Brive, en 1890, M. de Fayolle apporte une description plus précise : «Sa carcasse est formée de six madriers de 32 centimètres de large et de 10 centimètres d'épaisseur dont les prolongements forment les pieds du meuble.»

L'armoire d'Aubazine a été inscrite à l'Inventaire des monuments historiques par un arrêté de classement du 25 juin 1891 avec cette mention : «Armoire décorée d'arcatures, pentures de fer forgé. Matière : chêne. Époque : XIIe siècle. H. : 2,20. Prof. : 2,41. l. : 0,85. Propriétaire : la Commune».

Selon une communication faite par M. Jules Blanchereau au Congrès archéologique de Limoges en 1921, l'armoire aurait été «légèrement modifiée au XVIIe siècle».

Le dernier document qui fait état de l'armoire d'Aubazine est le catalogue de l'exposition Saint Benoît et le monde cistercien, *qui s'est tenue à la Conciergerie à Paris en décembre 1990. L'armoire d'Aubazine y a été exposée et sa photographie figure au catalogue. Toutes les colonnettes d'arcature sont bien visibles et complètes. La légende nous apprend que ces pièces décoratives tournées ont été refaites en 1987, sans doute pour remplacer plusieurs colonnettes manquantes qui avaient disparu au cours des siècles. Il n'est pas surprenant qu'un meuble de plus de huit siècles ait fait l'objet de restaurations d'entretien qui, dans l'ensemble, ne l'ont pas dénaturé.*

En présence de deux experts qualifiés, nous avons examiné pendant une journée entière cette fameuse armoire, avec l'accord de la mairie d'Aubazine qui a bien voulu nous en ouvrir les portes. Nous remercions ici tout le personnel qui s'est mis à notre disposition pour nous faciliter le travail.

Nous sommes en mesure d'apporter de nouvelles précisions sur la datation de l'armoire, ses mensurations, sa description et son style.

Observé dans les moindres détails, ce meuble monumental nous donne une véritable leçon d'histoire de la menuiserie telle qu'elle était pratiquée à la fin du XIIe siècle dans les ateliers que dirigeaient alors les maîtres charpentiers lors de la construction d'une église. La pose de la première pierre de l'abbatiale d'Aubazine a eu lieu en 1156, soit vingt ans avant son achèvement. Plusieurs indications concordantes permettent d'assurer que l'armoire a été réalisée au cours de la dernière année de la construction de l'église, en 1176. On peut lire sur une inscription qui figure dans une chapelle du croisillon nord, juste en face de l'armoire : «L'an de l'Incarnation de Notre-Seigneur MCLXXVI, cet autel fut consacré». Il est logique que l'armoire ait été mise en place au même moment. Elle était placée là où elle se trouve toujours, à environ 1 mètre de la descente de l'escalier qui conduit au dortoir des moines. En se rendant à la messe de nuit, entre 1 heure et 2 heures du matin, selon la règle, les officiants prenaient au passage les instruments liturgiques placés dans l'armoire (ciboire, calice et burettes).

Un autre argument vient confirmer sa date de construction en 1176 : les deux placards enfoncés dans le mur de la sacristie sont fermés par des portes qui ont exactement la même forme surmontée d'un arc de cercle et sont construites de la même façon par un assemblage de larges planches à joints vifs retenues par des pentures en fer forgé qui pivotent sur des gonds. Cette similitude montre bien que les deux portes de l'armoire et les deux portes des placards ont été réalisées à la même époque, dans le même atelier de menuiserie, attenant au chantier de construction de l'abbatiale.

Les mensurations de l'armoire d'Aubazine posent également des problèmes, selon que l'on tient compte ou non du débordement de la corniche sur les côtés et de son épaisseur dans le sens de la hauteur.

Après vérification, elle mesure 2,35 mètres de large sans compter le débordement de la corniche de chaque côté. Sa hauteur, des pieds au sommet de la corniche, est de 2,15 mètres. Sa profondeur, mesurée à l'extérieur sur les côtés, est de 85 centimètres. Les six madriers verticaux qui forment son ossature sont reliés entre eux par des poutres horizontales assemblées à tenons et mortaises, dont le blocage est assuré par des grosses chevilles. Le madrier central sert de dormant fixe entre les portes, selon une typologie qui se perpétuera dans la construction des armoires.

L'armoire d'Aubazine est bâtie en poutres et en planches de chêne débitées à la grande cognée, puis grossièrement aplanies à l'herminette. Les traces en creux laissées par cet outil à lame recourbée sont parfaitement visibles à l'intérieur de l'armoire, notamment sur les planches des étagères. À l'extérieur comme à l'intérieur, les planches et les madriers ont été aplanis sans doute à la doloire, cet outil à lame coupante tenu par deux poignées. On reste cependant surpris en examinant les planches à l'intérieur de l'armoire, par leur aspect très lisse. Il est possible qu'elles aient été polies par des outils mécaniques au cours de restaurations d'entretien. Il n'est pas exclu que certains «nettoyages» aient été effectués à la ponceuse circulaire dont on peut voir les traces, notamment sur les planches du fond de l'armoire.

Les portes de l'armoire, comme celles des placards de la sacristie, sont renforcées par un tasseau horizontal en bois placé sur les faces internes, visiblement destiné à solidariser les planches (au nombre de trois, et non pas quatre comme l'indique le dessin de Viollet-le-Duc). Ce tasseau est fixé dans une large rainure formant dans les planches une entaille légèrement biseautée. On pourrait dire que nous sommes ici en présence d'une queue-d'aronde avant la lettre, système d'assemblage d'une grande solidité qui ne se généralisera qu'au XIVe siècle.

Les portes sont parfaitement ajustées et leur base repose sur des traverses horizontales renforcées à l'extérieur par une large plate-bande de fer forgé qui court sur toute la largeur du meuble entre les montants.

De plus, les deux portes sont chacune bardées en façade de deux pentures en fer forgé qui se terminent de chaque côté par des motifs en accolade, vestige d'une sorte de fleur de lis dont la pointe centrale a été mutilée au moment de la Révolution. Il n'en reste donc que les deux pétales stylisés qui ressemblent à

L'armoire d'Aubazine peut être datée de 1176, date d'achèvement de l'abbatiale. Elle est constituée de six madriers de 32 cm de large sur 10 cm d'épaisseur, reliés entre eux par des poutres assemblées à tenons et à mortaises.

Ci-contre : les côtés sont ornés de trois colonnettes supportant deux arcs en demi-cercle . À droite : les charpentiers se sont directement inspirés des colonnes de chapiteaux et des voûtes de pierre de l'abbatiale.

L'ouverture des portes révèle que celles-ci sont constituées de trois planches verticales solidarisées par des tasseaux taillés en biseaux. Les portes se rabattent sur le madrier central appelé dormant, où elles sont verrouillées par une tige en fer forgé (voir l'armoire fermée).

un double C, mais l'empreinte de la partie arrachée, en forme de fer de lance, est très visible dans les fibres du bois. Ces deux pentures sont interrompues et fendues au niveau des madriers latéraux, pour laisser place de part et d'autre à des gonds qui permettent aux portes de pivoter pour s'ouvrir.
Le verrouillage des portes est assuré par une tige en fer forgé sur laquelle sont implantés deux moraillons qui se rabattent sur les plaques de serrure. Les moraillons se terminent par une boucle en fer, la verterelle, qui s'enfonce dans la fente de la serrure où elle se bloque sous l'action du pêne poussé par la rotation de la clé (la même pour les deux serrures).
La barre de tirage qui supporte les moraillons est garnie à chaque extrémité de têtes de chimère. Sur le côté droit, elle forme une poignée pivotante qui figure une tête d'animal dévorant un lézard. Cette sculpture, à la fois comique et diabolique, est sans doute chargée d'un sens symbolique qui pourrait signifier : «Gare à qui tentera d'ouvrir cette armoire... Il se fera mordre !»
Ce remarquable travail de ferronnerie témoigne de la maîtrise technique et du sens artistique des serruriers qui œuvraient en concertation avec les menuisiers-charpentiers à la fin du XIIe *siècle.*
Autre élément à la fois décoratif et fonctionnel, la corniche qui coiffe le meuble. Elle est faite de trois moulures rectilignes dont l'élément central est orné de dents de loup qui ressemblent plutôt à des dents de scie peintes en rouge. C'est là le plus simple des motifs géométriques romans. Sa couleur est d'un rouge terni, mais bien visible, ce qui laisse à penser que le corps de l'armoire était peint également, mais il n'en reste rien.
Deux fines colonnettes accouplées se dégagent de chaque côté de la façade, taillées dans la masse des madriers latéraux, comme pour en adoucir les angles.
Les parties ornementales les plus remarquables de l'armoire sont les deux côtés, animés d'un double rang d'arcatures superposées. Les arcs en plein cintre de forme typiquement romane reposent sur trois colonnettes tournées, deux de chaque côté et une au centre. La partie supérieure de chaque colonnette forme un chapiteau annelé à la base, qui s'évase pour supporter une tablette carrée où retombe l'arc de cercle de la voûte romane. Lorsqu'on est placé face au côté de l'armoire, il suffit de lever la tête pour constater que ces colonnettes et leurs chapiteaux sont, toutes proportions gardées, identiques aux colonnes de pierre qui soutiennent les voûtes de l'abbatiale. Bien plus, on retrouve sur les côtés du clocher octogonal de l'église exactement la même disposition architecturale (deux voûtes reposant sur trois colonnettes) que sur les côtés de l'armoire.
Fondée par celui qui deviendra saint Étienne qui s'était rallié à l'ordre de Cîteaux en 1147, l'abbatiale d'Aubazine est un des monuments les plus purs de l'art roman cistercien. L'austérité prônée par saint Bernard au XIIe *siècle se traduit par une conception architecturale dépouillée de tout ornement. L'ordre de Cîteaux (*Cistercium *en latin) se réclame d'un idéal ascétique inspiré par la règle bénédictine, mais n'interdit pas l'activité manuelle. Les bâtisseurs d'églises et de monastères doivent exclure tout ornement susceptible de détourner l'attention de la prière. Toutefois, une liberté limitée est laissée aux artistes qui contribuent à l'édification des monuments : sculptures symboliques comme des coquilles, dentelures, cannelures et motifs géométriques simples. Comme on peut le constater à Aubazine, cette absence de décor met en valeur la pureté des lignes. On peut observer dans la forme des chapiteaux le passage du volume circulaire de la colonne à une assise carrée. Cette élégante solution architecturale ne répond pas à la recherche d'un effet décoratif, mais son objectif fonctionnel au sommet des colonnes est de recevoir les retombées des arcs qui forment les voûtes.*
Les charpentiers-menuisiers qui ont construit l'armoire se sont contentés, sans risque de rappel à l'ordre, de reproduire à petite échelle les colonnes, les chapiteaux et les voûtes de l'église. Il n'est pas exclu que la frise de dents de loup qui orne la corniche de l'armoire ait été exécutée après la consécration de l'abbatiale, en 1176.
Tel qu'il se présente, ce plus ancien meuble à portes encore debout illustre la transposition dans le bois des œuvres de pierre de l'architecture cistercienne. Cette armoire constitue un exemple unique de l'esprit cistercien qui, dans l'histoire du mobilier, a précédé tous les autres styles.

LES STYLES GOTHIQUES

Trois styles gothiques successifs — le gothique lancéolé, le gothique rayonnant et le gothique flamboyant — se manifestent dans les panneaux de coffre et prennent plus d'ampleur dans les grandes boiseries de séparation entre les pièces.

La structure du coffre est faite de madriers carrés qui retiennent des planches à joints vifs maintenues par des arabesques en ferronnerie. L'évolution stylistique des panneaux sculptés, retenus à partir du XIVe siècle par les assemblages à rainures et languettes, continue à s'inspirer des sculptures les plus visibles des monuments en pierre.

Les décors et les motifs

Le gothique lancéolé offre des arcatures qui se rejoignent en forme de pointe de lance ou de lancette au sommet des croisées d'ogives qui les enserrent. Cette période où les formes élancées sont sobres et géométriques, appelée parfois gothique primitif, s'étend du milieu du XIIe siècle jusqu'au milieu du XIIIe siècle.

Le gothique rayonnant, de 1240 environ jusqu'à la fin du XIVe siècle, présente également des formes ogivales, mais surchargées d'ornements naturalistes (feuillages, fleurs, boutons, rosaces, etc.) suivant logiquement les structures porteuses des vitrages.

Le gothique flamboyant occupe tout le XVe siècle. Les effervescences ornementales ne sont qu'entrelacs nerveux et feuillages déchiquetés, surmontés de pignons bourgeonnants et de clochetons fleuris. Au milieu du XVe siècle, les panneaux des coffres, les supports d'accotoirs, les dossiers des chayères sont sculptés de

Ce dressoir gothique en chêne (vers 1480) est orné sur chaque porte de rosaces soutenues par des ogives. Les tiroirs sont sculptés de motifs de treillis et de quatre-feuilles. Ce meuble destiné à la présentation de l'orfèvrerie est l'ancêtre du buffet.

motifs formant fenestrages, toujours inspirés par les ouvertures entre les ogives. Ces motifs reproduits dans le mobilier sont soit à claire-voie, c'est-à-dire ajourés, soit à orbevoie (du latin *orbus*, aveugle) lorsque la forme de la fenêtre n'est qu'indiquée par les moulurations sur fond plein.

LES MEUBLES

Ces divers éléments stylistiques vont s'appliquer aux meubles déjà connus et aux nouvelles créations des huchiers-menuisiers.
Certains coffres de la fin de l'époque gothique comportent à la base un grand tiroir destiné au rangement des tentures et des tapisseries. C'est également à la fin du XVe siècle qu'apparaît sur les coffres et les chaires le motif à plis de serviette, qui serait dû à l'empreinte laissée dans le bois par les gaines de cuir qui le recouvraient. Ce décor, également baptisé en parchemin, s'est maintenu jusqu'au début du XVIe siècle.

MOTIFS GÉOMÉTRIQUES GOTHIQUES

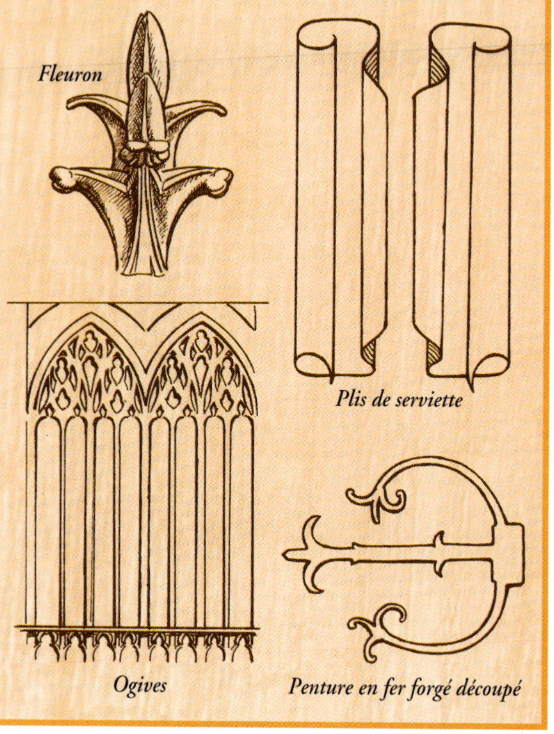

Les nouveaux meubles

C'est alors qu'apparaissent également les chaires à haut dossier orné de fenestrages au-dessus d'une assise formant un coffre lui-même décoré de plis de serviette.
Parmi les nouveaux meubles, **le dressoir** est une sorte de coffre à portes au-dessus d'un piètement élevé. Certains dressoirs sont munis, en ceinture, de deux tiroirs de rangement. Ce meuble d'apparat, qui prendra bientôt le nom de buffet, est destiné à la présentation de l'orfèvrerie.
Grandes et profondes, **les armoires** à deux vantaux restent en général assez sobres, parfois ornées de plis de serviette.
Pour la première fois dans l'histoire du mobilier apparaît un meuble combiné. Il s'agit de l'armoire à banc conservée dans l'église de Saint-Germain-l'Auxerrois à Paris. Ce meuble du XVe siècle se présente comme une grande armoire à six portes par rangées de trois, les unes au-dessus des autres. La base est un grand coffre de rangement dont le couvercle sert d'assise à un banc flanqué d'accotoirs massifs. Les côtés de l'armoire et le devant du coffre sont ornés d'une série de plis de serviette en accolade. La corniche (peut-être postérieure) est de style gothique flamboyant à dentelle ajourée, surmontée de six fleurons.
Les montages à tenons et mortaises ainsi que les portes bardées de bandes en fer forgé formant charnières montrent que les techniques ont peu évolué depuis le XIIe siècle et que tout l'effort des menuisiers s'est porté sur la rénovation du décor sculpté.
Les lits sont un simple assemblage de montants rectangulaires emboîtés à tenons et mortaises, surmontés d'un pavillon suspendu au plafond formant ciel de lit. Aux quatre angles, des colonnettes supportent des panneaux plus ou moins sculptés de divers motifs en léger relief.
Les tables sont de simples planches soutenues par des tréteaux, en attendant les tables à l'italienne dont les modèles se multiplieront à partir de la Renaissance.

Chaire à haut dossier en noyer sculpté, vers 1480. La base est composée d'un coffre à abattant dont on voit l'entrée de serrure en forme d'écusson. Les panneaux embrevés entre les montants sont ornés de motifs à plis de serviette. Sur les côtés, ce décor est repris au-dessus du siège et soutient des accotoirs rectilignes. Le dossier se compose de quatre panneaux sculptés de style gothique flamboyant, surmontés d'une corniche moulurée. Les montants latéraux sont ornés de contreforts prolongés en hauteur par des clochetons. (H : 198 cm ; l : 78 cm ; Prof. : 50 cm)

Le détail d'un panneau du dossier (à gauche) fait ressortir une ogive moulurée dont les arcatures sont couronnées d'un pignon bourgeonnant. Entre les arcatures s'inscrivent trois motifs lancéolés. Les autres panneaux comportent des motifs différents qui n'altèrent pas la symétrie de l'ensemble. Les panneaux du coffre qui forme l'assise de cette chaire (ci-dessous) sont ornés de motifs à plis de serviette, à quatre replis en façade et à deux replis sur le côté.

1490-1610

Les styles de la RENAISSANCE

On désigne sous le nom de Renaissance le mouvement artistique qui, dès le XIVe siècle, en Italie, se dégage de la culture médiévale pour remettre à l'honneur les ornements de l'Antiquité classique.

En France, cette révision des valeurs s'effectue en plusieurs étapes, de l'école de Fontainebleau animée par les artistes italiens attirés par François Ier à la seconde Renaissance française qui, sous le règne de Henri II et jusqu'à la fin du XVIe siècle, adapte au goût français les décors antiquisants.

Un renversement de tendance se fait sentir en France à partir de la fin du XVe siècle. Les conquérants éblouis découvrent, avec la première expédition de Charles VIII (1470-1498), le raffinement et le luxe des princes italiens. Le roi de France rapporte dans ses châteaux du Val de Loire non seulement un précieux butin d'œuvres d'art, mais il entraîne avec lui une vingtaine d'artisans « pour œuvrer de leur métier à l'usage et mode de l'Italie ».

LES NOUVELLES TECHNIQUES : L'*INTARSIA* ET LA MARQUETERIE

Deux marqueteurs (*intarsiatori*), Dominique de Cortone et Bernardin de Brescia, montrent leur savoir-faire dans un système décoratif qui paraît entièrement nouveau aux huchiers français, dont le répertoire ornemental se limite encore aux motifs sculptés en plein bois. L'intarsia, qui se pratique depuis le XIVe siècle à Sienne et à Florence, consiste à creuser à la gouge un panneau de bois selon des motifs serpentins ou géométriques, puis à remplir les sillons ainsi tracés de lamelles de bois teinté.

À l'origine, le décor s'exécutait en noir et blanc en rem-

Berceau en forme de nacelle suspendue entre deux montants coiffés d'une corniche moulurée. Le piètement est orné de trois balustres tournés qui compensent la lourdeur des patins en appui sur le sol.

plissant les creux avec des mastics colorés. Le décor à la mauresque blanche, emprunté aux Arabes, est un remplissage des arabesques avec une pâte couleur ivoire se détachant sur fond sombre.
Une autre technique, appelée *certosina* (par allusion aux chartreux de Lombardie) et importée d'Orient au XIVe siècle, permet également de créer des décors en insérant dans des panneaux évidés à la gouge des tiges colorées.
Enfin, les artisans du Quattrocento, habiles à préparer des colles très adhérentes, ont pratiqué la marqueterie qui connaîtra un prodigieux succès dans l'Europe entière aux siècles suivants. Dans cette technique, des plaques de bois teinté ou d'essences diverses sont collées à plat côte à côte sur le fond d'un panneau et non plus en incrustation. Le jeu des couleurs et des compositions permet de « peindre » des fleurs, des feuillages, des motifs variés et de les ordonner en perspective, comme dans un tableau.

Les décors et les motifs

Le renouvellement des techniques s'accompagne de nouvelles sources d'inspiration. C'est dans les antiquités gréco-romaines que les artistes italiens puisent de nouveaux décors sculptés, incrustés ou marquetés : personnages mythologiques, guerriers casqués, scènes de batailles, colonnes cannelées, chapiteaux fleuris, feuillages, rinceaux et feuilles d'acanthe. Les styles successifs adoptent des motifs caractéristiques selon l'évolution des goûts.
Sans entrer dans le détail, les antiquaires qualifient aujourd'hui d'époque Renaissance les meubles réalisés entre l'extrême fin du XVe siècle et la fin du règne d'Henri IV, en 1610. Et enjambant gaillardement un siècle de plus, ils appellent d'une manière très générale Haute Époque tous les meubles, ou ce qu'il en reste, de Hugues Capet à Louis XIV.
Les historiens d'art proposent des subdivisions plus tranchées, mais ce serait une erreur de croire que le passage d'un style à l'autre soit discontinu. Certains motifs à succès se perpétuent au-delà des classifications, toujours un peu arbitraires dans la mesure où l'on prétend les enfermer dans un règne. Ainsi, ce que l'on peut appeler première Renaissance englobe les règnes de Charles VIII, Louis XII et François Ier.

LES NOUVEAUX DÉCORS

La première Renaissance

La structure des meubles reste médiévale, mais elle se charge de motifs italianisants qui se mêlent aux ornements gothiques. À

Coffre en chêne à quatre panneaux sculptés dont les décors, tous différents, montrent un foisonnement d'arabesques et de rinceaux. Les motifs de têtes d'anges joufflus et d'animaux fantastiques sont typiques de la première Renaissance sous François Ier. (L : 158 cm ; H : 66 cm ; Prof. : 61 cm)

Interprétation fantaisiste d'un chapiteau corinthien formé de trois rangs de feuilles d'acanthe au-dessus d'une bague moulurée d'où partent les cannelures.

Des rameaux de vigne sculptés en spirale enserrent la base de la colonne parmi des feuillages et des grappes naturalistes.

Décor de palmettes à nervures symétriques, soutenues par deux agrafes dos à dos parmi des feuillages en volute.

Buffet-présentoir d'apparat en chêne patiné datant de la première Renaissance française. La structure gothique du meuble d'origine disparaît ici sous l'exubérance du décor sculpté. De plus, les quatre colonnes cannelées qui rythment son architecture sont directement inspirées de l'Antiquité. La partie centrale, en forme de guichet sous un arc, est ornée d'un médaillon armorié encadré de rinceaux de feuillages. Autre décor antiquisant : la porte centrale sculptée en léger relief d'un Mercure casqué tenant un caducée. La corniche plate est striée de godrons, au-dessus de tiroirs ornés de rosaces et de rinceaux foisonnants. Les quatres pieds en façade sont tournés en boules.

côté des pinacles flamboyants apparaissent des chapiteaux composites, des médaillons en relief et des arabesques.

Pour agrandir et embellir le palais de Fontainebleau — à l'origine un petit château construit au XIIe siècle —, François Ier fait appel à deux artistes italiens déjà célèbres : le Rosso, puis le Primatice, qui donnent ainsi naissance à l'école de Fontainebleau contemporaine de la première Renaissance. L'architecture et le mobilier qui s'en inspirent sont parfois qualifiés de style François Ier. Les murs des appartements royaux se couvrent de fresques colorées représentant des nymphes à la silhouette allongée, des putti joufflus et des chimères parmi des guirlandes fleuries.

Une fois de plus, les meubles s'alignent sur ces décors italianisants sculptés sur les façades, souvent sous forme de mascarons et de médaillons flanqués de colonnes cannelées, alors que subsistent en soubassement des plis de serviette encore gothiques.

La deuxième Renaissance française

Parfois baptisée style Henri II, elle s'étend de 1547 à 1589. Cette vision décorative spécifiquement française est marquée par les personnalités de Philibert Delorme, nommé « surintendant des bastiments de France », de Jacques Androuet Du Cerceau, auteur en 1550 d'un recueil gravé de modèles de meubles, et de Jean Goujon, sculpteur des nymphes de la fontaine des Innocents à Paris et de nombreuses façades de meubles animées d'élégants personnages drapés.

L'exubérance italienne se tempère par des décors géométriques exprimés par des dessins de passementerie, des cuirs découpés en enroulements, des perspectives architecturales. Un ornement particulièrement caractéristique apparaît dans les encadrements des crédences et des buffets : la longue feuille d'acanthe très stylisée, chère à Henri II.

Grâce à la large diffusion de gravures représentant des motifs ornementaux, le style adopté à Paris par l'aristocratie gagne toute la France.

MOTIFS DÉCORATIFS RENAISSANCE

Feuille d'acanthe

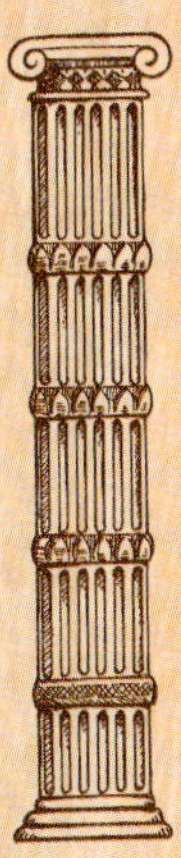

Colonne ionique

Armoire bourguignogne en noyer sculpté attribuée à Hugues Sambin à décor de cariatides

Rinceaux

1610-1643

Le style LOUIS XIII

Le passage des styles Renaissance, d'inspiration italienne, à un style spécifiquement français s'accomplit sans discontinuité dans la première moitié du XVIIe siècle. Le règne de Louis XIII (1610-1643) est une époque de transition qui assimile les influences italiennes, espagnoles et flamandes.

En vingt ans de règne, Henri IV, bien qu'il n'ait pas laissé son nom à un style, fait preuve d'une volonté de renouveau. À la fin du XVIe siècle, la Renaissance a épuisé toutes les ressources ornementales d'origine italienne. Les fabricants de meubles se contentent d'appliquer sur des structures bien établies des formules décoratives répétitives qui ont perdu la sève jaillissante du temps de François Ier. Pour redonner un sang nouveau à l'industrie nationale, le souverain pacificateur fait venir dans la galerie du Louvre les plus habiles artisans, non seulement d'Italie, mais des Pays-Bas, d'Allemagne et d'Espagne. Pour répondre au goût d'une bourgeoisie qui s'installe dans de luxueux hôtels particuliers, les meubles proposés par les ateliers de menuiserie, qui redoublent d'activité, se dépouillent d'une ornementation superflue pour prendre un aspect utilitaire et confortable. Le nouveau style qui se dessine commence avant le règne de Louis XIII dès le début du XVIIe siècle et se prolonge jusqu'à la mort de Mazarin (1661), lorsque Louis XIV prend en main le destin de la France. Avant de s'imposer comme un style de caractère national, le style Louis XIII est marqué par une double influence flamande et espagnole qui se substitue aux formules décoratives italianisantes.

Par ailleurs, la bourgeoisie, qui prend son essor, souhaite un mobilier plus austère, ce qui n'empêche pas la recherche d'un plus grand confort. Les ornements sculptés tendent à disparaître au profit des motifs en bois tourné.

Petite table à écrire en noyer à large tiroir en ceinture. Plateau à bordure chanfreinée coupée aux angles. Pieds tournés en balustre, renforcés par une entretoise en H souvent ornée d'une toupie.

Le décor des portes sur fond de noyer massif est réalisé par incrustation de bois clairs dessinant un bouquet dans un vase. Un encadrement d'ébène ou de bois sombre teinté met en valeur cette composition d'inspiration hollandaise (on y reconnaît des tulipes).

Cabinet à deux corps dit à diminutif, ce qui signifie que le gradin supérieur est en retrait par rapport au corps inférieur.
Il présente divers éléments typiques du style Louis XIII : colonnes tournées en spirale, séparées par des petits balustres renflés ; corniche à triple moulure ; pieds en boules aplaties ; poignées de tirage sphériques ; courtes entrées de serrure de forme serpentine. Enfin, le décor des portes est en incrustation dans les encadrements moulurés.

LES MEUBLES

Les créations

Le cabinet. Le nouveau meuble en vogue sous Louis XIII est le cabinet. Comme son devancier italien, il s'agit à l'origine d'un meuble à tiroirs multiples qui se substitue au coffre et que l'on pose sur une table pour mettre à l'abri des objets de valeur. D'abord importés, les cabinets prennent divers aspects selon leur pays d'origine.

Le cabinet italien appelé *stipo* est le plus souvent orné de pierres dures entre des montants ou des colonnes garnis de bronzes dorés. Le plus célèbre créateur de stipi est Buontalenti, surnommé Delle Girandole (1536-1608).

Le cabinet flamand est monté sur un piètement à colonnettes qui supporte un corps principal encadré de baguettes d'ébène ondées, c'est-à-dire ornées de petits motifs pour ainsi dire imprimés en creux dans le bois. Cet effet décoratif est obtenu par une machine à onder qui grave le bois par pression mécanique.

Le cabinet espagnol est inspiré par les *bargueños* (du nom de la ville de Vargas, près de Tolède). Le corps principal, monté sur un piètement léger, s'ouvre avec un abattant qui découvre des tiroirs multiples.

Le cabinet allemand se présente comme un meuble à deux corps superposés et s'ouvrant par quatre vantaux flanqués de motifs architecturaux et surmontés de frontons. L'ornementation est faite de plaques d'ébène et d'ambre, avec incrustations d'ivoire, d'os et de nacre.

L'armoire Louis XIII est à deux portes ornées de pointes de diamant en fort relief sous une lourde corniche à plusieurs moulures. Ce type de meuble va perdurer pendant deux siècles dans certaines provinces, notamment en Bourgogne et dans le Périgord.

Un autre type d'armoire d'inspiration hollandaise fait son apparition. Elle se caractérise par des placages d'ébène souvent incrustés d'ornements en étain ou en cuivre. C'est de cette pratique que naîtra bientôt la corporation des « menuisiers en ébène » qui finiront par prendre le nom d'ébénistes.

Autre innovation technique importante de l'époque Louis XIII : le tournage des bois qui se généralise pour former aussi bien des pieds de table que des pieds de siège.

Selon la découpe de la lame appliquée sur le bois tournant, les menuisiers taillent à volonté des pieds en balustre, en chapelet, en colonne sculptée ou en spirale.

Les tables à écrire à pieds tournés sont souvent recouvertes d'une étoffe de bure, c'est-à-dire d'un drap à tissage serré. Ainsi vont bientôt naître les tables-bureaux.

Les bureaux de changeur sont formés d'un plateau qui repose sur deux caissons à tiroirs superposés, soutenus chacun par quatre pieds courts reliés par des entretoises. Enrichis de marqueteries, ils donneront naissance au bureau Mazarin après la mort du cardinal (1661).

LES SIÈGES

C'est une fois de plus pour des raisons sociales qu'à l'époque Louis XIII les sièges se modernisent. La vie de salon qui s'organise veut des sièges confortables que l'on peut déplacer pour la conversation.

Les chaises à bras prennent dès lors le nom de fauteuils. Large et carré, muni d'un dossier court, parfois légèrement incliné en arrière, au-dessus d'une assise rembourrée (c'est-à-dire bourrée de crin), le fauteuil Louis XIII traditionnel est donc recouvert soit d'une étoffe tapissée, soit d'un cuir gaufré. La grande nouveauté est que le coussin fait corps avec la ceinture du siège où il est fixé par de gros clous dorés. Le piètement est fait de quatre pieds tournés en balustre, en chapelet ou en spirale, reliés par une entretoise plate ou tournée. Les pieds avant présentent souvent, à mi-hauteur, un motif ornemental sculpté : mascarons, palmettes, fleurons, armoiries, mufles de lion (d'origine hollandaise).

Les tabourets ou placets, sont à quatre pieds, tournés ou en forme de ployant à piètement en X muni de sangles. Ils sont couverts de tapisserie au point. Ces sièges d'appoint sont les plus anciens des sièges mobiles — ce qui les distingue des grands fauteuils d'apparat qui, en principe, s'alignent à poste fixe le long des murs pour « faire tapisserie ».

LES ÉTOFFES

Les étoffes jouent, sous Louis XIII, un rôle considérable dans l'aspect du décor. De somptueuses soieries sont importées d'Italie mais les manufactures de Lyon, de Rouen et de Beauvais commencent à fournir des velours, des damas et des tapisseries qui sont employés pour garnir les meubles et les lits. Enfin, des tentures murales réchauffent les pièces par leurs polychromies. Les couleurs de prédilection sont les rouges de toutes les nuances et les verts olive.

Chaise en noyer à piètement et consoles d'accotoirs tournées en chapelet. Elle vient de Bourgogne. Sa garniture récente est d'esprit Louis XIII.

NAISSANCE DE L'ÉBÉNISTERIE

C'est au milieu du XVIIe siècle qu'un nouveau corps de métier se détache des menuisiers : les ébénistes. Alors que les premiers débitent les bois massifs et qu'ils font éventuellement appel à des sculpteurs pour certains ornements dégagés des structures, les ébénistes travaillent les bois sciés en placage – à commencer par l'ébène débité en feuilles et appliqué sur le bâti du meuble. Les cabinets sont alors désignés sous le nom de meubles d'ébénisterie.

*Cette révolution décorative qui renonce à la sculpture était apparue en Italie au XVe siècle avec la technique de l'*intarsia *où le décor de bois, d'ivoire, d'écaille, de pierre ou d'étain était incrusté dans les panneaux de bois massif.*

Fondée sur le même principe que le placage, où les feuilles de bois dissimulent le bâti, la marqueterie est une mosaïque de bois de couleurs diverses ou de différentes matières juxtaposées.

Historiquement, ces trois techniques se succèdent : intarsia au XVe siècle, placage (essentiellement d'ébène ou d'écaille) du XVIe siècle jusqu'au milieu du XVIIe, et marqueterie (en bois des îles) qui se développe à la fin du XVIIe pour connaître son plein épanouissement au XVIIIe.

1661-1715

Le style LOUIS XIV

Le règne de Louis XIV (1643-1715), qui fut le plus long de l'histoire de France, est marqué dans tous les domaines par une politique de grandeur directement imposée par le roi. Le mobilier n'échappe pas à cette volonté d'éblouir le monde.

Dans le domaine du mobilier, l'époque Louis XIV se situe entre la mort de Mazarin, en 1661, alors que le jeune souverain a vingt-trois ans, et sa mort en 1715. Ce règne de plus d'un demi-siècle est marqué par une politique autoritaire et centralisatrice dont l'objectif essentiel est de donner à la cour un éclat sans précédent, sous le signe du Roi-Soleil. Louis XIV fait preuve d'un goût personnel très sûr, dans la mesure où il écarte le médiocre et ne retient que le plus somptueux. Mais cette tendance l'incline à n'approuver qu'une ornementation surchargée, excessivement ostentatoire et par là même contestable.

Durant le règne de Louis XIV, les meubles les plus originaux – qui seront aussi les plus durables – sont l'œuvre de l'ébéniste favori de Louis XIV, André-Charles Boulle. Les réalisations les plus représentatives de cette volonté d'éblouir le monde sont sans aucun doute les extraordinaires meubles d'argent massif réalisés aux Gobelins pour Versailles.

Tous les arts décoratifs entrent dans son domaine réservé, mais le roi a l'intelligence de savoir déléguer. Il sait aussi s'inspirer avec un esprit jaloux des décors mis en œuvre par les esthètes qui pourraient lui porter ombrage. Il ne peut souffrir que Nicolas Fouquet, qu'il a nommé surintendant des Finances, ait pris l'initiative d'une synthèse décorative éblouissante, mise en scène au château de Vaux-le-Vicomte. La réussite de cet ensemble architectu-

ral et mobilier, et les fastes qui accompagnent sa présentation au roi, auront pour conséquence inéluctable la brutale déchéance du surintendant, bientôt arrêté (en 1661), condamné comme dilapidateur et déporté à vie dans la citadelle de Pignerol. Dans la foulée, Louis XIV n'hésite pas à « récupérer » le peintre Charles Lebrun qui a fortement contribué à la réussite décorative de Vaux-le-Vicomte. Nommé premier peintre du roi, Charles Lebrun a surtout pour mission de coordonner les arts décoratifs et de faire de Versailles le temple consacré de l'art louis-quatorzien. L'homme de confiance du roi, Jean-Baptiste Colbert — qui a contribué à la chute de Fouquet — devient surintendant des Bâtiments, contrôleur des Finances et secrétaire d'État à la maison du roi. Ce ministre infatigable met en œuvre, en accord avec Lebrun, un vaste programme de travaux destiné à la promotion artistique et culturelle de Louis le Grand. Il crée une Académie d'architecture, reprend les ateliers des Gobelins pour fonder une manufacture centrale des arts décoratifs, relance l'activité des manufactures de Beauvais et d'Aubusson, et institue l'Académie royale de Rome destinée au perfectionnement des meilleurs artistes français. Dans le même temps, Jules Hardouin-Mansart est chargé de l'aménagement du château de Versailles pour lequel Le Nôtre conçoit un somptueux écrin de verdure et de fontaines jaillissantes ordonné dans une grandiose perspective.
À l'image de l'architecture, le mobilier royal doit contribuer à l'ensemble décoratif pour chanter la gloire de Louis le Grand.

LES MATÉRIAUX

Le bois utilisé de préférence pour la construction des grands meubles, tels que les armoires, les bibliothèques et les cabinets reste le chêne. Avant d'être débité en planches, il est séché pendant plusieurs années. Puis les planches sciées dans la longueur du tronc sont mises sur cales et séchées à leur tour dans des

MOTIFS DÉCORATIFS LOUIS XIV

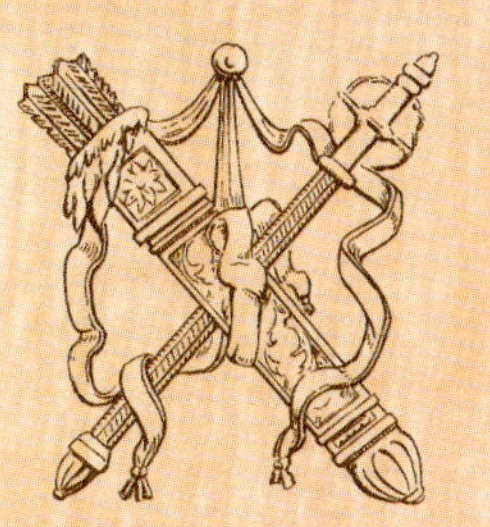

Le trophée guerrier (une épée et sa gaine).

Coquille symétrique parmi des entrelacs et des feuilles d'acanthe.

Les feuilles d'acanthe affrontées et soutenant une coquille. La feuille d'acanthe à nervures déchiquetées, rigoureusement symétriques.

Trois formes de pieds : en console ornée d'une acanthe, en crosse moulurée (assez proche de l'os de mouton), en gaine reposant sur un double talon à godrons et couronné d'un chapiteau.

Page de gauche en médaillon : L'ébéniste Pierre Gole, qui avait un atelier dans les galeries du Louvre, a fait des marqueteries florales, inspirées par des artistes flamands, le principal élément décoratif de ses meubles (ici le panneau central d'un cabinet d'apparat). Pour donner plus de relief aux fleurs et aux feuillages, les bois sont ombrés au sable chaud.

Page de gauche : Cabinet de la seconde moitié du xviie siècle attribué à Pierre Hache, en placage de noyer et loupe de noyer encadré de filets en poirier noirci. Piètement en spirales et balustres tournés, entretoise ornée de toupies, vestiges d'un ornement d'époque Louis XIII.

entrepôts. Ces traitements rigoureux éviteront toute déformation ultérieure des structures des meubles. C'est donc sur des bâtis d'une solidité à toute épreuve que pourront prendre place les bois de placage et que les ébénistes seront en mesure de composer de savants assemblages de bois exotiques aux couleurs contrastées. Les marqueteries de cuivre et d'écaille, dont Boulle fera un si large usage, ne peuvent résister à l'épreuve du temps que sur des structures solidement assemblées.

Pour les sièges, le noyer reste le bois préféré des chaisiers, plus docile que le chêne sous les gouges des sculpteurs. Cependant à la fin du siècle, alors que les motifs sculptés sont moins abondants, le hêtre commence à se généraliser pour la fabrication des chaises et des fauteuils, en raison de sa dureté et de sa plus grande résistance aux chocs.

La marqueterie très particulière de Boulle est constituée essentiellement de minces feuilles de laiton et d'écaille. Accessoirement, des petits éléments de corne (teintés de couleurs diverses), de nacre et d'ivoire égayent par endroits de savantes compositions.

Pour renforcer et protéger les arêtes vives des tables et des commodes, d'épais lingots de bronze doré ajoutent encore plus d'éclat à la somptuosité des meubles sombres.

Les marbres du Languedoc et des Pyrénées, taillés aux Gobelins par des artisans spécialisés venus d'Italie, recouvrent les tables de leurs épais plateaux, parfois combinés en couleurs contrastées. Au placage d'ébène en vogue sous Louis XIII se substituent progressivement les placages en bois des îles aux couleurs contrastées.

LES DÉCORS

Les bronzes ciselés et dorés donnent naissance à des accessoires plaqués sur les meubles tels que masques auréolés de palmettes ou de soleils rayonnants, coquilles à nervures symétriques, feuillages stylisés, têtes de faune ou d'enfant. La plupart de ces ornements s'inspirent des dessins du maître ornemaniste Jean Berain, dessinateur du cabinet du roi, auteur de nombreux recueils de compositions caractéristiques du style Louis XIV.

Ces accessoires décoratifs sont dorés au mercure, procédé qui consiste à recouvrir le métal fondu dans les formes voulues d'un mélange de poudre d'or et de mercure qui, chauffé à feu doux, laisse le mercure se volatiliser et fixe l'or dans tout son éclat.

Grande commode Louis XIV en placage de bois de prunier ouvrant par trois tiroirs, dessus de bois marqueté de motifs géométriques entouré d'une lingotière en bronze. Riche ornementation de bronzes ciselés et dorés (sabots à coquilles, entrées de serrure aux sphynges, tablier orné d'un masque). Commode attribuée à Hache à Grenoble.

JEAN Ier BERAIN (1640-1711)

Héritier d'une famille d'arquebusiers lorrains, Jean Berain enrichit les motifs incrustés sur les crosses de décors d'arabesques issues de l'Antiquité à travers la Renaissance italienne, avec une prédilection pour les grotteschi, *ces personnages fantaisistes observés dans les ruines des thermes de Titus. Mais il adapte ces formules à sa vision personnelle où les vides et les pleins se répondent symétriquement dans un dessin aux contours précis. La fantaisie de ces « bérinades » ne dépasse jamais la mesure.*
Pierre-Jean Mariette (1694-1774), le célèbre graveur et marchand d'estampes, admirera la façon dont Jean Berain avait su adapter les capricieux grotteschi au goût français. Les Bacchus, les Satyres, les Tritons et autres figures empruntées aux Métamorphoses *d'Ovide semblent se balancer sur des treillages en berceau, s'envoler d'une frondaison pour aller s'étendre sous les draperies d'un baldaquin, tandis que des fontaines jaillissantes répandent partout leurs résilles d'argent. Aux singes qu'il laisse gambader dans des palais féeriques, Jean Berain par goût de l'exotisme ajoute parfois des princes chinois.*
Après la mort de Colbert (1683), Louvois, devenu directeur des Bâtiments, écartera Jean Berain des commandes royales pour donner sa préférence à un jeune décorateur de la génération montante, Claude III Audran.

LES MEUBLES D'ARGENT

Les ornemanistes Jean Lepautre et Jean Berain ont pour mission d'éblouir le monde par des créations jamais encore vues. C'est ainsi qu'apparaissent les meubles d'argent destinés à la Grande Galerie, qu'on appellera par la suite galerie des Glaces.
Des sièges, des tables, des consoles, des candélabres et même les caisses des orangers sont constitués d'un bâti de chêne plaqué de feuilles d'argent. Le trône du roi est en argent massif garni de velours cramoisi. Les pieds qui soutiennent le siège ont la forme de quatre statues d'enfants portant des corbeilles de fleurs au-dessus de leur tête. Le dossier d'une hauteur de 8 pieds (environ 2,60 mètres) a pour montants deux cariatides sculptées qui soutiennent un Apollon lauré jouant de la lyre. Tous ces meubles extraordinaires seront, les premiers, victimes des édits somptuaires qui, à partir de 1689, obligent d'envoyer à la fonte tous les meubles et objets d'argent.
Il ne reste donc rien des fameux meubles d'argent. On ne les connaît que par les dessins originaux de Ballin, quelques gravures d'époque et les inventaires du mobilier de la Couronne.

Le roi Gustave II Adolf sur le trône d'argent hérité de la reine Christine. Gravure de Wolfgang Trautman.

Couronnée à Stockholm en 1650, la reine Christine de Suède veut aussi avoir son trône d'argent. Il est commandé aux Gobelins et envoyé au palais royal de Stockholm. C'est le seul meuble d'argent qui ait survécu et qui donne une idée de ce qu'étaient les pièces fabuleuses qui meublaient la galerie des Glaces et les appartements royaux de Versailles.
Les Gobelins cessent de réaliser des meubles en argent massif, mais les orfèvres d'Augsbourg réputés pour leur savoir-faire prennent le relais. Plusieurs cours européennes leur passeront des commandes au cours du XVIIIe siècle.

ANDRÉ-CHARLES BOULLE, L'ÉBÉNISTE VIRTUOSE

Le système décoratif le plus caractéristique du style Louis XIV consiste en placages d'écaille de laiton et d'étain, technique où s'illustre l'ébéniste favori du roi, André-Charles Boulle (1642-1732), recommandé par Colbert. Louis XIV lui accorde un atelier et un logement dans les galeries du Louvre.

Boulle n'a jamais prétendu être l'inventeur du style qui porte son nom. On connaissait en Italie, en Allemagne et en Hollande l'art de mettre en valeur sur la surface des cabinets et des armoires des arabesques en métal sur des fonds de bois sombre ou des panneaux d'écaille. Le mérite de Boulle est d'avoir réalisé avec virtuosité les incrustations d'étain ou de cuivre à partir de dessins originaux préparés avec le plus grand soin. Boulle a également l'idée d'exécuter simultanément deux compositions ornementales : l'une découpée dans la feuille de cuivre (en réalité de laiton), l'autre dans la feuille d'écaille. En appliquant l'une contre l'autre la feuille de cuivre et celle d'écaille, il les découpe en même temps avec une scie à lame étroite qui suit les motifs tracés sur un calque. Les ornements prélevés dans la feuille de cuivre vont alors épouser parfaitement les parties évidées de l'écaille.

Dans la description des meubles Boulle, on appelle marqueterie en première partie la plaque d'écaille où s'insèrent les motifs découpés dans le cuivre. Et on désigne sous le nom de contrepartie la plaque de cuivre qui reçoit le décor d'écaille.

Armoire de Boulle fin XVIIe ornée de motifs découpés en première partie dans des feuilles de laiton sur fond d'écaille.

Marqueterie en première partie (fond d'écaille).

Marqueterie en contre partie (fond de cuivre).

Ce procédé a l'avantage de réaliser un double décor appliqué à deux meubles de structure identique. Emporté par sa virtuosité, qui reste toujours très contrôlée, Boulle agrémente des panneaux d'armoire ou des plateaux de commode avec des éléments décoratifs supplémentaires tels que corne teintée, nacre ou ivoire. Il réalise ainsi d'admirables compositions qui, aujourd'hui encore, fascinent les connaisseurs les plus raffinés. Le style Boulle ou « dans le goût de Boulle » s'est perpétué jusqu'à la fin du XIXe siècle. Mais les meubles que l'on peut attribuer à Boulle sont en nombre limité et répertoriés dans quelques musées (notamment au Louvre et au château de Vaux-le-Vicomte).

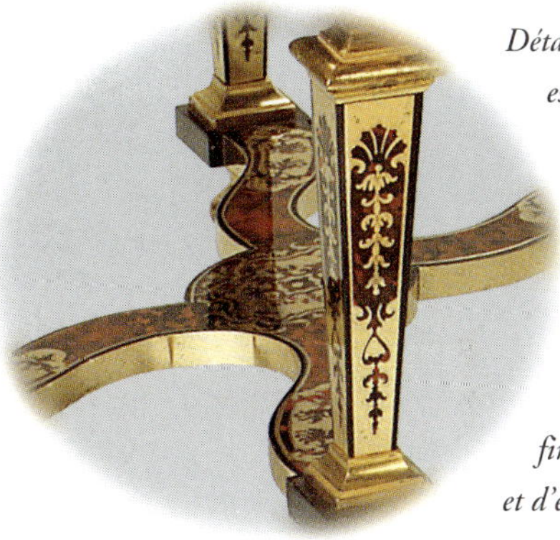

Détail d'un pied en gaine, dont chaque pan est orné d'un motif d'écaille en forme de palmette qui soutient une branche de feuillage verticale découpée dans la feuille de laiton. Chacun des pieds répète le même motif.

Détail de la façade d'un tiroir : ici le décor finement découpé dans les feuilles de laiton et d'écaille représente, à gauche une femme tenant un bouquet, à droite un violoniste, dans un entourage d'oiseaux et de chiens. Ce décor est symétriquement inversé sur les autres tiroirs.

Bureau Mazarin entièrement recouvert de marqueterie dans le genre de Boulle où se détachent des motifs en laiton sur fond d'écaille rouge. L'abattant central, monté sur charnières, est orné d'arabesques, de lambrequins et d'animaux chimériques. Le dessus du bureau, inspiré des mêmes motifs à la Berain, est entouré d'une lingotière moulurée en bronze doré. Les huit pieds en gaine sont reliés quatre à quatre par deux entretoises en X à branches légèrement incurvées, également couvertes de motifs de laiton sur fond d'écaille.
Ces meubles à caissons, sur huit pieds, n'ont été baptisé Mazarin qu'au XIXe siècle.

LES MEUBLES

Les créations

Les bureaux Mazarin, qui tirent leur nom des collections du cardinal, présentent un plateau orné de marqueterie soit en cuivre et écaille, soit en bois contrastés, qui repose sur deux caissons posés chacun sur quatre petits pieds reliés par des traverses en X. Incommodes, car il est difficile de placer les genoux entre les caissons, les bureaux Mazarin sont remplacés progressivement par de grand bureaux plats dont le plateau est cerné d'une épais lingot de bronze qui épouse son contour légèrement galbé. Les quatre pieds sont rehaussés à la partie supérieure de motifs de bronze sculptés et dorés.

La commode Boulle met également son talent au service d'un nouveau meuble qui va connaître un prodigieux succès : la table en bureau, ou bureau en commode, qui prendra finalement le nom de commode (vers 1708). À l'origine, ces meubles à tiroirs sont des coffres surélevés. Les premiers meubles de ce type sont les chasubliers affectés au rangement des habits sacerdotaux, apparus au XVIIe siècle. À la même époque, les Anglais désignent sous le nom de *chest of drawers* ces longs coffres à un ou deux tiroirs.

Les premières commodes françaises – sans en avoir encore le nom – sont ainsi signalées par le *Journal du garde-meuble* daté du 17 mai 1692 : « On a livré à Versailles quatre tables en bureau de bois de noyer avec deux grands tiroirs chacune. » Des meubles de la même structure comportant trois et quatre tiroirs sont par la suite livrés dans divers châteaux princiers. Et, en 1708, le *Dictionnaire* de Trévoux mentionne « un bureau en commode ayant trois grands tiroirs ».

Ce meuble si « commode » se substitue rapidement aux cabinets, coffres et armoires pour devenir le meuble indispensable de toute maison aristocratique ou bourgeoise. À la fin du règne, le modèle de commode le plus caractéristique est la commode en tombeau à deux tiroirs reposant sur des petits pieds. Elle prendra sa forme classique avec trois tiroirs recouverts d'un marbre épais.

Grand bureau Mazarin en placage de bois de violette, dont les tiroirs ainsi que les vantaux de la petite armoire centrale sont encadrés de filets d'ébène, incrustés de petits motifs d'ivoire.

Superbe et rare console en bois sculpté et doré à côtés incurvés, décor de rinceaux feuillagés, lambrequins, panaches et quadrillages rayonnants avec perles. Au centre, des lettres enlacées, très probablement des L, sur fond ajouré. Elle repose sur quatre montants en gaine à volutes, draperies et lambrequins, réunis par une entretoise en X mouvementée à volutes. Dessus de marbre campan, mouluré. La volonté de symétrie apparaît ici aussi bien dans les structures que dans les moindres détails. (H. : 86,5 cm ; L. : 132 cm ; Prof. : 57 cm)

Parmi les meubles ornés de marqueterie Boulle ou dans le goût de Boulle, les grandes armoires Louis XIV sont hautes et raides, enrichies de bronzes dorés et ciselés. Les armoires-bibliothèques, souvent en ébène à motifs incrustés de cuivre et d'étain, présentent des portes garnies de treillis en fil de fer dessinant des alvéoles, fixés dans des moulures d'encadrement.

La table-console, ou pied en console ou encore console d'applique, se compose d'un pied en bois doré richement sculpté recouvert d'un plateau de marbre qu'on applique contre le mur.

Le guéridon. Autre meuble typique du style Louis XIV, le guéridon, qui, selon la légende, tient son nom d'un jeune serviteur noir porteur de flambeaux. Le guéridon devient par la suite un plateau monté sur un pied sculpté à la façon d'un pied de cierge servant à poser des torchères.

Les autres meubles

En dehors des meubles de Boulle ou dans le goût de Boulle, le bois naturel reste largement employé aussi bien dans les villes que dans les campagnes. La transition du style Louis XIII se fait insensiblement pour les meubles les plus courants nécessaires au rangement.

L'armoire Louis XIV garde sa structure massive avec des forts montants moulurés qui se terminent en pieds carrés. Les panneaux symétriques des portes sont ornés de simples moulures très saillantes qui encadrent parfois des motifs géométriques, tels que feuillages stylisés, fleurons, lambrequins, rinceaux et palmettes. Plus dépouillés, les buffets bas, alors appelés bas d'armoire, sont munis de deux petits tiroirs au-dessus de chaque porte. Le plateau, fait d'une planche épaisse arrondie aux angles, est soutenu par des pieds droits de section carrée.

Grand cabinet d'apparat à deux corps attribué à Pierre Gole. Les montants qui soutiennent la partie supérieure sont des sculptures en bois doré appelées figures des termes, sortes de cariatides sortant de pieds en gaine finissant par une volute. Le décor de la partie supérieure est à ressaut central en marqueterie de fleurs sur fond d'ébène d'une qualité remarquable (voir détail page 36). (H : 88 cm ; L : 137 cm ; Prof. : 57 cm)

Armoire d'Uzès représentative du style Louis XIV régional. Elle est à décor peint de paysages et de personnages entourés de rinceaux, de feuilles d'acanthe et de bouquets. Les pieds découpés dans le prolongement des montants latéraux sont caractéristiques des structures de meubles d'époque Louis XIV.

Les buffets de chasse, également à portes puissamment moulurées, sont recouverts d'un marbre où l'on jette le gibier au retour de la chasse.

Les buffets à deux corps, en bois massif, sont à quatre portes symétriques. Comme sous Louis XIII, la partie supérieure est en léger retrait par rapport au bas du buffet, dégageant ainsi une tablette horizontale de la largeur d'une main. Ces grands buffets de salle à manger servent au rangement de la vaisselle d'argent ou d'étain.

Les portes supérieures sont articulées sur un volet à charnière placé de côté pour qu'elles puissent s'ouvrir largement en se repliant sur le côté. Ce dispositif à charnière permet de présenter la vaisselle d'argent – tant qu'il y en a ! – au moment des repas.

LES SIÈGES

Les sièges Louis XIII dont hérite le Grand Siècle se caractérisent par la rigueur de leurs lignes, avec une assise carrée portée par des pieds tournés et surmontée d'un court dossier rectangulaire. Ce modèle adopté par la bourgeoisie se perpétue pendant tout le XVIIe siècle. On observe cependant une lente évolution des structures qui prennent plus d'ampleur. Les sièges s'élargissent, les dossiers prennent de la hauteur et s'inclinent légèrement en arrière. À partir de 1640, une nouvelle forme de piètement apparaît, qu'on appelle alors en rouleau – que les antiquaires ont coutume de baptiser en os de mouton – et qui, en fait, ressemble davantage à une console. Ce mouvement des pieds s'accompagne d'une modification des accotoirs qui, partant du dossier, s'incurvent légèrement pour prendre appui sur une courte console incurvée, placée au-dessus de la ceinture dans le prolongement des pieds avant.

En chêne, en noyer et parfois en hêtre, le modèle le plus typique de la chaise à bras — qui a pris désormais le nom de fauteuil — se reconnaît à son haut dossier rectangulaire incliné en arrière et à ses grands accotoirs à peine incurvés.

Alors que les sièges Louis XIII se ressentent encore des influences espagnoles et flamandes, un style français original se dégage à partir de 1661, au moment où Louis XIV vient d'atteindre sa majorité. Le piètement en os de mouton laisse la place à des pieds en gaine, dont le fût carré s'amincit vers le bas, ou en console où s'enchaînent deux courbes inversées. Dans les deux cas, la base du pied en forme de dé est le point de départ des entretoises. Les pieds avant et arrière sont ainsi reliés par deux entrejambes formant un X sous le siège. Tout l'ensemble du piètement est sculpté de motifs symétriques en léger relief ou de feuilles en volute.

Après les sinistres fontes des meubles d'argent, en 1689, puis en 1709, les menuisiers et les sculpteurs s'appliquent à reproduire dans le bois les fines ciselures des ornements en argent qui faisaient la splendeur du mobilier de Versailles dessiné par Jean Berain. Pour maintenir un certain éclat, toutes ces sculptures en plein bois sont dorées à la feuille ou revêtues d'un vernis doré. Les sièges d'apparat sont tapissés de velours de Gênes, de brocarts à fil d'or ou d'argent, de damas ou de satin. Les sièges d'usage courant sont habillés d'étoffes moins précieuses, coton rayé de différentes couleurs, damas de laine ou tapisseries à l'aiguille à motifs de chevrons. Les couleurs dominantes sont le rouge et le bleu, à motifs de fleurs et de rinceaux.

Chaise à marqueterie Boulle en laiton sur fond d'écaille rouge, décor exceptionnellement utilisé pour des sièges. L'entretoise en X à branches incurvées soutient un panier de fleurs et de fruits sculptés qui ajoute une note précieuse à l'ensemble du décor somptueux.

1715-1723

Le style RÉGENCE

Avec le XVIIIe siècle, un autre monde est né qui, bien avant la mort du vieux roi, est plus soucieux de ses aises, de son confort et de ses plaisirs que de somptuosité. Les princes même ont dit adieu à l'étiquette rigide, aux pesantes contraintes et à la solennité de la cour. Ces tendances vont s'accentuer sous la régence de Philippe d'Orléans.

Le style Régence est parfaitement représentatif d'une époque de transition entre deux âges, et même entre deux mondes. Directement issue du Grand Siècle fait de solennité imposée, la Régence se distingue par une largeur d'esprit décisive pour la libre évolution des formes. Ce n'est plus Versailles qui gouverne, mais Paris qui fait le monde. C'est dans son palais royal que, de 1715 à 1723, Philippe d'Orléans régente la France et contribue à la formation d'un nouveau goût. Il fait appel à des artistes pleins de verve et de fantaisie tels que Claude Audran, virtuose des arabesques, et Claude Gillot dont Watteau est le plus brillant élève.

Le système de Law, en faisant et défaisant les fortunes, contribue également à ce changement des mœurs qui ne peut qu'engendrer à son tour un renouvellement du cadre de vie. Meubles et sièges sont les premiers à participer à l'évolution générale. La mode s'en mêle qui, jusqu'alors, n'était suivie que par la cour et quelques grands bourgeois. Elle impose ses caprices à tous — anciens et nouveaux riches — et tout le monde la suit. Menuisiers et ébénistes vont donc fabriquer beaucoup de très beaux meubles.

À la fois plus pratiques et plus nombreux que les meubles typiquement Louis XIV, ils sont aussi — grâce à l'influence des femmes, alors prépondérante — plus raffinés, plus élégants. Leurs formes s'assouplissent et la ligne courbe s'insinue

Fauteuil de bureau à châssis pivotant. Ce siège, comporte cinq pieds pour assurer une plus grande stabilité. Le dossier enveloppant se prolonge par des accotoirs garnis de manchettes en cuir rembourrées.

Grand bureau plat par Charles Cressent. Ce meuble somptueux est orné aux angles d'espagnolettes en bronze doré et, sur les côtés, d'un visage de femme encadré de feuillages et de volutes symétriques garnies d'acanthe (voir détail page 48, en ouverture du chapitre). Ce bureau possède tous les atouts du style Régence : équilibre des proportions, beauté des galbes, symétrie des motifs de bronze doré.

un peu partout. Les pieds sont plus ou moins hauts mais toujours galbés. Cependant, puissance et noblesse sont encore les traits dominants de la production de ce début de siècle.

LES MATÉRIAUX

Les bois

Les bois employés en menuiserie sont destinés aux structures des meubles, ou sciés en minces placages pour les marqueteries.
Le chêne reste le matériau de base de la plupart des grands meubles, armoires et buffets. Le noyer, utilisé surtout en province pour les beaux meubles et les sièges, est d'une sculpture plus facile qui donne de belles moulures agrémentées de petits motifs en relief. À la fois souple et résistant, le hêtre est de plus en plus utilisé pour les sièges. Le tilleul, dont les veines et contreveines, ne contrarient pas le travail de la gouge est le bois idéal pour les meubles en bois doré, tels que les consoles, les cadres et les entourages de miroirs.
Le sapin sert aux bâtis des meubles courants et souvent des meubles marquetés. Quant au poirier noirci, pourtant interdit par un édit royal, il remplace généralement l'ébène plus cher et... plus difficile à travailler.
Les bois de placage employés en marqueterie sont des bois exotiques qui arrivent des îles lointaines par bateau : satiné, palissandre, amarante, bois de rose, bois de violette, etc., et des bois indigènes comme le citronnier ou le sycomore. Les bois de placage débités en minces panneaux sont souvent utilisés en frisage, une technique qui permet de jouer des veines en les opposant pour obtenir des effets optiques particulièrement décoratifs.

Les bronzes

Moins riches que ceux d'André-Charles Boulle, ni surchargés, ni tourmentés comme le seront ceux du style Louis XV, les bronzes Régence sont d'une très grande qualité. À leur fonction ornementale, ils continuent d'ajouter une utilisation pratique : protéger les arêtes vives des meubles, l'extrémité des pieds plus fragiles, le tour des entrées de serrure, faciliter le tirage des tiroirs, etc. Ces bronzes sont dorés au feu ou au mercure. Souvent, ils sont simplement recouverts d'un vernis couleur d'or.

LE DÉCOR ET LES ORNEMENTS

Le décor évolue progressivement vers les formes plus complexes du style rocaille. Le dessin des motifs est encore nerveux, vigoureux, mais il tend vers plus de souplesse. La symétrie reste la loi quasi absolue du style Régence, mais le décor « au chinois », né de l'établissement de la Compagnie des Indes, fait très vite fureur.

Parmi les motifs décoratifs les plus employés, on trouve la coquille, aussi bien dans les sculptures des meubles que sur l'argenterie. Elle est généralement placée au centre d'un ensemble, bien étalée avec ses nervures en éventail, parfois ajourée, mais jamais déjetée ou déchiquetée.

Très utilisés aussi, les masques et les mascarons : faunes, singes, chimères, aimables bergers à la barbe abondante et ondulée se rencontrent sur les tables, les consoles, les cadres, au fronton des armoires ou comme motifs d'angle sur les bureaux plats ou les consoles.

D'autres motifs géométriques sont en forme de lambrequin qui se détachent sur un fond réticulé, c'est-à-dire strié de carrés ou de losanges.

Les ornemanistes de l'époque Régence empruntent également aux végétaux : feuilles d'acanthe allongées, fleurs à quatre ou cinq pétales, feuilles godronnées, c'est-à-dire placées côte à côte et légèrement bombées.

On trouve aussi parmi les motifs Régence certains attributs symboliques de la vie quotidienne, tels que des instruments de chasse, de pêche ou de musique. Sont également à l'honneur les attributs de l'amour : angelots, arcs, carquois, flèches et couronnes de roses. Par ailleurs, les chinoiseries font leur apparition : pagodes, ponts en dos d'âne, rochers et fleurs exotiques.

Enfin, un motif original directement lié à l'histoire de France, l'espagnolette, en bronze ciselé et doré, prend place à l'angle des bureaux et des commodes. Il s'agit d'un petit buste de femme décolletée, imaginé par le peintre Watteau pour évoquer, en 1721, les fiançailles du jeune Louis XV — qui n'a que onze ans — avec la petite infante espagnole qu'on lui destine à la suite des intrigues diplomatiques du cardinal Dubois. Dans le même temps, les propres filles du Régent sont promises à des princes espagnols. C'est ce que Saint-Simon appelle l'« échange des princesses ». Cette alliance espagnole est remise en cause deux ans plus tard et la petite infante renvoyée à Madrid.

L'espagnolette est cependant entrée dans le répertoire décoratif du mobilier français grâce au talent de Cressent. L'ébéniste favori du Régent, également sculpteur, s'est directement inspiré de dessins et de tableaux de Watteau, peintre des « fêtes galantes » animées de jeunes femmes à la gorge découverte, parfois ornée d'un collier de perles ou d'une croix, et aux cheveux relevés par des rubans.

MOTIFS DÉCORATIFS RÉGENCE

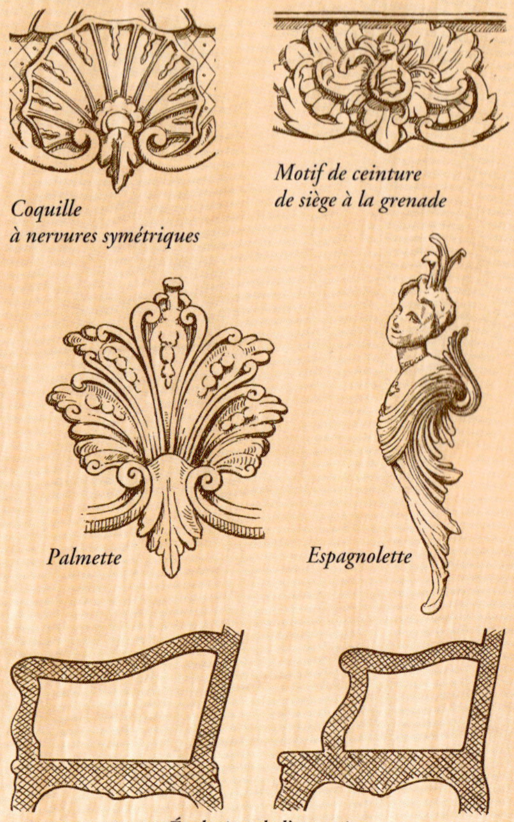

Coquille à nervures symétriques

Motif de ceinture de siège à la grenade

Palmette

Espagnolette

Évolution de l'accotoir
De la console d'accotoir à la verticale…
…à la console d'accotoir en retrait.

Selon Sabine Cotte, conservateur au musée du Louvre, le mot « galant » ne doit pas être pris dans son sens légèrement érotique. Il s'agit plutôt d'une contrepartie raffinée des fêtes villageoises dans le genre de Tenier. Une galanterie n'est qu'une « réjouissance d'honnêtes gens » (Furetière). Le *Dictionnaire de l'Académie française* donne au mot galant le sens d'« honnête, civil, agréable, de bonne compagnie ». À partir de là, Cressent, qui assiste aux fêtes et cérémonies données en l'honneur de la petite infante, a imaginé un charmant personnage coiffé d'un diadème orné de palmettes, selon le costume de convention en usage à la cour d'Espagne.

Ainsi est née l'espagnolette, enfant de la mode, gracieux témoignage d'un moment éphémère où l'histoire de France rencontre l'histoire de l'art.

LES MEUBLES

L'armoire : de haute taille, elle garde sa grande allure louis-quatorzienne. Cependant, ses arêtes verticales s'arrondissent ; sa corniche horizontale est moins importante et elle s'orne d'un fronton ; sa traverse inférieure se festonne. Ses pieds sont droits ou en pied-de-biche. Ses panneaux fortement moulurés sont souvent sculptés aux angles de coquilles, de fleurons... Sur certains modèles la façade est galbée.

Les buffets : lorsqu'ils sont bas, on les appelle bas d'armoire. Ils s'ouvrent par deux vantaux, moulurés et sculptés. Ils ont généralement deux tiroirs en ceinture. Leurs pieds sont courts et cambrés.

Tête de lit en bois sculpté et doré, surchargée de motifs exubérants qui annoncent déjà le style rocaille, mais tous les ornements restent encore symétriques selon l'esthétique de l'époque Régence.

Les buffets de chasse ont un dessus en marbre épais. Les buffets à deux corps s'ouvrent par quatre portes moulurées et sculptées. Le corps supérieur est très haut et souvent leurs portes se rabattent sur les côtés du meuble par des volets à double charnière pour permettre la présentation des pièces d'argenterie ou de la belle vaisselle en faïence.

La commode : qu'elle soit en bois massif, plaqué ou marqueté, la commode est, par excellence, le meuble de la Régence, voire celui du siècle... tant il est vrai qu'elle est commode !

Le modèle le plus répandu est la commode en tombeau ou à la Régence. Ventrue, fortement galbée, un peu lourde, elle comporte trois tiroirs — parfois deux grands et deux petits sous le dessus — et repose sur quatre petits pieds bas.

La commode en arbalète est plus rare. Elle n'est plus ventrue mais simplement galbée, son profil sinueux dessine une arbalète. Elle comporte quatre grands tiroirs et s'orne de très beaux bronzes aux sabots, aux poignées, aux entrées de serrure et sur le tablier. Le dessus est en bois. C'est seulement à partir de 1720 que le dessus en marbre se vulgarise.

Un deuxième type de commode apparaît sous la Régence, dû à Charles Cressent, ébéniste de Philippe d'Orléans. Elle ne comporte que deux tiroirs séparés par une traverse et repose sur des pieds élevés et cambrés. Elle est ornée de bronzes dorés : masques, espagnolettes, personnages, sabots ou griffes de lion...

Le bureau : c'est, avec la commode, la pièce de choix du style Régence. Le modèle le plus répandu est une grande table, en poirier noirci ou marqueté, portée par quatre hauts pieds-de-biche, sans traverse, et munie de deux fois deux tiroirs en caisson et d'un cinquième au centre de la ceinture, légèrement en retrait. Le plateau rectangulaire est garni de cuir et bordé d'un lingot, un quart-de-rond de cuivre ou de bronze. Les bureaux de Charles Cressent sont ornés de bronzes splendides.

Les bibliothèques : en bois naturel, elles continuent à ressembler à de grandes armoires, moins profondes et comportent un treillis à la place des panneaux de portes. Les modèles marquetés sont rares mais il y en a de très beaux, dus aux grands ébénistes. Moins hautes que les bibliothèques en bois naturel, elles se terminent par une corniche en doucine aux arêtes garnies de bronze.

Les tables : dans l'ensemble, elles sont moins importantes et donc plus maniables. La table de milieu, en bois massif richement sculpté et souvent doré, repose sur quatre pieds-de-biche se terminant en sabot fourchu ou, ce qui est nouveau, en volute posée sur un dé. Elle ne comporte plus d'entretoise, son plateau est recouvert d'un marbre épais.

Les consoles d'applique : elles sont généralement inscrites dans les lambris. Toujours aussi riches, elles perdent cependant de leur rigidité. Leur tablier est très sculpté et leur piètement en S se termine par un buste de

UN ÉBÉNISTE DE LA RÉGENCE

CRESSENT Charles (1685-1768)
Reçu maître en 1720.

Charles Cressent est un ébéniste français dont le talent exceptionnel personnifie la période et le style Régence. Considéré de son vivant comme l'égal de Boulle, il est fournisseur du Régent et de son fils, ainsi que de nombreuses cours d'Europe. Ses meubles, au bâti très soigné, sont presque toujours de grandes dimensions, robustes mais parfaitement proportionnés. Les commodes et les bureaux plats présentent des galbes puissants mais harmonieux. Armoires et bibliothèques aux lignes droites sont fortement architecturées et reposent sur des socles. Pour les placages, il utilise l'acajou satiné, l'amarante, le bois de rose et le bois de violette. Ses bronzes d'une ciselure impeccable constituent des décors d'une invention et d'une richesse qu'aucun ébéniste - excepté Boulle - n'a jamais égalées. Ses œuvres estampillées sont très, très rares.

Le tablier, au centre de la traverse inférieure, est orné d'un large motif en agrafes inversées autour d'un médaillon et se prolonge en ailes déchiquetées, toujours en symétrie.

Les sabots des pieds avant, en bronze doré et ciselé jouent un rôle protecteur ornemental de même que les chutes fixées aux angles.

Commode en marqueterie de bois de rose et d'amarante (tirant sur le rouge), combinés en jeux de veines appelés frisages. La façade est en forme d'arbalète, avec un centre en léger retrait où s'inscrivent les plaques d'entrée de serrure en bronze ciselé. Les angles sont enrobés de motifs de feuilles d'acanthe enroulées en volute. Le plateau en marbre brèche épouse le contour de la façade en arbalète.

femme. L'entretoise qu'elles conservent est très travaillée et comporte un important motif au centre.

Les tables volantes ou tables de service commencent à se répandre. Par suite du système de Law et des revers de fortune qu'il a provoqués, surtout chez les grands, les domestiques sont moins nombreux. Pour les remplacer, menuisiers et ébénistes inventent des petites tables, multiples et variées, qui servent notamment pour le service à table, pour supporter les flambeaux, ou encore de tables d'en-cas pour la nuit... Toutes ces tables légères sont finement marquetées ou en bois naturel.

LES SIÈGES

Jusque vers 1720, les fauteuils ont leurs quatre pieds, droits ou légèrement cambrés, reliés par une entretoise en H ou en X. Le bois n'apparaît ni au dossier ni à la ceinture. À partir de 1720, leur forme s'allège. Les dossiers diminuent de hauteur. Les supports d'accotoirs — pour faire place aux robes à panier — s'évasent vers l'extérieur et reculent par rapport aux pieds avant.

Telle est la force de la mode féminine qui dicte sa loi aux fabricants de sièges. Tout comme sous Henri II la chaise à femme avait imposé aux menuisiers d'élargir l'avant du siège entre les accotoirs, pour que puissent s'installer avec plus de confort les postérieurs des dames enrobées — c'est le cas de le dire — de jupes fort volumineuses, sous la Régence, ce sont les robes au volume amplifié par des paniers d'osier qui modifient la structure même des fauteuils en faisant reculer les accotoirs, jusqu'alors dans le prolongement des pieds avant. Les consoles d'accotoirs ne se replaceront à l'aplomb des pieds antérieurs que sous Louis XVI, vers 1785, lorsque la mode néoclassique élancée ajustera sur les rondeurs féminines des robes tendues qui pourront dès lors facilement se glisser entre des accotoirs resserrés.

Grand fauteuil d'apparat en noyer sculpté qui, avec son haut dossier et ses accotoirs à angle droit, garde encore une raideur louis-quatorzienne. Les quatre pieds légèrement galbés sont reliés par des entretoises en X à branches incurvées.

Sous la Régence, la nouvelle disposition des accotoirs en retrait autorise une ceinture légèrement cintrée. Les pieds se terminent en console enroulée ou en pied-de-biche en forme de petit sabot. Les pieds des chaises comme des fauteuils restent encore reliés par des entretoises qui les renforcent. Ces traverses souvent ondulées ne disparaîtront définitivement que vers 1730, lorsque les chaisiers sauront assurer l'équilibre et la solidité de leurs créations. Mais tous ces éléments ne se retrouvent pas obligatoirement sur un même siège. Un fauteuil Régence peut ne pas avoir de traverses alors que son dossier reste entièrement garni, ou avoir des pieds-de-biche et des accotoirs non reculés. Bref, toutes les combinaisons sont possibles car, comme tous les styles de transition, le Régence conserve certaines caractéristiques de l'époque précédente tout en annonçant la suivante.

Les décors sculptés à la ceinture, sur les pieds, sur les entretoises, les accotoirs et les hauts de dossier sont riches. Ils continuent à obéir à la loi de la symétrie absolue.

Fauteuil foncé de canne. La forme des pieds évoque les os de mouton de la fin du XVIIe siècle. La traverse supérieure du dossier est ornée d'une coquille typiquement Régence.

Ce fauteuil en noyer sculpté marque l'évolution du style vers plus de légèreté. Les entretoises ont disparu à partir de 1720, lorsque la perfection technique des assemblages a assuré aux sièges une plus grande solidité.

Les chaises ressemblent aux fauteuils, mais elles sont de dimensions plus réduites.

La bergère, dont la vogue s'affirme vers 1725, est garnie sur le siège d'un coussin mobile et ses accotoirs sont pleins, c'est-à-dire qu'une garniture d'étoffe occupe l'espace entre les bras du fauteuil et le siège : elle forme ainsi une joue, selon le vocabulaire de l'époque. Lorsque la bergère « joufflue » présente un dossier élevé muni de deux oreilles capitonnées, on l'appelle bergère en confessionnal. Ces sortes d'ailerons au niveau de la tête ont l'avantage de protéger des courants d'air la personne assise.

La chaise longue est ainsi appelée lorsque l'ensemble est assez long pour permettre de s'asseoir les jambes étendues. Elle devient duchesse quand l'extrémité est entourée d'un petit dossier, et duchesse brisée lorsque la chaise longue se prolonge par un tabouret amovible pour soutenir les jambes.

Le canapé ou sofa n'est qu'un fauteuil très élargi, le plus souvent à trois places, muni de huit pieds, garni d'un matelas, de quelques coussins et de deux rondins. Il peut comporter des joues et parfois même de véritables dossiers latéraux. Le canapé s'adosse le plus souvent au mur, face à la cheminée.

Tous ces sièges sont généralement en hêtre, mais aussi en chêne ou en noyer. Ils peuvent être peints, dorés, argentés ou simplement cirés. Dossiers, pieds, ceintures et accotoirs sont plus ou moins sculptés. Leurs garnitures de tissu sont toujours précieuses : soie, velours, damas, moquette, tapisserie au point, etc.

L'emploi de la canne est de plus en plus fréquent. Il s'agit de lamelles de rotin venues de Hollande tressées en croisillons. Les sièges foncés de canne servent d'assise à de confortables coussins, que l'on retire à la belle saison pour s'offrir le confort d'une fraîcheur plus aérée.

Tous ces types de meubles et de sièges vont se répéter tout au long du XVIIIe siècle avec une élégance et une diversité incomparables et jamais égalées, mais c'est dans le style Louis XV qu'ils atteindront leur perfection.

1723-1774

Le style LOUIS XV

Dans tous les domaines, le style Louis XV est bien « un moment de perfection de l'art français », selon le titre de l'exposition présentée à l'hôtel de la Monnaie de Paris deux cents ans après la mort du souverain.

Le règne pacifique de louis XV permet un prodigieux développement des arts et des sciences. La construction de nombreux palais, la floraison de la peinture et de la sculpture font naître un nouvel art de vivre où s'exprime le talent des ébénistes. C'est l'âge d'or du meuble français.

Par l'élégance de ses courbes, son harmonieux équilibre, l'éclat de ses marqueteries et sa richesse d'invention, le style Louis XV est, aux yeux du monde et pour longtemps, le plus représentatif du goût français.

Avec le recul du temps, on s'étonne toujours du nouvel aspect que prennent les meubles d'une époque à l'autre, d'un style à l'autre. Mais ce serait une erreur d'enfermer l'ensemble des caractéristiques d'un style dans les étroites limites d'un règne. C'est par retouches successives tentées par les menuisiers et les ébénistes que se profilent les formes qui finissent par s'imposer. Cette évolution s'accomplit dans un contexte politique et social où le style des meubles et des décors prend valeur de symbole. Dès le début du XVIIIe siècle, le désir de changement est à la fois le rejet de tout ce qui évoque la raideur louis-quatorzienne et la tentation de formes qu'il reste à inventer. Quand on est lassé de la droite, quoi de plus attrayant que la courbe ?

NAISSANCE DU STYLE ROCAILLE

Bien que l'architecture officielle reste soumise à des modèles hérités de l'Antiquité, les ébénistes se dégagent de ce conformisme par des créations originales, d'autant plus qu'ils possèdent un savoir-faire technique parfaitement au point. Les ornemanistes à la mode sont alors

Table de toilette pivotant à la verticale pour découvrir un miroir. Le large tiroir est orné de marqueteries représentant une scène de chasse encadrée de bouquets sur fond d'ébène. Le plateau en marqueterie est entouré sur trois côtés d'une lingotière en bronze doré. Pieds galbés ornés de motifs en bronze doré et ciselé.

Table de jeu dite trictrac (ancien nom du jeu de jacquet). Elle comporte un plateau creux avec ses pions et un plateau réversible où figurent, d'un côté, un échiquier de 64 cases (visible ici) et, de l'autre, un damier de 100 cases. Cette table à pieds galbés est en poirier noirci imitant l'ébène, à décor de chinoiseries. (L : 77 cm ; l : 63 cm ; H : 83 cm)

INVENTION D'UN STYLE

Maurice Reims, qui a vu défiler sous son marteau d'ivoire des meubles de toutes les époques, suggère une explication inattendue de la naissance du style Louis XV. Sous l'apparence d'une blague qui frise la provocation, sa proposition traduit pourtant un état d'esprit. C'est dans son discours de réception à l'Académie française (le 16 février 1977) que l'ancien commissaire-priseur raconte comment les jambes torses du maréchal de Villeroy ont donné à Louis XV l'idée d'un style curviligne. Invité en visite officielle à l'Académie française en 1719, le jeune souverain daigna s'asseoir sur un fauteuil de l'illustre compagnie, et déclara qu'il était « rude »...
« Ces fauteuils sont Louis XIII, lui dit-on.
— Pas même Louis XIV ? s'enquit M. de Villeroy, précepteur de l'héritier du trône.
— Et pourquoi pas des fauteuils Louis XV ? demanda le roi.
— Sire, parce que votre style n'est pas encore inventé... »
Poursuivant son discours, Maurice Reims ajoute : « Alors, avisant les jambes du maréchal qui, à force de chevaucher à la tête de ses armées, les portait quelque peu arrondies, le roi déclara : « Eh bien, dorénavant, que les pieds, les accotoirs et les dossiers affectent la forme des jambes de M. de Villeroy ! »
Voilà donc comment on raconte l'histoire sous la Coupole... et comment on invente un style ! Ce qu'oublie de dire Maurice Reims, et qui enlève toute crédibilité à cette anecdote, c'est qu'à l'époque l'Académie française ne siégeait pas dans l'amphithéâtre de l'Institut, mais au Louvre.
Quoi qu'il en soit, les inconfortables fauteuils Louis XIII furent finalement remplacés en 1775, un an après la mort de Louis XV.
Contrairement à ce que l'on pourrait croire, les fauteuils de l'Académie commandés à Nicolas Quinibert-Foliot, un des grands spécialistes des sièges, ne sont pas de style Louis XV, mais exécutés d'après les modèles du début du XVIIe siècle, utilisés au Louvre par les premiers académiciens. On voit par là toute l'ambiguïté du discours de Maurice Reims qui s'adresse à des académiciens installés dans des fauteuils en gondole... ou de style Louis XV.

Nicolas Pineau (1684-1754), dessinateur de boiseries et de meubles aux formes asymétriques, et Juste Aurèle Meissonnier (1693-1750), orfèvre de formation et décorateur plein de fantaisie. Par leurs dessins et gravures largement diffusés à partir de 1725, ils font connaître le style rocaille dans ses formes les plus exubérantes. Jean Mondon publie également des modèles d'ornements contorsionnés dont s'inspirent les ébénistes.

Vers 1725, dans les années qui suivent la Régence, la mode est à l'imitation des coquilles et autres formes naturelles déchiquetées que s'efforcent de reproduire les rocailleurs, artisans spécialisés dans des compositions architecturales de plein air, comme des grottes, des concrétions et des excroissances purement artificielles. C'est ce que l'on appelle alors le « goût du pittoresque ».

Le style rocaille fondé sur des compositions de courbes et de contre-courbes asymétriques s'oppose résolument à la rigueur classique. Il prend son essor en France et s'étend rapidement à l'Europe entière. Le rocaille ne doit pourtant pas se confondre avec le rococo adopté d'abord par l'aristocratie britannique, puis par la plupart des cours européennes. Il désigne alors un système décoratif composé de motifs asymétriques et déchiquetés, inspiré par les ornements à la mode mais qui s'abandonne à des interprétations pour ainsi dire caricaturales du style Louis XV. « Le vrai caractère du rocaille français, écrit Yvonne Brunhammer, conservateur du musée des Arts décoratifs, demeure malgré tout harmonieusement mesuré quand on le compare au vertige qui s'empare alors de l'art en Europe continentale » (*Le Meuble dans le monde. XVIII*[e] *siècle*, Flammarion).

Comme dans toute l'histoire du mobilier, les formes du style Louis XV suivent les lignes directrices de l'architecture. Le Petit Trianon comme les hôtels de la place Vendôme se caractérisent par l'alliance harmonieuse du style inspiré de l'Antiquité classique, évidente sous Louis XIV, et le désir de modernité qui se manifeste

L'ART DE LA MARQUETERIE

La marqueterie consiste à juxtaposer et à coller des pièces fines et plates débitées dans différents bois. La marqueterie se pratique à plat, à la façon d'un puzzle, sur la surface d'un bâti de meuble où les pièces sont assemblées et solidement collées, ce qui la distingue de l'incrustation, ou intarsia, *réalisée sur un panneau de fond entaillé pour recevoir des lamelles de bois découpées et collées. La marqueterie diffère du simple placage où une seule feuille de bois, découpée à la mesure du meuble, est collée sur le bâti qu'elle cache complètement.*

La marqueterie prend son essor au début du XVIIIe *siècle, lorsque l'importation des bois des îles offre une large palette de couleurs variées qui permet aux ébénistes de composer de véritables « peintures en bois ». Les essences de bois les plus courantes sont l'ébène, l'acajou, le palissandre (et sa variante, le bois de violette), l'amourette, le bois de rose, le satiné et le santal. Ces bois exotiques proviennent des Indes, des Antilles ou de l'Amérique du Sud.*

À l'origine, les bois de marqueterie ont une épaisseur de 2 à 4 millimètres. Par la suite, les techniques de découpage mécanique permettent de débiter des feuilles de plus en plus fines. L'épaisseur des placages et des marqueteries est un bon moyen de distinguer les meubles XVIIIe *de leurs copies plus récentes.*

Ci-dessus : la marqueterie à motif d'instruments de musique comporte huit essences de bois exotiques.

Commode sauteuse, ainsi nommée à cause de sa hauteur sur pieds. Elle porte l'estampille de Léonard Boudin (1735-1804), ébéniste virtuose reçu maître en 1761. Elle présente deux tiroirs sans traverse ce qui offre à la marqueterie une large surface sans discontinuité. L'opposition du palissandre (foncé) et du bois de rose donne un jeu de cubes en perspective dont la rigueur géométrique est atténuée par l'encadrement central en entrelacs. Poignées et entrées de serrure sont en bronze doré finement sculpté. (L : 147 cm ; l : 66 cm ; H : 88 cm)

par l'assouplissement des lignes et un certain goût pour la dissymétrie. Il en résulte une combinaison fluide de droites et de courbes. Pierre Verlet, un des plus fins connaisseurs de l'histoire des styles, écrit à propos du Louis XV : « L'équilibre qui fait son charme donne un heureux mariage des droites et des courbes. » Il observe que la ligne droite « forme la base de la plupart des tracés ». Finalement, la courbe « n'est plus qu'une ligne droite assouplie, infléchie avec naturel, non l'une de ces contorsions filandreuses que l'on trouvera trop souvent hors de France » (*Styles, meubles, décors, du Moyen Âge à nos jours*, Larousse, 1972).

Ce moment de perfection de l'art français qu'est le style Louis XV est beaucoup plus bref que le règne du Bien-Aimé (1723-1774). Car le goût évolue vite et les plus fervents partisans du rocaille, comme Mme de Pompadour, n'hésitent pas à le rejeter dès le milieu du siècle. C'est surtout par des détails décoratifs que se produit le glissement vers le style néoclassique. L'excès de courbes a fini par produire un phénomène de rejet, alors que la découverte des antiquités classiques donne au désir de changement un argument idéologique. La faculté d'adaptation des ébénistes, des menuisiers et des sculpteurs permet d'assurer en souplesse le passage d'un système curviligne au formalisme « à la grecque », qui n'a de grec que le nom, inspiré d'ailleurs par les motifs de rubans brisés à angle droit formant une succession de potences liées les unes aux autres.

Les motifs mis en relief par les sculpteurs ou fondues dans le bronze par les bronziers se caractérisent par un retour à la symétrie.

À partir de 1740, les coloris qui ornaient les sièges disparaissent progressivement pour laisser la primauté au bois naturel dans toute la vigueur de ses lignes.

Le courant moderniste veut, par exemple, que les herbages foisonnants deviennent des acanthes à feuillages symétriques ou que les pétales éclatés s'ordonnent en doubles fleurettes géométriques.

À partir de 1745, les excès du premier âge du style Louis XV s'atténuent et commence la période que l'on peut qualifier de « rocaille symétrisé ». Peu à peu, les ornements naturalistes s'effacent au profit d'une nouvelle grammaire ornementale. Les rubans, les guirlandes, les perles, les feuilles d'eau, les piastres, les entrelacs se substituent aux herbages. Dès 1760, le style rocaille paraît déjà démodé. C'est alors que le style transition ouvre la voie au courant néoclassique redresseur de courbes.

LES MATÉRIAUX

Pour les grands meubles, le bois de prédilection reste le chêne qui assure de solides structures. Pour les sièges, les principaux bois utilisés au XVIIIe sont le hêtre, souple et résistant, le chêne, plus dur mais plus cassant, et le noyer qui se prête mieux à la sculpture. Les sièges foncés de canne restent en usage pendant tout le siècle. Ils sont faits de rotang importé des Indes par la Hollande, débité en fines lanières et tressé dans les cadres des assises et des dossiers par des canniers au service de chaisiers.

Si dans l'ensemble les matériaux employés, notamment les bois et les bronzes, sont les mêmes que sous la Régence, c'est dans la maîtrise technique et la variété des formes que s'affirme avec éclat la virtuosité des ébénistes de l'époque Louis XV.

Les ébénistes tirent aussi parti des panneaux en laques de Chine ou du Japon, prélevés dans des feuilles de paravents, refondus et galbés, pour les adapter aux façades des commodes. Le goût est à l'exotisme et ces panneaux importés offrent des décors variés de paysages et de personnages à chapeaux pointus parmi des pagodes. Les laques de Coromandel (du nom de la côte indienne par où ils transitent) se caractérisent par des sculptures en saillies, taillées dans plusieurs épaisseurs de cette substance résineuse solidifiée et peinte en diverses couleurs.

Les panneaux en laque d'Extrême-Orient sont également plaqués sur des encoignures, des secrétaires et en ceinture des bureaux plats. Devant le succès de ces décors laqués, des artisans français s'efforcent de produire des vernis « à la façon de la Chine », mais qui n'en ont ni les qualités techniques ni l'aspect esthétique. Les plus réussis sont cependant réalisés par les frères Guillaume et Étienne Martin qui obtiennent le titre de « vernisseurs du roi ». Mais les vernis Martin jaunissent à la longue et se détériorent en fines craquelures.

LES MEUBLES

Les meubles d'usage courant gardent leurs structures traditionnelles. Les buffets bas, à deux ou trois portes, parfois appelés bas d'armoire, comme les buffets à deux corps et quatre portes sont en bois massif, chêne ou noyer, où s'inscrivent des moulures contournées à motifs asymétriques, ce qui les distingue des meubles analogues de l'époque Régence.

Les commodes à deux ou trois tiroirs enchâssés dans une façade galbée s'allègent sur des pieds en escargot. Pendant toute la première moitié du XVIIIe siècle, les menuisiers continuent à fabriquer des commodes en tombeau, que l'on appelle encore à la Régence.

Petite commode sauteuse, milieu du XVIIIe siècle, à deux tiroirs sans traverse. Elle est ornée d'un placage provenant d'un paravent en laque du Japon. Les bronzes dorés finement ciselés, de style rocaille, se prolongent en filets qui soulignent le galbe des pieds.

Commode en tombeau, dite à la Régence, dont la structure galbée sur toutes les faces s'est perpétuée jusqu'au milieu du XVIIIe siècle. Celle-ci est particulièrement remarquable par ses marqueteries en bois de violette dont les veinures forment des motifs zébrés, et par la somptuosité des bronzes dorés du plus pur style rocaille. Elle est couverte d'un plateau en marbre brèche d'Alep. (L : 131 cm ; l : 66 cm ; H : 85 cm)

Les chutes de bronzes qui enveloppent les côtés galbés sont couronnées d'un visage féminin encadré de feuillages.

Les pieds avant sont enrobés de bronzes en forme de feuilles d'acanthe se terminant en volutes.

Les entrées de serrure développent des bronzes en feuillages déchiquetés. Remarquez aussi, au-dessus du tablier, les cornes fleuries au centre du tiroir inférieur.

LES ÉBÉNISTES SOUS LOUIS XV

BAUMHAUER Joseph, dit JOSEPH (mort en 1772)
Reçu maître en 1755.

Cet artisan d'origine allemande qui se fixe à Paris vers 1745 deviendra l'un des plus grands ébénistes du règne de Louis XV. En 1767, il reçoit du roi un brevet d'ouvrier privilégié qui lui assure les mêmes droits que la maîtrise. Ses meubles au galbe élégant et pur, somptueusement décorés de bronzes, de porcelaines, de laque... appartiennent au style Louis XV assagi des années 1760.

BERNARD II (mort vers 1765)
Reçu maître en 1735.

Il est le fils aîné des cinq enfants de Bernard Ier et l'un - pour ne pas dire « le » - plus grand ébéniste parisien du temps de Louis XV. Il semble n'avoir fabriqué que des meubles de luxe, dans l'esprit rocaille alors à la mode. Commodes, encoignures, bureaux plats, bureaux de pente, petites tables, etc., sont ceux que l'on trouve dans les châteaux royaux et dans les plus somptueuses demeures. Le sens des proportions, l'élégance et la souplesse des galbes, la finesse des attaches, l'harmonie des décors de marqueterie et les bronzes caractérisent la production de Bernard II Van Riesen Burgh. La plupart de ses modèles personnifient le style rocaille dans son expression la plus parfaite mais aussi la plus sobre. Il signait ses meubles des initiales B.V.R.B., pour Bernard Van Riesen Burgh.

GAUDREAUX Antoine (vers 1680-1751)
Reçu maître vers 1720.

Élu en 1744 syndic de la communauté des menuisiers-ébénistes, cet émule de Cressent a été fournisseur de la famille royale. Aucune de ses œuvres n'est signée, l'estampille n'étant pas encore imposée. Les meubles de cet ébéniste comptent parmi les plus beaux ouvrages du mobilier français du début du règne de Louis XV.

DUBOIS Jacques (vers 1693-1763)
Reçu maître en 1742.

Un des plus grands ébénistes français sous le règne de Louis XV. Il excelle dans le style rocaille. Il a produit des meubles dont beaucoup sont de véritables chefs-d'œuvre ornés de bronzes somptueux.

ŒBEN Jean-François (1721-1763)
Reçu maître vers 1750.

L'un des plus grands ébénistes parisiens de la seconde moitié du XVIIIe siècle. Sa production est remarquable tant par sa qualité d'exécution que par sa valeur esthétique (ses marqueteries sont superbes). Né en Allemagne, il arrive en France en 1749 et entre dans l'atelier du plus jeune fils de Boulle. À la mort de ce dernier, en 1754, il est nommé menuisier-ébéniste du roi aux Gobelins. Durant neuf ans, il livrera toutes sortes de meubles à la Couronne mais la commande de sa vie, son plus beau titre de gloire, reste le fameux bureau à cylindre de Louis XV à Versailles. Il mourra prématurément sans l'avoir achevé. C'est Riesener qui mènera l'ouvrage à son terme.

J·F·OEBEN

VANDERCRUSE Roger, dit LACROIX ou RVLC (1727-1799)
Reçu maître en 1755.

Ébéniste français d'origine flamande, il signait ses œuvres soit R. Lacroix, soit RVLC, d'après son nom flamand. La qualité de ses meubles et de ses sièges le classe parmi les plus grands ébénistes du XVIIIe siècle. Il fournit les demeures royales et une importante clientèle privée. Ses meubles sont ornés pour la plupart de motifs floraux ou géométriques. D'une élégance remarquable, leur finition est parfaite. Certains de ces meubles sont en acajou moucheté ou non, parfois ornés de plaques de porcelaine de Sèvres, marquetés ou laqués. On lui doit aussi de nombreux meubles à transformation comme le bureau en capucin.

R·LACROIX
R·V·L·C

D'autres modèles de tables légères dont le plateau est porté par des pieds cambrés sont affectés aux usages les plus divers : table à ouvrage à trois ou quatre pieds réunis par des plateaux formant entretoise avec, sous le plateau, un profond tiroir de rangement, la chiffonnière — à ne pas confondre avec le chiffonnier — est une petite commode haute sur pieds comportant une écritoire à tirette et un tiroir latéral où l'on peut ranger son ouvrage. Les simples tables à écrire à plateau carré ou rectangulaire présentent des tiroirs en ceinture et des tirettes latérales.

Les tables liseuses sont équipées d'un petit pupitre que l'on peut dresser sur le plateau en inclinant plus ou moins le plan de lecture.

La table de toilette ou coiffeuse est un meuble plus important comportant des caissons latéraux munis d'un couvercle à charnières. On peut ranger d'un côté les brosses, peignes, flacons et boîtes à fards, et de l'autre les perruques. Le volet central est garni intérieurement d'un miroir inclinable à volonté.

Les tables de jeu prennent des formes adaptées aux différents jeux : carrées pour le quadrille, à cinq pans pour le brelan, à trois pour l'hombre. Les tables de jeu sont souvent garnies sur leurs contours de petits supports en bronze destinés à recevoir les chandelles. Les tables trictrac ont des plateaux réversibles divisés en cases noires et blanches, d'un côté pour le jeu de dames, de l'autre pour le jeu d'échecs. La servante est une simple table où l'on pose les plats. Elle comporte parfois un bac en zinc où l'on place les bouteilles à rafraîchir.

Les tables de nuit, à casier central ouvert ou fermé par une porte, sont utilisées comme réceptacle du vase de nuit mais souvent aussi comme espace destiné à recevoir les provisions pour la nuit. Dans ce cas on les baptise tables d'en-cas, ce qui peut se traduire par... en cas de fringale. Elles sont alors munies d'un rideau vertical coulissant selon le système des lattes mouvantes. Les tables à café ont la particularité de présenter un petit rebord horizontal de forme chantournée, destiné à retenir le plateau porteur de tasses et de verseuses.

MOTIFS DÉCORATIFS LOUIS XV

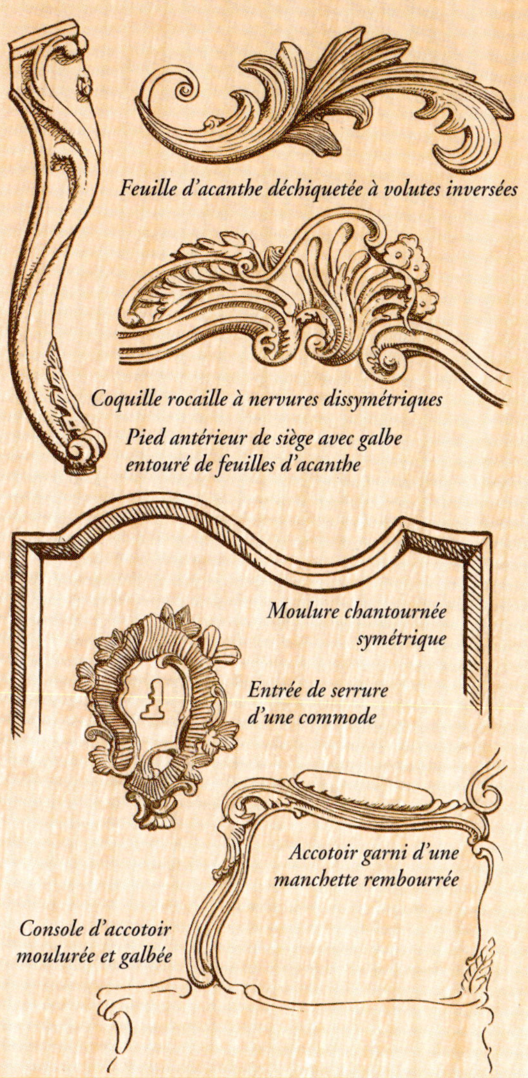

Table à la Bourgogne exécutée vers 1750 pour la duchesse de Penthièvre par l'ébéniste d'origine allemande Jean-Pierre Latz (1691-1754). Un mécanisme à manivelle dégage une écritoire, un pupitre et des casiers. D'une grande perfection d'exécution, elle est également remarquable par ses marqueteries florales.

LES SIÈGES

La diversité des tables n'a d'égale que la variété des sièges qui, sous Louis XV, sont aussi l'expression d'un art de vivre adapté à toutes les situations, avec toujours une volonté de confort et de commodité.
En s'écartant du cérémonial du Grand Siècle, les sièges quittent les murs des salons solennels, pour faciliter les rapprochements entre les convives.
Dès la fin de la Régence, en 1723 (Louis XV n'a alors que treize ans), les sièges se multiplient dans les salons. Chaque chaisier — c'est ainsi que l'on désigne les menuisiers en chaises pour les distinguer des ébénistes — s'efforce de créer de nouveaux modèles. C'est généralement sur les indications des tapissiers et des ornemanistes qu'ils se mettent au goût du jour pour construire chaises et fauteuils. Or le goût du jour, comme nous l'avons vu, c'est la courbe, particulièrement facile à modeler dans le bois pour en faire des pieds, des montants de dossier et des accotoirs.
Les décorateurs — tapissiers et merciers — travaillent avec des architectes dessinateurs qui élaborent des projets. À partir des modèles proposés aux clients susceptibles de passer commande, cet intermédiaire se met en rapport avec un menuisier-chaisier capable de réaliser le projet. La commande étant confirmée, le menuisier trace sur le bois, en taille réelle, un dessin d'exécution qui représente les différents éléments constitutifs du siège : pieds, ceintures, consoles d'accotoirs, accotoirs, montants latéraux et cintre du dossier. Avant de passer au découpage, certains menuisiers travaillent avec un sculpteur, mandaté par le « donneur de modèle » ou, comme dit Roubo dans *L'Art du menuisier*, l'« ordonnateur ». La maquette est alors exécutée en bois, en cire ou en terre cuite, généralement en réduction au un septième. Certains ornemanistes en renom proposent directement leurs dessins aux menuisiers, mais, le plus souvent, ils en font un catalogue de planches gravées que diffusent les marchands d'estampes. Ces gravures largement répandues permettent à de nombreux menuisiers de créer leurs propres modèles en suivant rigoureusement les tailles indiquées ou en les interprétant à leur façon.
Enfin, pour parvenir à l'exécution de modèles en série, le menuisier prend une planche de bois d'environ un centimètre d'épaisseur pour fabriquer un calibre de débit. Les contours des différents éléments du siège sont ainsi matérialisés — ce qui facilite considérablement la réalisation en petite série de chaises et de fauteuils du même modèle. Un jeu de calibres numérotés correspond à un siège en pièces détachées, on dirait aujourd'hui un meuble en kit prêt au montage. Ces calibres sont si précieux qu'ils sont souvent volés pour être revendus à d'autres fabricants de sièges. Chaque atelier possède ainsi un stock de calibres jalousement gardé qui constitue la « mémoire en bois » du chaisier professionnel. Le travail est ensuite réparti entre compagnons et apprentis pour mener à bien la réalisation des commandes. Les entreprises les plus importantes possédent six à dix établis qui occupent chacun un compagnon assisté de deux ou trois apprentis.

Fauteuil à la reine à large dossier plat, en hêtre sculpté et ciré, garni d'une tapisserie de Beauvais.

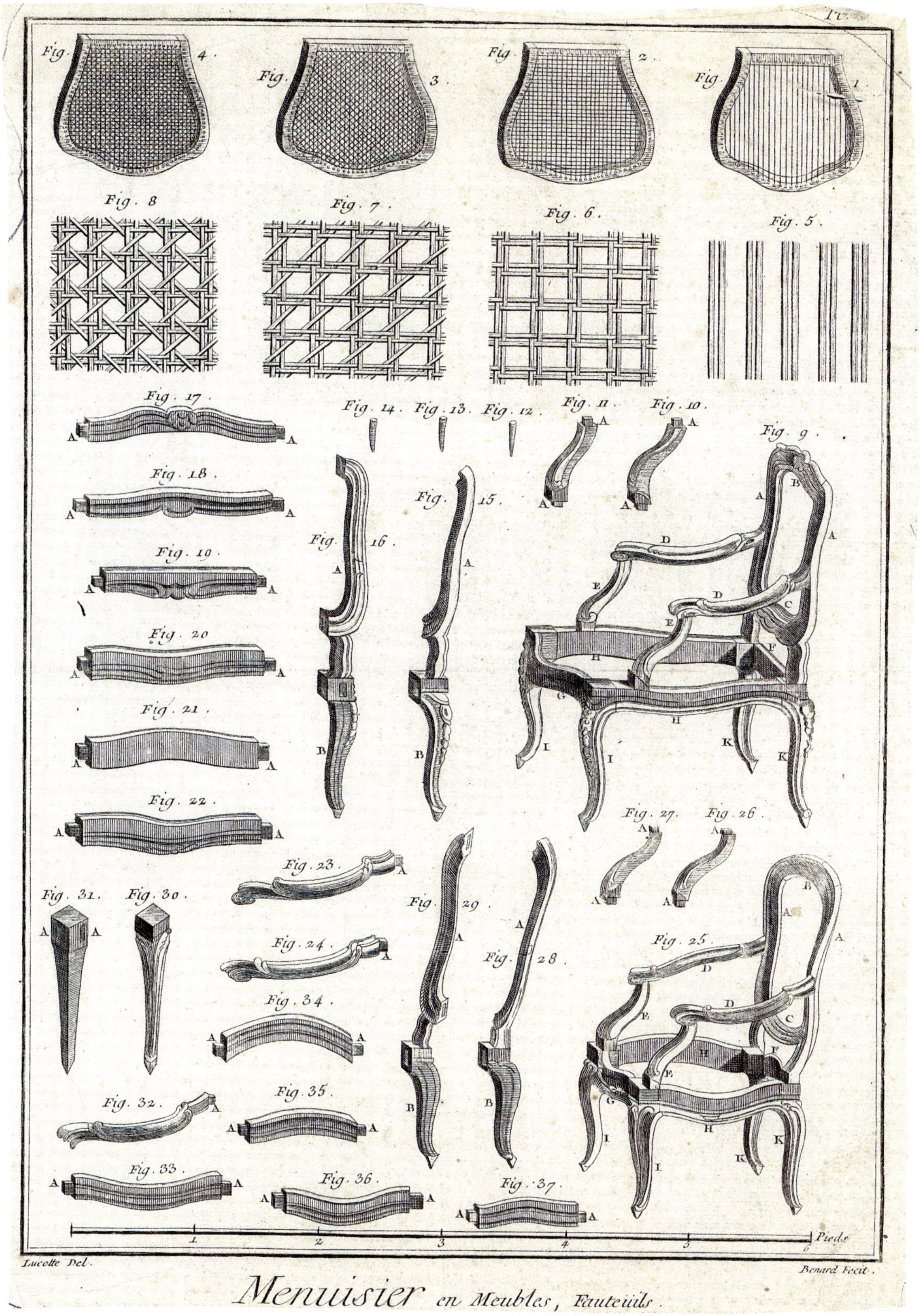

Procédé de cannage d'un siège. Calibre servant à la construction d'un fauteuil à la reine et d'un cabriolet. (Planche tirée de L'Art du menuisier, *par Roubo).*

La rigueur du système corporatif interdit au menuisier de sculpter. Il doit donc prévoir dans l'exécution du siège une épaisseur de bois importante à certains endroits (ceinture, dés de raccordement, dossier, bout de pied) pour permettre à la gouge de pénétrer dans les fibres du bois. La plupart des sièges sont peints selon les couleurs à la mode en deux couleurs, de façon à bien faire ressortir les motifs sculptés.

LES CRÉATIONS

Au milieu du XVIIIe siècle, le quartier de la rue de Cléry, à Paris, est devenu un véritable village de menuisiers qui débitent des sièges par milliers.

De 1730 jusqu'au milieu du siècle, de nouveaux types de sièges s'adaptent à l'air du temps, comme dit Pierre Jean Mariette, collectionneur, marchand d'estampes et critique d'art.

Hérités des grands sièges d'apparat de l'époque Louis XIV, la chaise et le fauteuil à la reine présentent, légèrement au-dessus de l'assise du siège, un dossier plat légèrement incliné en arrière. Le devers, qui désigne la distance entre la base du dossier et le rejet en arrière de son sommet, est de l'ordre de 8 centimètres. La hauteur de l'assise par rapport au sol est d'environ 40 centimètres pour la chaise, et quelques centimètres de moins pour les fauteuils selon les modèles. Les lignes sinueuses qui encadrent les dossiers sont plus accentuées que sous la Régence. Les premiers sièges Louis XV sont

Deux fauteuils à la reine, d'une suite de quatre, et un canapé à trois places en hêtre mouluré et sculpté de fleurettes et de feuillages dorés sur fond laqué couleur vert d'eau. Tapisserie récente en soie à motifs floraux.

Fauteuil à la reine en hêtre sculpté et doré, d'une suite de quatre, réalisée par l'atelier de Jean-Baptiste Tilliard père (reçu maître en 1738) et fils (reçu maître en 1752), tous deux fournisseurs de la Couronne. Les Tilliard sont considérés comme étant parmi les meilleurs chaisiers parisiens.

Fauteuil à la reine, vers 1750, en hêtre sculpté et doré. Les motifs et les moulures à gorge sinueuse permettraient d'attribuer ce siège tapissé de velours rouge à l'ébéniste lyonnais Pierre Nogaret, reçu maître en 1745 après avoir travaillé à Paris dans les ateliers de Cresson et des Tilliard.

LES MENUISIERS SOUS LOUIS XV

AVISSE Jean (1723-après 1796)
Reçu maître le 10 novembre 1747.

Installé rue de Cléry, il acquiert rapidement une grande notoriété. Fournisseur de l'aristocratie, la partie la plus intéressante de son œuvre s'inscrit dans les limites du style Louis XV. Ses plus beaux modèles sont des fauteuils à la reine, souvent à châssis, aux formes amples, aux lignes à la fois puissantes et souples, ornés de discrets motifs floraux mais sculptés avec vigueur.

FOLIOT Quinibert-Nicolas (1706-1776)
Reçu maître en 1729.

Comme son père Nicolas, il sera fournisseur attitré du garde-meuble royal. Sa production est considérable. Il travaille pour les châteaux de Versailles et de Trianon, de Fontainebleau, de Compiègne, etc. Nicolas Foliot est l'un des grands maîtres du siège Louis XV, mais il est également l'un des précurseurs du style Louis XVI. Ses modèles Transition comportent des formes encore galbées et des décors néoclassiques.

HEURTAUD Nicolas (1720-1771)
Reçu maître en 1753.

L'un des plus grands maîtres du siège Louis XV. D'abord sculpteur, il travaille à orner les sièges des Tilliard, de Claude Séné et de quelques autres menuisiers spécialisés. À partir de 1755, il déploie une double activité : menuisier en sièges et sculpteur. Il travaille pour une riche et aristocratique clientèle, notamment pour le marquis de Villarceaux, le duc de La Rochefoucauld, etc. Fortement marqués par son premier métier, certains de ses sièges peuvent être considérés comme de véritables sculptures.
Au cours des années 1760, Heurtaud évolue vers un style plus léger, plus souple. Coquilles rocaille et puissantes volutes sont remplacées par des roses et de discrets feuillages. Certains modèles sont même uniquement moulurés. Il fait bientôt cohabiter le répertoire néoclassique avec des réminiscences de Louis XV. Signalons enfin l'existence de quelques sièges de style pleinement Louis XVI. Notamment des fauteuils à dossier médaillon, fortement architecturés et reposant sur des pieds à section carrée.

encore consolidés par un croisillon d'entrejambe qui ne disparaît que vers 1740. La forme des structures est soulignée par des moulures qui épousent les contorsions des pieds, des ceintures et des dossiers. Les consoles d'accotoirs restent implantées en retrait d'une dizaine de centimètres par rapport au sommet des pieds antérieurs.
Une innovation qui répond au désir de changement de décor est le siège à châssis, une structure amovible qui se place à l'intérieur de la ceinture, revêtue d'étoffe que l'on peut changer selon les modes de l'habillement féminin. Il est également possible en été, pour revenir à une assise plus aérée, de replacer sur le siège un châssis foncé de canne.
L'habillage des châssis se fait en tapisserie de Beauvais, en étoffe brochée, en velours de Gênes ou de Venise, en brocart, en lampas ou en damas (étoffes de soie ornées de motifs).

Une des innovations les plus significatives du style Louis XV appliqué aux sièges est, vers 1740, l'apparition du dossier concave pour assurer au dos un plus grand confort — ce qui, de plus, répond à l'esthétique curviligne. Ce nouveau fauteuil à dossier « en hotte », comme disent les menuisiers, s'appelle le cabriolet. Perché sur des pieds cambrés avec des accotoirs galbés, le siège en cabriolet — qui doit son nom au siège à dossier cintré d'une voiture légère — est confortable et élégant.
Aux endroits laissés en épargne par le menuisier, les sculpteurs dégagent à la gouge et au ciseau un nouveau répertoire de motifs d'esprit rocaille. Les plus courants sont les agrafes en forme de C dos à dos autour d'un bourgeon ovale, les ailes de chauve-souris, les coquilles à nervures déchiquetées, les cartels à ailerons autour d'un cœur, les palmettes en queue de paon, les grenades éclatées, les fleu-

rettes à pétales dissymétriques et les herbages qui courent le long des pieds et des ceintures. On retrouve ces sculptures rocaille naturalistes sur tous les autres sièges.

Le fauteuil de cabinet à siège canné ou rembourré offre un dossier enveloppant, au-dessus d'une ceinture en saillie soutenue par un pied placé dans l'axe du pied avant, entre deux autres pieds.

La voyeuse est une chaise, ou parfois une bergère, dont le dossier est muni d'un coussin où l'on peut s'accouder pour suivre une partie de cartes.

Apparue sous la Régence, **la voyelle** est une chaise légère où l'on peut s'asseoir à califourchon en posant les coudes sur le dossier.

Le fauteuil à coiffer présente un dossier à traverse supérieure concave couverte d'un coussinet où l'on peut poser le cou.

La bergère, apparue vers 1730, est une survivance des fauteuils à joues pleines, dits en confessionnal, de la fin du siècle de Louis XIV. Mme de Maintenon appréciait les capitons latéraux pour se protéger des courants d'air de Versailles. La bergère se distingue du cabriolet par le remplissage avec des garnitures d'étoffes de la partie située entre les accotoirs et la ceinture. C'est cette partie qu'on appelle joue ou jouée. Le siège lui-même est tout entier occupé par un gros coussin, le carreau, posé sur un fond sanglé, toujours à la recherche d'un plus grand confort. Si des ailerons capitonnés se greffent verticalement en haut du dossier, elle est dite bergère à drillon.

LES CANAPÉS ET LES LITS

La marquise est une large bergère à deux places. La causeuse, dite aussi veilleuse, est un demi-canapé à deux places dont le siège assez bas est encadré de deux accotoirs. La chaise longue à deux dossiers opposés en forme de corbeille prend le nom de duchesse

Paire de bergères à dossier en hotte qui se prolonge par des accotoirs garnis de manchettes rembourrées. Un gros coussin de plume ajoute encore au confort de ces sièges somptueux d'un rare modèle.

en bateau. Lorsqu'elle se compose d'un bout de pied amovible qui ressemble à une petite bergère, elle est qualifiée de duchesse brisée. Elle peut être aussi duchesse brisée en trois parties si un tabouret de même hauteur s'intercale entre deux sièges opposés.
Le nom de sofa apparaît pour la première fois à la fin du XVIIe siècle, mais il s'applique alors à « une espèce de chaise à dos fort large où peuvent seoir deux personnes » (selon le *Dictionnaire* de Furetière paru en 1689).
Sous Louis XV, **le sofa** désigne un petit canapé bordé de joues pleines de chaque côté d'un large dossier.
L'ottomane est un canapé à double dossier en corbeille. La sultane se distingue par des chevets symétriques en crosse. La paphose est un canapé flanqué d'un double dossier concave dont un côté s'incline jusqu'à l'aplomb des pieds antérieurs.
Un autre petit canapé, qui apparaît dans la seconde moitié du XVIIIe siècle, prend pour nom **la turquoise**. C'est une sorte de sofa dont le dossier de fond est amovible entre deux chevets symétriques. Dans le domaine des lits, le style Louis XV évolue aussi avec beaucoup d'imagination selon la disposition des chevets.
Le lit à la française, couronné d'un grand dais rectangulaire, est soutenu par quatre montants appelés quenouilles.
Le lit à la polonaise comporte de hauts chevets garnis aux quatre coins de petites colonnes qui supportent un grand baldaquin sur une armature de fers cintrés.
Le lit à la turque a deux chevets en crosse qui encadrent un large dossier placé contre le mur.

Chaise voyeuse dont le dossier est surmonté d'un accoudoir rembourré, regarni d'une soierie récente. Ce genre de siège permet à un « voyeur » confortablement accoudé et placé derrière le joueur de suivre ses coupes (et éventuellement de le conseiller) aux cartes, aux échecs ou aux dames. Il existe aussi des bergères voyeuses, comme l'indique le croquis tiré de Meubles et sièges du XVIIIe siècle *d'André Theunisseu. Les chaises ponteuses (du verbe « ponter » : miser, mettre en jeu), de même structure que les voyeuses, comportent un accoudoir formant un boîtier à couvercle où l'on range les jetons ou l'argent et qui permet de sortir sa mise au moment voulu.*

CONSERVATEURS ET MODERNISTES

Des contre-courants dans les goûts font parfois apparaître des résistances au changement. Quels que soient les engouements pour les nouveaux modèles, il arrive qu'un clan conservateur préfère s'en tenir aux types de sièges conformes à ses habitudes. C'est ainsi que le fauteuil en cabriolet a mis longtemps à se faire admettre dans les salons.

*Allons jusqu'à la fin de l'histoire très significative des fauteuils de l'Académie française. En 1759, en plein milieu du règne de Louis XV, vingt ans après l'apparition des sièges à dossiers incurvés, les académiciens « se crurent offensés », selon Guillaume Janneau (*Les Sièges*), lorsqu'il fut question de remplacer leurs vieux fauteuils délabrés, mais aux lignes carrées, par des fauteuils en cabriolet. Finalement, sur ordre du « Garde général des meubles de la Couronne », en date du 29 mai 1775, le menuisier Nicolas Quinibert-Foliot — un des meilleurs spécialistes des sièges Louis XV — fut chargé d'une première série de fauteuils « pareils au modèle précédent », c'est-à-dire des fauteuils à la reine à dossier carré, pour remplacer les sièges de l'Académie « ne pouvant plus servir décemment ». Ainsi les réticences de l'Académie eurent pour effet de doter la compagnie de fauteuils d'aspect carré... finalement beaucoup plus conformes au style Louis XVI que les sièges en gondole de style Louis XV qu'elle trouvait indécents ! En refusant la courbe, l'Académie était revenue un siècle en arrière pour retrouver les droites des bons vieux sièges d'autrefois. « Notre compagnie est la seule dont les membres, en mourant, deviennent fauteuils », disait Jean Cocteau à propos de l'Académie française.*

Autre anachronisme de caractère paradoxal, alors que l'on commence à rejeter en France le style rocaille, le peintre anglais William Hogarth (1692-1744) se fait le défenseur éperdu de ce qu'il appelle la « ligne ondoyante ». Dans son livre intitulé Analyse de la Beauté, *destiné à fixer les idées vagues qu'on a du goût et paru en 1753, William Hogarth propose une théorie esthétique fondée sur la ligne serpentine, dite encore « ligne de la beauté » ou « ligne de grâce ». « Sans cette ligne, affirme-t-il, nos meubles n'auraient ni goût ni élégance... » Cette apologie des lignes courbes arrive un peu tard. En effet, à la même époque en Angleterre, un jeune architecte écossais, Robert Adam, au retour d'un voyage à Pompéi, préconise pour le mobilier un style dépouillé, orné de motifs classiques.*

Le peintre théoricien, apparaît alors comme un conservateur, alors que les modernistes inclinent déjà le balancier du goût de la courbe à la droite. Le style Adam va bientôt s'imposer en Angleterre à la fin de l'époque georgienne tandis que se produit en France la réaction contre les lignes ondoyantes qui conduira très vite au style néoclassique.

Paire de bergères à dossier violoné, manchettes rembourrées, accotoirs et ceintures moulurées, de ligne ondoyante, typique du style Louis XV le plus pur.

1755-1770

Le style TRANSITION

Sans renoncer à l'élégance des formes du style Louis XV, le goût subit une évolution en ce milieu du XVIIIe siècle, avec un retour marqué à la droite et à la symétrie.

L'évolution du goût qui s'annonce au milieu du XVIIIe siècle est liée à un événement historique très singulier : la découverte de deux cités romaines ensevelies sous les laves du Vésuve à la suite d'une éruption en l'an 79. C'est en 1748 qu'un vigneron frappe d'un coup de pioche la pierre d'une construction antique. Les fouilles autorisées mettent au jour une villa et bientôt la ville entière de Pompéi. De premières fouilles, commencées dix ans plus tôt à Herculanum, avaient tiré de l'oubli la ville voisine. C'est alors qu'une dizaine d'artistes de l'Académie de France à Rome s'intéressent à ces ruines dont ils tirent des quantités de dessins. En 1749, le marquis de Marigny, frère de Mme de Pompadour, nommé surintendant des Bâtiments du roi, est chargé de mission à Rome où il prend connaissance de ces relevés d'architecture. C'est cette fabuleuse récolte de motifs, d'ornements, de bas-reliefs, de colonnes et de chapiteaux qui va servir de base à la réhabilitation de l'idéal antique. Les monuments romains, qui s'inspiraient eux-mêmes des temples grecs, resurgissent ainsi du passé, au moment même où les gens de goût commencent à se lasser des excès du rocaille. Dès 1751, le dessinateur et graveur Nicolas Cochin, qui avait fait partie du voyage en Italie avec le marquis de Marigny, publie ses *Lettres sur la peinture d'Herculanum.* Puis il lance de virulentes attaques contre les rocailleurs et leurs « herbages ». En 1754, il fait

Cette table chiffonnière à trois tiroirs présente déjà plusieurs motifs du style néoclassique : frise en marqueterie à la grecque, quadrillage géométrique, double cannelure sur des angles à pans coupés. Mais les pieds galbés appartiennent encore au style Louis XV.

Poignée de tirage en bronze doré et ciselé à motifs de feuillages déchiquetés.

Motif en médaillon représentant des instruments de musique...

Bureau à cylindre rigide attribué à Léonard Boudin, reçu maître en 1761. Il s'apparente au style Louis XV classique par ses galbes, mais il présente certains éléments décoratifs néoclassiques : frise de filets à la grecque entourant le motif central et filets rectilignes en bois clair sur fond d'amarante en façade des tiroirs.

paraître dans *Le Mercure* une « Supplication aux orfèvres, ciseleurs et sculpteurs en bois », pour qu'ils renoncent à déchiqueter le métal et le bois. Avec un groupe d'amis, critiques d'art et architectes bien en cour, Nicolas Cochin se fait le propagandiste ardent du « style à la grecque » qui perpétue les grandes traditions classiques — traditions qui n'ont d'ailleurs jamais disparu de l'architecture officielle. Il suffit de regarder dans Paris les œuvres de l'architecte Jacques-Ange Gabriel, telles que l'École militaire, achevée en 1751, ou les deux pavillons de la place de la Concorde (aujourd'hui l'hôtel de Crillon et le ministère de la Marine) construits en 1755, pour se rendre compte que le premier architecte du roi s'inspirait déjà des temples antiques d'aspect rectiligne, souligné par de hautes colonnes cannelées surmontées de chapiteaux corinthiens. Ironie de l'histoire, Louis XV, sur la place qui porte son nom (devenue place de la Concorde), encourage la mode antiquisante comme s'il voulait, en plein milieu de son règne, faire oublier le style qui porte le nom de Louis XV.

Tout va très vite à Paris, à commencer par l'expression « à la grecque » quand, en 1752, le comte de Caylus publie son premier *Recueil d'Antiquités égyptiennes, étrusques, grecques et romaines.* Dans le domaine du mobilier, le peintre Louis-Joseph Le Lorrain (1715-1759) dessine de nouveaux types de meubles rectilignes, notamment un grand bureau plat destiné à Lalive de July, pour le salon de son nouvel appartement parisien. Ce personnage très influent par ses fonctions (il est « introducteur » des ambassadeurs à la cour) joue un rôle important dans l'évolution du style dont il souhaite le renouveau sans renoncer à l'élégance des formes Louis XV. Il éditera lui-même un catalogue de sa collection de meubles en 1764, dont s'inspirent menuisiers, ébénistes et bronziers, partisans du style à la grecque, qui prendra par la suite l'appellation générale de style néoclassique.

Cet appétit de changement devient un phénomène de société aussi rapidement répandu que, trente ans plus tôt, le style rocaille. En quelques années, tout se fait à la grecque, à ce point que Cochin lui-même qualifie de « pesants et mal avisés » les ornements du cabinet de Lalive de July. Et il est vrai qu'à ses débuts, le nouveau style manque d'élégance. Sa vulgarisation hâtive et abusive s'étend jusqu'aux enseignes des boutiquiers.

MOTIFS DÉCORATIFS TRANSITION

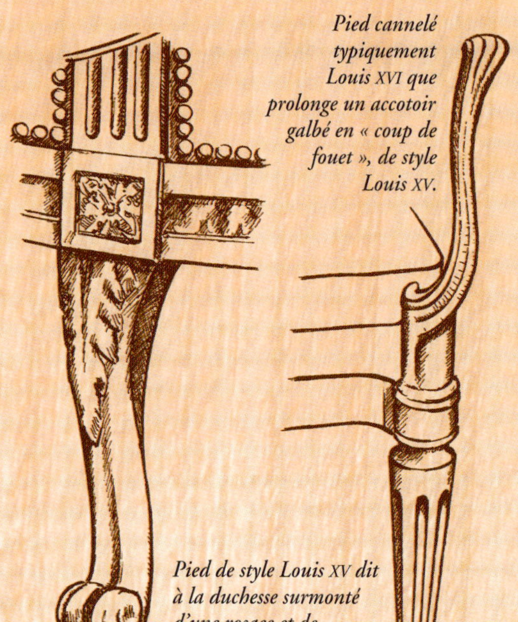

Pied cannelé typiquement Louis XVI que prolonge un accotoir galbé en « coup de fouet », de style Louis XV.

Pied de style Louis XV dit à la duchesse surmonté d'une rosace et de cannelures Louis XVI.

LE DÉCOR ET LES ORNEMENTS

La période qui se situe entre 1755 et 1770, et qu'on appellera « transition » quand le style Louis XVI sera définitivement adopté, se caractérise d'abord par un redressement des courbes qui, toutefois, ne disparaissent pas complètement.

Le retour à la droite et à la symétrie s'accomplit dans la légèreté et l'élégance. Les com-

Bibliothèque en forme de commode d'époque Transition (vers 1765) portant l'estampille de J.-F. Œben, reçu maître en 1761. Elle est marquetée en ronce de noyer et amarante. Sur les côtés : motifs de cœurs et de losanges entrelacés. Les pieds courts, légèrement galbés et recouverts de feuilles d'acanthe allongées en bronze doré, sont les derniers vestiges du style Louis XV.

modes galbées effacent leur ventre pour laisser la place à une caisse droite mais conservent encore des pieds animés d'une courbe harmonieuse. La sécheresse des lignes s'atténue par des pans coupés, des arrondis et des ressauts qui savent éviter la rigidité. Aussi bien sur les ceintures des tables que sur les montants des secrétaires, le style à la grecque se manifeste par les ornements récemment relevés sur les temples exhumés : rosaces, palmettes, guirlandes, perles, piastres, entrelacs, rais-de-cœur, rubans cassés à angle droit, ce qui forme encore un motif caractéristique justement appelé « grecque » . Toute une nouvelle grammaire ornementale traduite dans les marqueteries et les bronzes prend place sur les meubles. Certains motifs décoratifs existaient déjà sous Louis XIV, notamment dans les bronzes des meubles de Boulle, mais les ornemanistes leur enlèvent leur solennité, les affinent et les allègent pour les remettre au goût du jour.

LES MEUBLES

Particulièrement représentatif, le bureau de dame à gradin prend le nom de bonheur-du-jour, tant est vif son succès. La coiffeuse, le chiffonnier, le semainier, les secrétaires à abattant ou à cylindre suivent l'irrésistible mouvement de l'heureuse compromission de la courbe et de la droite.
Une des plus prestigieuses réussites de cette transition est le bureau du roi que l'on peut admirer à Versailles. De grandes proportions (H : 1,50 m ; L : 1,80 m), il est du type à lattes mouvantes et repose sur des pieds galbés enro-

bés de bronzes puissants. Conçu et commencé par Jean-François Œben en 1760, il fut terminé par Jean-Henri Riesener en 1769. Les deux ébénistes (le premier est mort en 1763) s'ingénièrent à mettre en place, à l'intérieur du caisson, un système de contrepoids qui permet, grâce à une savante serrurerie, de fermer d'un seul coup tous les tiroirs. Les commodes et les consoles redressent leurs lignes. Sont également à la mode le chiffonnier, haute commode à nombreux tiroirs superposés, et la chiffonnière, table à ouvrage munie d'un tiroir latéral.

Table à ouvrage dite chiffonnière à deux tiroirs en façade, celui du haut étant fictif pour laisser coulisser le tiroir latéral appelé chetron. Plateau supérieur en marbre rouge griotte, garni d'une galerie de laiton ajourée de même que le plateau d'entrejambe. L'ensemble est de facture Louis XVI, à l'exception des pieds légèrement galbés.

LES SIÈGES

Les meubles d'ébénisterie s'adaptent au style nouveau par des modifications légères, notamment dans le contour des formes, tandis que les sièges se prêtent avec une plus grande souplesse aux combinaisons des droites et des courbes. Les menuisiers vont d'abord au plus facile en redressant la ligne des pieds sans modifier la construction d'ensemble.

Le fauteuil à la reine conserve son dossier plan entre des montants droits au lieu d'être flexueux. Le cabriolet garde sa forme en hotte qui s'inscrit dans un ovale. Sur d'autres modèles, le dossier est encore violoné tandis que la ceinture s'arrondit, soutenue par des pieds fuselés.

Enfin, la console d'accotoir tend à s'avancer vers la ceinture en formant une courbe légère. Un nouveau type de siège, le fauteuil à la d'Artois, présente une assise entièrement circulaire et un dossier en médaillon. Certains dossiers de fauteuils à la reine ou de cabriolets montrent une traverse supérieure

Cette table-console en bois doré a été qualifiée d'époque Transition par les experts du salon des Antiquaires de Cannes où elle était présentée en 1996. Malgré l'exubérance de ses sculptures ajourées, elle présente des motifs de coquilles et de feuillages qui se répondent symétriquement, ce que le style rocaille n'aurait pas admis.

convexe, dite en drapeau. D'autres modèles se distinguent par un dossier en forme de fer à cheval — on disait alors en cul-de-four — et une assise arrondie sur des pieds cannelés. Les fauteuils de bureau s'allègent et l'avancée de la ceinture tend à disparaître. Un nouveau modèle apparaît avec un siège entièrement circulaire qui tourne sur des galets en gaïac (bois lisse et très dur) logés dans une rainure du piètement.

Louis Delanois, reçu maître en 1761, se met aux sièges à la grecque avec une remarquable virtuosité. Il travaille pour la cour et de riches amateurs. La comtesse du Barry, nouvelle maîtresse de Louis XV depuis 1769, lui commande aussitôt pour le pavillon de Louveciennes — offert par le roi et construit par Nicolas Ledoux — une série de chaises et de fauteuils « modernes ». Les chaises qu'il livre en 1771 se caractérisent par un haut dossier en médaillon orné de fleurs sculptées et des pieds effilés creusés de fines cannelures. Une gravure de Moreau le Jeune représente une réception chez la comtesse du Barry dans le cadre néoclassique du château de Louveciennes, où l'on peut voir Louis XV assis sur une chaise à médaillon du plus pur style Louis XVI.

1771 est aussi l'année où Gustave III accède au trône de Suède. Un tableau d'Alexis de Roslin représente le souverain montrant sa couronne sur un bureau à pieds cannelés ornés de guirlandes de fleurs, que l'on peut qualifier sans hésiter de style Louis XVI.

Ce qui prouve que trois ans avant la mort de Louis XV le style français néoclassique, qui consacre le triomphe de la droite sur la courbe, se répand déjà dans toute l'Europe.

1774-1791

Le style LOUIS XVI

Le règne de Louis XVI est marqué, dans le domaine du goût, par un retour à la grande tradition classique. La ligne droite revient en force . Dans son expression raffinée la plus typique on lui donne parfois le nom de style « Marie-Antoinette ».

On pourrait parler de style Pompadour pour qualifier le dernier parcours du style Louis XV, de 1750 à la mort du souverain en 1774. Selon le célèbre marchand-mercier Lazare Duvaux, qui notait toutes ses commandes, on désigne dans les années 50 sous le nom de « tables à la Pompadour » des meubles légers à pieds droits. C'est dire l'influence qu'a alors cette femme de goût dont la forte personnalité a marqué l'évolution du style de son temps. Et ce serait une erreur historique de confondre le style Pompadour avec le Louis XV-rocaille du début du règne. Quant au style purement Louis XVI, il pourrait porter le nom de « Marie-Antoinette », cette reine qui, par ses nombreuses commandes aux ébénistes, exerçait impérieusement son autorité sur les arts décoratifs alors que Louis XVI s'en désintéressait.

Quoi qu'il en soit, le style qu'il est convenu d'appeler Louis XVI est déjà triomphant lorsque le nouveau souverain, âgé d'à peine vingt ans, accède au trône de France. L'architecture néoclassique a depuis longtemps imposé la rigueur de ses lignes. Le style « antique » déborde le règne de Louis XVI (1774-1791) par les deux bouts, puisqu'il s'étend sur plus d'un demi-siècle jusqu'à la fin de l'Empire. En 1775, l'année même du sacre, l'église Sainte-Geneviève est sortie de terre depuis près de vingt ans.

Ce temple que la Convention rebaptisera Panthéon, voué au culte des grands hommes, est l'œuvre de Germain Soufflot, un des premiers adeptes du style

Commode en placage d'acajou moucheté, comportant deux tiroirs sans traverse et trois autres tiroirs en ceinture. Ornements de bronze doré : rubans plissés (au centre), feuillages et perlettes.

La pendule en bronze est représentative du style Louis XVI : oiseaux, feuillages, frises de rinceaux, perlettes, godrons, pomme de pin inversée entre deux pieds cannelés.

Montant latéral en loupe d'orme de forme cylindrique surmonté d'un filet d'amarante et cerclé d'une bague en bronze doré.

Le montant latéral accompagne le mouvement en cylindre par une rainure et s'achève en courte console entre des filets d'amarante.

Bureau à cylindre en placage d'acajou reposant sur quatre pieds cannelés en acajou massif. L'ouverture du cylindre provoque une avancée du pupitre et dégage six petits tiroirs sous un double casier de rangement. Dessus de marbre blanc couronné d'une galerie en cuivre à motifs circulaires ajourés. Les entrées de serrure sont entourées de nœuds, de rubans et de fleurettes.

Bonheur-du-jour en acajou foncé et vernis, surmonté d'un gradin à vantaux vitrés formant bibliothèque. Filets d'encadrement en fines perlettes. Il porte l'estampille de Schey, reçu maître en 1777.

Secrétaire à abattant en acajou flammé dans des encadrements d'amarante. Il est flanqué de deux hautes colonnes cannelées en ébène à fond doré et surmontées d'un angelot en bronze doré formant chapiteau. La forme des pieds en toupie permettrait une attribution à Weisweiller, reçu maître en 1778. Riches ornements de bronzes dorés et repercés à motifs de feuillages et d'oiseaux.

à la grecque. Et l'église Saint-Philippe du Roule, en cours de construction par Jean-François Chalgrin, offre déjà aux regards sa colonnade dorique et son péristyle. Toutefois, tous les décors qu'on appelait « grecs » sous Louis XV seront qualifiés de « romains » ou d'« étrusques » sous le règne de son successeur. Ainsi vont les mots et les modes.

LE DÉCOR ET LES ORNEMENTS

Le retour à la grande tradition classique s'est déjà manifesté par le remplacement des herbages et des chicorées par des motifs aux formes assagies : perles, oves, baguettes, entrelacs, rais-de-cœur, rubans, rosaces, feuilles de laurier ou d'acanthe aux contours réguliers. Dans l'ensemble, les structures restent inchangées mais leur agencement se fait par plans droits. Les pieds galbés se sont redressés pendant la transition et sont désormais en gaine à section carrée.

Partout, la droite prédomine. Mais pour éviter une trop grande sécheresse du style à l'antique, les ébénistes le tempèrent par des frises légères à la romaine et des arabesques gracieuses issues des peintures étrusques.

L'évolution des décors de marqueterie permet de suivre les modes successives : jeux de veines géométriques, cubes sans fond, décors de paysages, de ruines, de scènes champêtres, d'objets quotidiens (plumes, encriers, vases, etc.), ou peintures en bois évoquant un événement historique comme, en 1785, l'envol des premiers ballons. Les meubles les plus caractéristiques du style précédent disparaissent les premiers, comme les commodes à pieds cambrés, auxquelles se substituent les commodes à caisson parallélépipédique, sur pieds courts, tandis qu'on préfère les bureaux à cylindre ou les bonheurs-du-jour aux secrétaires en dos d'âne.

LES MATÉRIAUX

À l'imitation de l'Angleterre, les meubles en acajou sont de plus en plus appréciés, employé massif ou en placage uni. Pour les surfaces planes des secrétaires à abattant ou des commodes, les panneaux en laque de Chine ou du Japon sont prélevés dans des paravents importés sans qu'il soit besoin de les galber. Autres éléments du décor, les bronzes dorés et ciselés s'allègent pour encadrer les surfaces unies ou se présentent sous formes d'anneaux de tirage pour les tiroirs des commodes.

LES MEUBLES

Certaines poignées de tirage s'alignent sur les formes à angles droits et prennent le nom de mains pendantes qui désignent des poignées rectangulaires dont chacune des branches est rattachée par un pivot à la vis de fixation.

Tous les meubles abandonnent la prédominance des courbes pour s'adapter au style à la grecque.

Les secrétaires. Le secrétaire à volet abattant, créé sous Louis XV par Bernard Riesenburgh, était à l'origine un meuble de salon de petites proportions. Il prend de la hauteur à partir de 1760 et passe de 1,30 m à 1,50 m et davantage. Il est alors appelé secrétaire en armoire. Son rôle, mieux défini, est de conserver les papiers secrets derrière son abattant relevé à la verticale et fermé par un verrou caché derrière une entrée de serrure, ornée comme il se doit des motifs à la mode. La large surface de

Bibliothèque en acajou à quatre vantaux grillagés, ornés en façade de baguettes de cuivre disposées en croisillons ; dessus de marbre cipolin vert veiné de blanc.

Armoire en acajou à corniche moulurée au-dessus d'une frise de grecques, portant l'estampille de J.-H. Riesener. Montants à cannelures rudentées entre des bronzes dorés à motifs géométriques. (L : 208,5 cm ; H : 242,5 cm ; Prof : 66 cm)

l'abattant (environ 1,20 m de large sur 80 cm de haut) offre au marqueteur un bel espace pour exercer son talent en composant de véritables « peintures en bois » à motifs floraux entourés de guirlandes.

Pendant la période Transition, à la fin de l'époque de Louis XV, les secrétaires conservent encore des petits pieds galbés qui sont comme un dernier hommage au style sinueux en voie de disparition. Par la suite, les pieds suivront la ligne droite des montants latéraux, pour s'intégrer complètement dans le pan coupé de l'angle du meuble. D'autres formes de pieds, également dans le prolongement du montant, sont en fuseau tourné, ou en toupie comme en usera notamment Adam Weisweiller (reçu maître en 1778). Les montants latéraux prennent parfois la forme de colonnes cannelées, couronnées de petits chapiteaux bagués de bronzes ciselés.

Les formes linéaires des secrétaires Louis XVI se prêtent à l'emploi de panneaux de laque de Chine ou du Japon, sans qu'il soit besoin de les courber pour les appliquer sur des surfaces galbées. D'autres modèles reçoivent pour ornement central des médaillons de porcelaine de Sèvres (si on les démonte, on constate que ces plaques sont toujours datées au verso, ce qui permet de donner avec précision la date de fabrication du meuble). Les secrétaires à la mode comportent souvent un grand tiroir, lui-même orné d'une frise en bronze doré, qui se place entre le haut de l'abattant et la barre de soutien du plateau de marbre. Le secrétaire en com-

Buffet à quatre portes en placage d'acajou, présentant trois tiroirs en ceinture séparés par des losanges d'ébène. Montants en colonne détachée à cannelures dorées. Huit pieds en acajou massif en forme de toupie baguée de cuivre. Plateau de marbre portor des Pyrénées.

Table ovale exécutée par David Roentgen. Dessus marqueté de bouquets de roses nouées par un ruban, dans des encadrements de bois de rose sur fond d'érable. (L : 74 cm ; l : 51 cm ; H : 73 cm)

Table de salon, estampillée J.-H. Riesener, ornée d'une marqueterie de fleurs dans un médaillon. Trois tiroirs en ceinture ornés de plaques de bronze ciselé. Pieds à pans coupés, rehaussés de filets de bronze ciselé.

mode est ainsi désigné lorsque le corps inférieur comporte trois tiroirs, directement accessibles par des poignées, ou masqués par deux vantaux pivotant sur des charnières verticales et se refermant à la façon des portes d'un buffet.

Le secrétaire classique a donné naissance à deux modèles inédits apparus vers 1780 : le secrétaire en cabinet, dont le corps supérieur à abattant repose sur des pieds élevés réunis à la base par une tablette horizontale, ce qui laisse un vide à la place des tiroirs, parfois utilisé pour placer un vase ornemental ; le secrétaire à guillotine, dont l'abattant est surmonté d'une petite armoire à portes pleines, grillagées ou vitrées ; dans certains modèles, plus rares, la partie supérieure est accessible par un panneau qui coulisse verticalement entre deux rainures, à la façon des châssis des fenêtres dites à guillotine. En fait, ce sont les antiquaires qui désigneront plus tard sous ce nom les secrétaires de ce type, bien après la mise en application de l'invention du docteur Guillotin (d'ailleurs perfectionnée par Louis XVI lui-même, dans le souci humanitaire d'abréger les douleurs ultimes d'une agonie programmée).

Le secrétaire tout en hauteur est peu apprécié des connaisseurs qui recherchent de préférence le secrétaire à trois tiroirs à la base et sans superstructure.

Le secrétaire à abattant classique, dont les décors souvent somptueux sont toujours bien mis en valeur grâce à des formes équilibrées, est une des plus belles réalisations du style Louis XVI.

Chiffonnier à dix tiroirs en acajou blond, estampillé par J.-F. Leleu vers 1780. Petites entrées de serrure et anneaux de tirage en bronze doré.

Les créations

Parmi les nouveaux meubles, **les tables de salle à manger** en acajou — dites à l'anglaise si elles comportent des rallonges à coulisse — prennent place dans une pièce spécifique, plus familiale que les salons de l'époque Louis XV. Pour présenter les plats et la vaisselle, la commode à l'anglaise est en fait une console-desserte à pieds droits et angles arrondis. Autre forme nouvelle, la commode dite alors circulaire que les antiquaires appellent demi-lune. **La table à la Tronchin**, apparue en 1777, est à deux plateaux superposés qui peuvent s'élever à volonté grâce à des crémaillères. Inventée par le mécanicien Louis Dufour, cette table est dédiée au médecin de Genève qui portait le nom de Théodore Tronchin. C'est en fait une table d'architecte dont le plateau supérieur

MOTIFS DÉCORATIFS LOUIS XVI

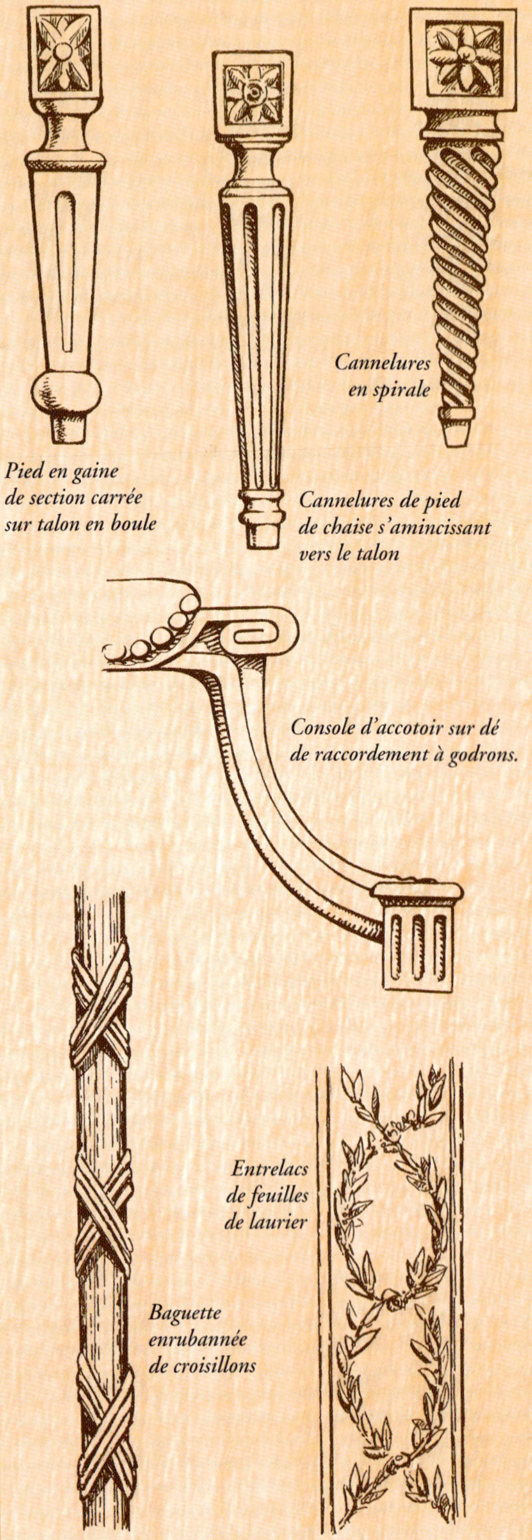

peut s'élever et s'incliner à volonté. À la coiffeuse de femme aux lignes droites s'ajoute désormais la coiffeuse d'homme plus large et plus haute, parfois appelée poudreuse parce qu'on y range, dans les caissons latéraux, les perruques et les poudres. Également destinée aux hommes, la barbière fait son apparition : il s'agit d'une étroite commode à deux tiroirs surmontés d'un plateau de marbre d'où s'élève un miroir inclinable. On l'appelle également meuble à raser ou encore miroir à barbe.

Le goût de la mécanique fait naître de nombreux meubles à transformation. C'est ainsi qu'un bureau bonheur-du-jour, peut devenir une table-liseuse s'il est muni d'une écritoire à pupitre cachée dans un tiroir. Des guéridons ronds se transforment en tables à musique garnies de quatre pupitres. Un système à ressort peut déclencher l'apparition d'un écran dissimulé sur le flanc d'une table de salon, ou encore une simple pression sur un bouton fait surgir un casier latéral sur une commode-chiffonnière.

Jean-François Œben et Jean-Henri Riesener, qui réalisèrent le bureau du roi à système de fermeture automatique, de même que David Roentgen, furent les meilleurs ébénistes-mécaniciens de la fin du XVIIIe siècle.

LES SIÈGES

Les sièges Louis XVI, aussi nombreux que sous Louis XV, se caractérisent par un équilibre rectiligne et une ornementation sculptée d'unc grande variété. Le bois de prédilection reste le hêtre, relayé par l'acajou pour les chaises de salle à manger et certains fauteuils de bureau.

Les chaises comme les fauteuils présentent un dossier carré, en médaillon ovale ou en chapeau cintré parfois orné d'un panache ou d'une pomme de pin dans les prolongements des montants latéraux. D'autres dossiers sont découpés en forme de corbeille, de lyre, de gerbe ou parfois de ballon (vers 1783-1785). Le dossier est souvent encadré de colonnettes cannelées, isolées des montants verticaux.

Les accotoirs qui, depuis la Régence, retombaient sur une console implantée dans la ceinture, en arrière des pieds antérieurs, s'incurvent pour se placer à l'aplomb de ceux-ci. Avec la disparition des robes à panier, le retrait des consoles d'accotoirs n'a plus de raison d'être. Vers 1780, l'accotoir avance encore et forme un angle droit avec la console qui semble prolonger verticalement les pieds avant. Le dé de raccordement entre le pied et la console d'accotoir a la forme d'un cube souvent orné d'une rosace, ou plus tard d'une plaque striée. Les pieds désormais droits sont creusés à la gouge de fines cannelures qui se resserrent vers la base. Le type de pied est souvent rudenté, ce qui veut dire que la cannelure est remplie jusqu'au tiers à partir du talon d'un jonc circulaire. Enfin, de cette baguette de remplissage s'élève parfois un motif sculpté et étiré en asperge ou en petites feuilles disposées en épi au fond de la cannelure.

On trouve encore sous Louis XVI quatre autres formes de pieds : à cannelures en spi-

Petit canapé à accotoirs enroulés à la turque, attribué à G. Jacob. Traverse supérieure et ceinture décorées de feuilles d'eau sculptées. Dés d'assemblage ornés d'une rosace dorée. Pieds cannelés et rudentés rehaussés de filets d'or.

Bergère en bois sculpté et doré à motifs de rubans, perlettes et rosaces, estampillée par C. Sené.

rale qui enrobent le pied du talon à la ceinture, en balustre simplement tourné, en gaine à section carrée qui s'effile vers la base, en faisceau de flèches retenu par des rubans croisés, modèle inventé par Georges Jacob vers 1780.
Les pieds arrière tendent à s'infléchir en sabre. Selon des formes relevées sur des vases grecs, les quatre pieds sont parfois arqués en sabre.
Les veilleuses, dont le dossier s'incline d'un côté en forme de corbeille, sont également appréciées et souvent d'une grande qualité de sculpture au niveau des accotoirs et de la ceinture.
Les tabourets en forme de ployant à pieds en X sont des sièges de cour souvent somptueux, dorés ou peints en blanc et or. On retrouve encore, sous Louis XVI, les fauteuils de bureau tournants en chêne ou en acajou à dossier enveloppant. Enfin, toute la gamme des sièges de jeu fait naître des modèles pleins de charme : voyeuses, voyelles et ponteuses dont le dossier est surmonté d'un coffret à jetons.
Dans l'ensemble, le style Louis XVI s'applique à tous les types de sièges inventés sous Louis XV. C'est davantage leur dessin rectiligne que leur structure qui leur donne cet aspect un peu raide, mais animé de tous les gracieux ornements du style néoclassique.

LES LITS ET LES CANAPÉS

La tête de lit s'appuie au mur selon l'aménagement traditionnel, dominé par un ciel qui recouvre totalement la surface de la couche : le lit est alors à la duchesse. Si le baldaquin porté par des colonnes ne recouvre que la demi-surface du lit, celui-ci est à l'ange. Le lit Louis XV à la polonaise, qui se plaçait en longueur le long du mur, est passé de mode, souvenir déjà lointain de Marie Leszczynska, épousée par Louis XV en 1725.
Le lit à la turque est encadré de deux chevets d'égale hauteur, joints par un dossier de même niveau (cette partie médiane peut être amovible). Les bois des lits sont peints en blanc cassé, gris ou plus rarement en bleu, couleurs assorties aux boiseries dont les dorures tendent à disparaître.
Le lit de milieu ou de travers prend parfois des appellations fantaisistes en raison de certains détails ornementaux. Les lits à la militaire sont, par exemple, encadrés par des montants en forme de carquois à flèches ou en forme de faisceau retenu par des nœuds, comme certains pieds de siège. On trouve encore des lits à la chinoise ou à l'italienne selon des ornements évocateurs.
Les lits de repos, ou lits d'alcôve, pourvus de deux chevets de hauteur égale sont baptisés à l'anglaise quand ils sont montés sur roulettes.
Les canapés prennent également, comme sous Louis XV, des noms exotiques. Les ottomanes ont un dossier qui s'incurve symétriquement et se prolonge par des accotoirs enveloppants.
Les sofas à joues pleines formant un angle droit avec le dossier sont les sièges de repos les plus courants.

LES MENUISIERS SOUS LOUIS XVI

DELANOIS Louis (1731-1792)
Reçu maître en 1761.

Menuisier en sièges. Sa production importante, tant en sièges Louis XV que Louis XVI, témoigne d'un immense talent. Il a travaillé pour Louis XV et Louis XVI ainsi que pour plusieurs cours d'Europe. Spécialisé dans les sièges larges et harmonieux sous Louis XV, il s'adapta parfaitement au style néoclassique. Son influence fut déterminante sur l'évolution des styles de l'époque, et plus particulièrement sur la naissance précoce du style Louis XVI en plein règne de Louis XV.

I·DELANOIS

JACOB Famille de menuisiers-ébénistes qui, de Louis XV à la Restauration, ont créé de très beaux modèles de sièges et de meubles.
Georges (1739-1814)
Reçu maître en 1765.

Fondateur de la dynastie, il est aussi le plus prolifique de tous les menuisiers en sièges du XVIIIe *siècle. Il a produit des modèles de toutes espèces et de tous styles. Établi d'abord rue de Cléry, Georges Jacob transporte ses ateliers rue Meslée en 1775. C'est là que se déroule la période la plus brillante de sa carrière et que seront exécutées les plus importantes commandes royales. C'est pour le peintre Louis David qu'il conçoit des sièges inspirés de l'Antiquité romaine. Grâce sans doute à cette amitié, il traverse sans encombre les troubles de la Révolution. Son œuvre est immense tant par le nombre de pièces que par leur qualité, leur diversité et leur richesse d'invention.*

*Ses sièges, qu'il signe de l'estampille G. Jacob, sont d'abord de style Louis XV. Mais c'est dans le style Louis XVI, que le talent de Georges Jacob va s'affirmer et prendre toute sa mesure : voyeuses d'hommes où l'on s'assoit à califourchon pour suivre une partie, fauteuils de bureau pivotant, petits canapés à deux places, tabourets de pieds, lits de toutes sortes, etc. Il utilise abondamment l'acajou massif. Selon Jean Nicolay (*L'Art et la Manière des ébénistes français du XVIIIe siècle*) : « Georges Jacob est le plus grand fabricant de sièges français de tous les temps. »*

G·IACOB

LELARGE Jean-Baptiste III (1743-1802)
Reçu maître en 1775.

Il acquiert rapidement une grande réputation. Seuls les modèles Louis XVI lui sont habituellement attribués - bien qu'il ait fabriqué des sièges Louis XV –, mais l'estampille commune ne permet pas la distinction entre son père et lui. D'une classe incontestable, ses sièges Louis XVI sont robustes sans être lourds, d'une grande rigueur de construction et parfaitement assemblés. Ils sont ornés de simples moulures ou de fines sculptures particulièrement bien réparties. Il a une prédilection pour les dossiers médaillon souvent supportés par deux montants incurvés et décorés de feuilles d'acanthe. Vers la fin du règne de Louis XVI, il produit des sièges à dossiers ajourés, en acajou ou en bois doré.

I·B·LELARGE

SÉNÉ Jean-Baptiste (1747-1803)
Reçu maître en 1769.

Fils aîné de Claude Ier Séné, il est le plus célèbre de cette lignée de menuisiers parisiens et l'un des plus grands maîtres du siège français de la fin du XVIIIe *siècle, au même titre que Georges Jacob qu'il égale souvent et surpasse parfois. Fournisseur du garde-meuble royal à partir de 1785, sa production de très haut niveau est réservée au roi et à la reine pour leurs nombreux châteaux, ainsi qu'à divers membres de la famille royale, ses sièges uniquement de style Louis XVI sont très racés. Les œuvres de Jean-Baptiste Séné, comme celles de Georges Jacob, illustrent parfaitement ce que Pierre Verlet appelle le « style royal ».*

I·B·SENE

1795-1804

Du style DIRECTOIRE *au* CONSULAT

S'il n'existe pas de style que l'on puisse qualifier de « révolutionnaire », le Directoire (28 octobre 1795 -9 novembre 1799) et le Consulat (10 novembre 1799 - 18 mai 1804) se caractérisent par une production continue de meubles et de sièges inspirés des décors antiquisants. Au style étrusque tiré des fresques romaines succède le style « retour d'Égypte » annonciateur de l'Empire.

À la mort de Louis XVI le mobilier poursuit son évolution dans l'esprit néoclassique, sans aucune révolution dans les lignes générales. Mais le tarissement des commandes aristocratiques et le marasme économique obligent les ébénistes à limiter les décors avec austérité. En fait, ce sont les mêmes ébénistes du faubourg Saint-Antoine et les mêmes menuisiers de la rue de Cléry qui continuent tant bien que mal à faire tourner leurs ateliers. Seul un ébéniste du nom de Pierre-François Queniaud, dit Guignard, reçu maître en 1767, a été, pour d'obscures raisons, victime du « rasoir national », comme on disait de la guillotine. Il s'était pourtant rangé du côté des patriotes, comme en témoigne une magnifique commode en laque de chine dont les angles sont ornés de faisceaux de licteurs en bronze doré. Elle était encore en place dans un salon du ministère des Finances avant son départ du Louvre. Valéry Giscard d'Estaing, qui en appréciait la beauté, l'appelait la « commode de l'ingratitude ». La plupart des ébénistes s'étaient empressés de faire disparaître de leur catalogue ornemental les fleurs de lis et autres allusions à la royauté pour les remplacer par des faisceaux, des coqs ou des bonnets phrygiens.

À l'actif de la Révolution, la suppression des corporations en 1791 permet désormais aux ébénistes, menuisiers et sculpteurs de

Chaise en acajou à dossier rond, orné d'épis de blé. Pieds fuselés à rosaces, estampillée par J.B. Sené vers 1796. Garniture en velours de soie.

Fauteuil en acajou fin XVIIIe. *Dossier en gondole dont les montants se prolongent en pente douce jusqu'à la ceinture. Pieds en sabre. Garniture de tapisserie à médaillons parmi des motifs de fleurs.*

Accotoir en volutes cannelées dessinant une trompe striée.

Accotoir en crosse cannelée prenant appui sur une console carrée dans le prolongement des pieds avant et sculpté de palmettes allongées.

Fauteuil en acajou estampillé « Jacob frères ». Dossier renversé où se greffent des accotoirs en volute cannelée dessinant une trompe striée. Pieds avant fuselés et bagués de godrons.

JACOB FILS

En 1796, Georges Jacob, qui depuis vingt ans a inventé et lancé avec succès d'innombrables modèles de sièges, laisse son entreprise florissante à ses deux fils Georges II et François-Honoré. Leur production de sièges, également très abondante, est frappée d'une nouvelle estampille, «Jacob Frères rue Meslée», utilisée jusqu'en 1803.
Cette signature permet de dater de nombreux modèles où se combinent les éléments du style étrusque, notamment le dossier en arrière en crosse, et les ornements égyptiens tels que les pieds en griffes de lion et les dossiers ajourés où se détachent les contours de palmettes et de feuilles de lotus.

s'installer et d'exercer librement leur métier. Historiquement, le Directoire ne dure que cinq ans, du 28 octobre 1795 au 9 novembre 1799, date du coup d'État du général Bonaparte, le 18 Brumaire.

LES MATÉRIAUX
Les décors et les ornements

Les meubles en bois massif (noyer, chêne, hêtre ou merisier) sont presque toujours peints dans des gammes de couleurs limitées : blanc-gris, bleu pâle ou vert d'eau. La marqueterie se raréfie et s'appauvrit. L'acajou, ce bois précieux distribué parcimonieusement, est surtout employé pour des petits meubles, tels que les tables de jeu et les guéridons à plateau circulaire sur un pied tripode.
Plus que jamais, l'Antiquité classique est la source d'inspiration de tous les décors : l'urne, la colonne, le pilastre, les flèches, les génies ailés, la Renommée tenant des couronnes ou les plumes.
Les ornements les plus caractéristiques du style Directoire sont les losanges, plus ou moins allongés, les rosaces godronnées (à rayons en léger relief) et les palmettes stylisées. Sculpté en léger relief ou peint sur les meubles, le losange est partout présent. Les ornements en laiton des entrées de serrure affectent également la forme d'un losange ou de petits écussons. Les garnitures de bronze tendent à disparaître des angles des meubles, des façades et des sabots de pied.

LES MEUBLES

Les commodes ont toujours une structure rectangulaire et une façade où s'inscrivent trois tiroirs, celui du haut étant légèrement plus étroit. Les côtés sont flanqués de pilastres plats, voire de colonnes baguées. Le plateau est en bois, plus rarement en marbre. Les pieds assez courts sont droits ou tournés, parfois en griffes de lion.
Les armoires tout comme les bibliothèques sont en bois naturel ou en bois peint. Elles ne se distinguent de leurs homologues Louis XVI que par les ornements à la mode, losanges, palmettes et soupières à l'antique.
Les secrétaires à abattant sont en noyer, et plus rarement en acajou.

LES SIÈGES

Directement issus des modèles Louis XVI, les sièges sont en hêtre ou en noyer teinté imitant l'acajou à s'y méprendre. Certains modèles en acajou massif s'inspirent des sièges anglais conçus par Chippendale avec des dossiers à croisillons ou à barrettes entrelacées.
La forme des dossiers tend à se renverser en arrière, en crosse, et les pieds postérieurs en sabre répondent aux normes du style étrusque. Ce goût fait renaître les sièges curules à la romaine.
Enfin, un nouveau type de dossier apparaît qui coiffe les montants latéraux d'un panneau débordant : c'est le dossier à bandeau, orné d'un losange en léger relief ou peint en couleur sombre sur fond clair.

Les pieds sont le plus souvent tournés avec un léger renflement en dessous de la ceinture, ou profilés en fuseau de section carrée. Les pieds arrière en sabre se généralisent.

LE STYLE « RETOUR D'ÉGYPTE »

Le Consulat est encore plus bref que le Directoire, si bien qu'il est difficile d'enfermer dans cette époque historique un style homogène. Dans l'ensemble, les meubles et les sièges n'ont pour ainsi dire pas le temps d'évoluer. Toutefois, un événement historique et culturel vient enrichir les motifs d'inspiration gréco-romaine : l'expédition d'Égypte (1798-1801).
Certes, on avait déjà vu sous Louis XVI des égyptiennes coiffées du *klaft* s'insinuer parmi les ornements antiques, notamment dans les sculptures des consoles et des dossiers de sièges, mais cette fois le décor égyptien prend le dessus. Des personnages pharaoniques soutiennent, comme des colonnes, les ceintures des consoles ou les plateaux des guéridons. Des sphinx et des sphinges, des griffons et des lions ailés en bois sculpté prennent la place des consoles d'accotoirs ou découpent leurs silhouettes dans les bronzes appliqués aux commodes et aux secrétaires. D'autres motifs typiquement égyptiens comme les scarabées ou les vautours aux ailes déployées s'ajoutent aux autres ornements antiquisants. Les pieds des meubles sont en forme de griffes ou de patte de fauve.
Des fauteuils et des canapés sont soutenus par des pieds en forme de jarret de lion directement imités de certains pieds de sièges pharaoniques. Tous ces motifs sont répertoriés et diffusés dans *le Recueil de La Mesengère* ou *Le Journal de la Mode et du Goût* qui servent de guides aux professionnels du mobilier et de la décoration.
Le style « retour d'Égypte » est déjà bien implanté quand Napoléon Bonaparte se fait nommer consul à vie, en 1802. Deux ans plus tard, il sera empereur des Français et imposera ses conceptions décoratives liées à une politique de grandeur.

Salon réalisé pour l'hôtel de Madame Récamier par «Jacob frères» vers 1798. Sofa à la turque en amarante et placage de citronnier. Ensemble remarquable par la forme des accotoirs en sphinge ailée d'inspiration égyptienne.

1804-1815

Le style EMPIRE

Dès 1802, la volonté d'une politique de grandeur est inscrite dans le destin du général de la Révolution devenu Premier consul. Napoléon dicte sa loi, mais il sait déléguer.
Ainsi, deux architectes, Percier et Fontaine, vont imposer aux artisans en meubles un style à la mesure des ambitions de Napoléon-César.

La pensée unique venue d'en haut est clairement exprimée par cette phrase lapidaire prononcée par Napoléon à l'adresse de son ami Vivant-Denon, au retour de l'expédition d'Égypte : « Ce qui est grand est toujours beau, ce que je recherche avant tout c'est la grandeur. » Et il ajoute pour l'exécution d'un projet de meuble : « simplifier les ornements ». Les exécutants de ce dirigisme culturel se nomment donc Charles Percier (1764-1838) et Pierre-François Fontaine (1762-1853). Architectes de talent, formés à Rome au goût des antiquités classiques, ils sont également décorateurs et dessinateurs de meubles.
Si l'on suit Victor Hugo, qui a trouvé la rime à Bonaparte (« Ce siècle avait deux ans. Rome remplaçait Sparte. Déjà Napoléon perçait sous Bonaparte ») dans *Les Feuilles d'automne*, il est clair que Sparte s'est à son tour soumise à l'impérialisme romain. Cette vision évoque le passage du style à la grecque première manière au style étrusque pur et dur. Suivant la logique de cette évolution, le style spartiate du Premier consul prépare déjà le fastueux décor du prochain règne. Grandiose et sans partage, le style Empire dure dix ans à peine, du sacre (1804) à l'abdication. Un style qui va s'alourdir peu à peu, tout comme l'aspect physique de l'homme qui lui a donné son nom. Les meubles imaginés par David d'après les modèles antiques se concrétisent dans ce style architectural imposé par Percier et Fontaine pour prendre place dans les salons impériaux. Mais pour la vie quotidienne l'empereur veut des meubles simples et pratiques. Il affectionne les guéridons à trois pieds (ce qui en garantit l'équilibre) où l'on peut aussi bien consulter des plans qu'écrire ou déjeuner. Si un modèle lui convient, il le fait copier à une dizaine d'exemplaires pour toutes ses résidences. Son goût naturel lui fait détester les tapisseries trop ornées. On raconte qu'un jour, s'en prenant à l'excès des garnitures chères aux tapissiers, il arracha violemment des glands de passementerie, puisqu'il fit savoir par ordonnance destinée aux fournisseurs que « Sa Majesté ne veut pas de glands dans ses appartements ».

Les colonnes extérieures et intérieures sont couronnées d'une bague en bronze doré finement ciselé, formant chapiteau dans le plus pur style néoclassique.

Frise en applique de bronze ciselé représentant des victoires ailées parmi des rinceaux de feuillages. Un motif de même inspiration orne la traverse inférieure.

Les pieds massifs, qui s'écartent du style Louis XV par leur manque de légèreté, expriment une volonté de solidité dont la lourdeur est atténuée par les bagues en bronze ciselé.

Secrétaire à abattant en placage d'acajou flammé, conforme par la rigueur de ses lignes aux normes du style impérial. Les bronzes dorés et ciselés sont mis en valeur par le fond sombre. Les colonnes détachées ont leurs répliques en plus petites dimensions à l'intérieur du meuble. La base du secrétaire se compose de trois tiroirs avec traverses à la façon d'une commode, composition que l'on retrouve à l'intérieur où les tiroirs s'étagent sur trois niveaux.

PERCIER ET FONTAINE : LES ÉTRUSQUES

Lauréat du grand prix de Rome en 1786, Charles Percier a vingt ans quand il retrouve dans la capitale romaine Pierre-François Fontaine, son aîné de deux ans. Ils s'étaient connus à Paris dans l'atelier d'Antoine Peyre, architecte du roi. Ils scellent alors entre eux « un pacte d'amitié fondée sur l'estime et la confiance ». Ils passent leur temps à faire des relevés de monuments antiques avec une telle passion que leurs amis de l'Académie de France à Rome les surnomment les « Étrusques ».

Ils se retrouvent ensuite à Paris où Percier réussit à se faire nommer « directeur des décorations de l'Opéra », et prend Fontaine pour adjoint. Alors qu'ils travaillent ensemble à la décoration d'un hôtel de la rue Chantereine, ils reçoivent la visite d'un voisin déjà illustre : le Premier consul. Sans hésiter, Bonaparte leur confie la restauration de la Malmaison, un petit château du XVIIe siècle qu'il vient d'acheter pour Joséphine. En 1800, Fontaine, le préféré de Bonaparte, est nommé architecte des Tuileries... lequel fait appel à Percier pour le seconder dans cette vaste entreprise de rénovation. Napoléon reproche à Percier, qui travaille avec acharnement sur les plans, de n'être pas assez sur le terrain. Il veut le congédier. Fontaine s'y oppose.

Outre leur activité d'architecte, les deux inséparables conçoivent des aménagements intérieurs et des modèles de meubles dont Percier dessine l'achèvement avec une admirable précision. L'empereur leur confie finalement l'entretien de tous les palais nationaux, notamment Saint-Cloud, Fontainebleau et plus tard Rambouillet et Compiègne. Napoléon veut aussi, entre les deux ailes du Louvre, un arc de triomphe à la gloire de la Grande Armée. Les « Étrusques » retrouvent dans leurs cartons les plans de l'arc romain de Septime Sevère, qu'ils enjolivent avec les chevaux de bronze que Bonaparte a enlevés à la façade de Saint-Marc à Venise pour les expédier à Paris. Le projet est aussitôt accepté... construit et achevé en 1808.

Les architectes inséparables seront encore chargés d'édifier un palais pour le roi de Rome sur la colline de Chaillot. Mais les revers de Napoléon à partir de 1812 feront abandonner ce projet.

Après la chute de l'« Aigle », Louis XVIII, Charles X et Louis-Philippe continueront de faire confiance à Percier et Fontaine pour la restauration et l'entretien de tous les palais et monuments nationaux. Percier meurt en 1838. Fontaine élève encore pour les Bourbons la Chapelle expiatoire, et s'éteint en 1853.

LES BOIS

Les meubles Empire dans leur ensemble se caractérisent par des formes majestueuses, géométriques, équilibrées. La surface de l'acajou s'y prête à merveille. Ce bois importé d'Amérique déjà sous Louis XVI se substitue aux autres bois des îles utilisés en marqueterie. Ce type de décor qui fit le charme des styles précédents disparaît de la surface des meubles. Lorsque, à partir du blocus de 1806, l'acajou cesse d'arriver en France, Napoléon recommande aux ébénistes, par l'intermédiaire de Percier et Fontaine, de rechercher et d'utiliser les bois indigènes : noyer, orme, frêne, parfois teintés « façon acajou ». Le hêtre reste le bois de prédilection pour les sièges.

L'application sur ces bois sombres d'ornements en bronze doré leur donne encore plus d'éclat. Les meubles se chargent alors d'ornements symboliques qui répondent aux goûts classiques de l'empereur.

LES BRONZES

Tout le mobilier est agrémenté de motifs de bronzes ciselés et dorés d'autant plus abondants qu'ils se veulent ostentatoires.

Les ciseleurs-bronziers, véritables orfèvres, réalisent des chefs-d'œuvre pour donner plus d'éclat au mobilier impérial. C'est dans ce travail du métal que s'illustrent notamment Thomire et Biennais.

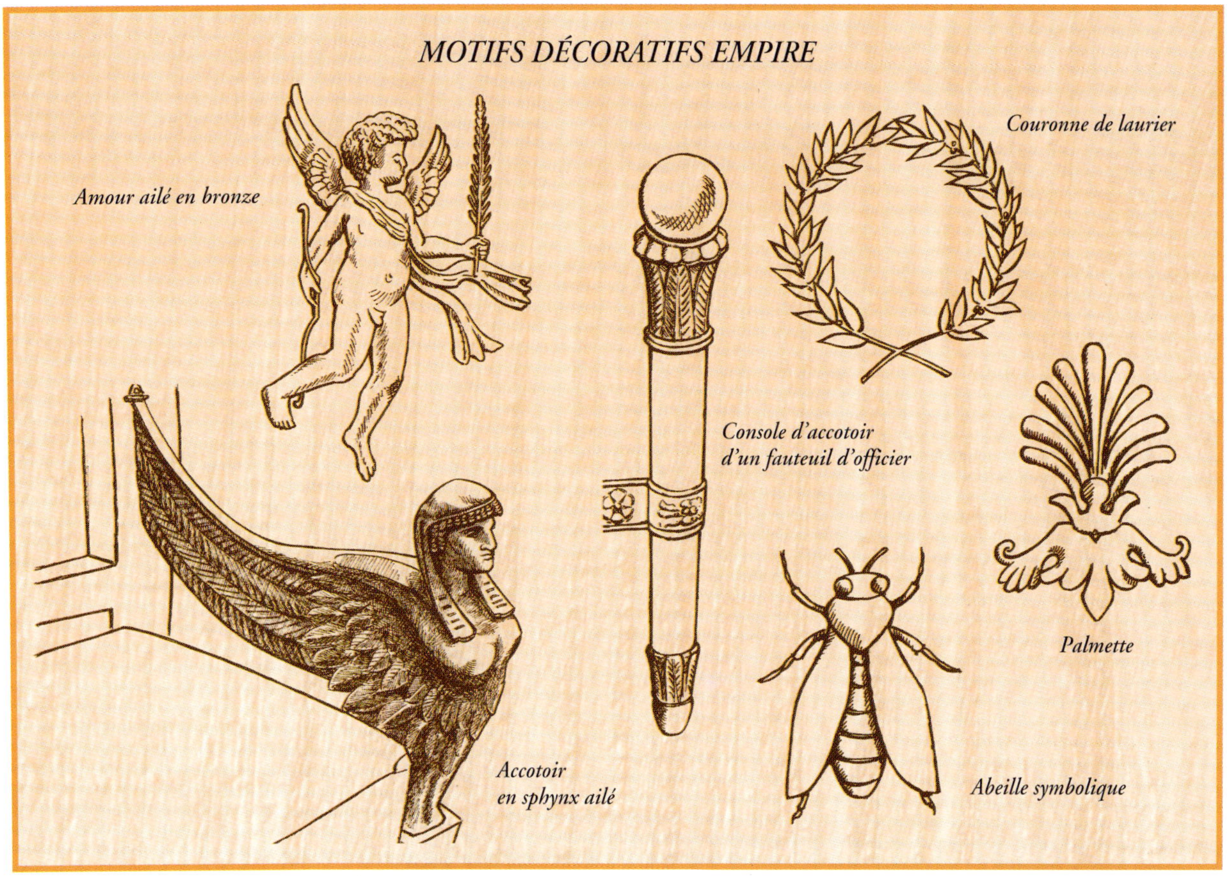

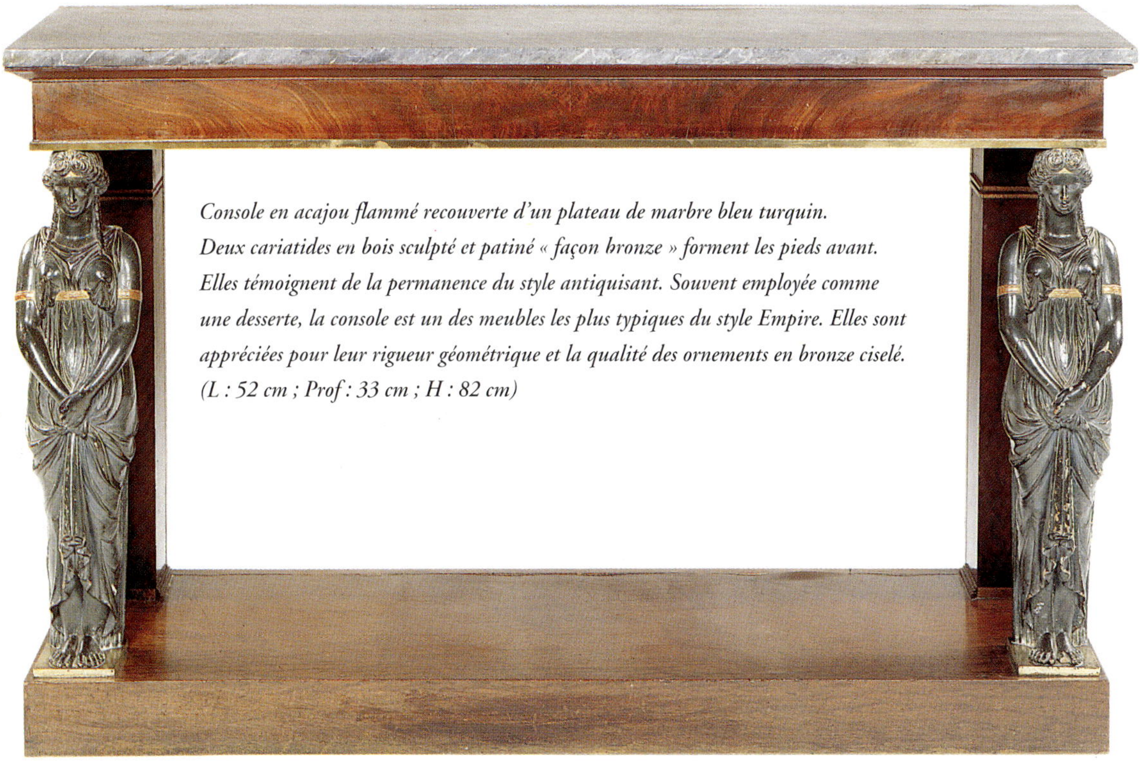

Console en acajou flammé recouverte d'un plateau de marbre bleu turquin. Deux cariatides en bois sculpté et patiné « façon bronze » forment les pieds avant. Elles témoignent de la permanence du style antiquisant. Souvent employée comme une desserte, la console est un des meubles les plus typiques du style Empire. Elles sont appréciées pour leur rigueur géométrique et la qualité des ornements en bronze ciselé. (L : 52 cm ; Prof : 33 cm ; H : 82 cm)

LE DÉCORS ET LES ORNEMENTS

En 1801, Percier et Fontaine ont publié en soixante-douze planches leur *Recueil de Décorations intérieures*. Les motifs favoris sont la palmette stylisée d'inspiration égyptienne, les feuilles de chêne, de laurier ou de lierre, parfois disposées en couronne, le sphinx mâle, préféré à la sphinge ailée d'origine grecque, les cygnes, les dauphins, les lions ailés, les aigles, les abeilles, les foudres, les lyres, les trophées et les étoiles. On observe toutefois à la fin de l'Empire, du temps de Marie-Louise, quelques motifs fleuris. De son côté, Pierre de La Mesangère fait connaître au grand public les plus beaux modèles de meubles et d'ornements dans *Le Journal des dames et des modes*, puis dans une nouvelle publication à partir de 1802, *La Collection de meubles et objets de goût*. Les bourgeois fortunés s'en inspirent pour se remeubler en style Empire. Resté seul après la mort de son frère, en 1803, à la tête de l'atelier de la rue Meslée où travaillent huit cents menuisiers et ébénistes, François-Honoré Jacob devient le principal fournisseur de meubles de la cour et de la bonne société. Il reste conseillé par son père, le grand Georges Jacob, qui, avec lui, invente sans cesse de nouveaux modèles dans la ligne du style impérial. Les artisans du Faubourg-Saint-Antoine suivent le mouvement. En 1807, dix mille professionnels vivent de l'industrie du meuble.

LES MEUBLES

Les bureaux et secrétaires. Les modèles les plus typiques sont les secrétaires à abattant en acajou, flanqués de demi-colonnes ou de colonnes détachées que surmonte un plateau de marbre. La partie basse est à deux vantaux qui se referment sur trois tiroirs superposés de hauteur égale. Des ornements de bronze doré baguent les colonnes et posent l'éclat de leur léger relief sur les surfaces unies.

Le bureau-ministre est constitué par un large plateau soutenu de chaque côté par des caissons à tiroirs. Sur un modèle de Jacob Desmalter, le bureau mécanique est un secrétaire à cylindre dont l'ouverture et la fermeture sont commandées par le retrait ou l'avancée du plateau à écrire.

Les commodes restent composées de trois tiroirs logés entre des montants en forme de pilastre ou de colonne. Les poignées de tirage sont de simples anneaux parfois retenus par un mufle de lion.

Les tables rectangulaires se distinguent des styles précédents par un bandeau qui court sous le plateau, orné de bronzes ciselés.

Les tables rondes couvertes de marbre ont un piètement formé de colonnes ou d'une grosse colonne centrale d'un seul bloc.

Les consoles rectangulaires présentent un dessus de marbre que soutiennent des pieds en forme de gaine ou de cariatide.

Console d'alcôve en acajou recouverte d'un marbre gris Sainte-Anne, estampillée par Bernard Molitor (1730-1833). Pieds avant en console se terminant par des griffes en bois noir sculpté. La corniche ornée de bronzes en forme de sphinge camoufle un large tiroir. Un motif de piastres orne la base incurvée. (L : 68 cm ; Prof. : 41 cm ; H : 85 cm)

Guéridon circulaire en bois doré estampillé «Jacob-Frères, rue Meslée » provenant du château de Saint-Cloud. Plateau en marqueterie de marbre sur un piètement tripode où reposent trois griffons dont les ailes relevées s'appuient sur un fût orné de palmettes.

THOMIRE ET BIENNAIS, LES ORFÈVRES DU BRONZE.

On doit à Pierre-Philippe Thomire (1751-1843), élève de Pierre Gouthière (1732-1813), la dorure « au mat », par immersion du bronze à chaud dans une solution saline. Thomire se pose en rival de son maître en devenant fournisseur officiel de Marie-Antoinette pour des services d'argenterie. Mais c'est sous l'Empire qu'il donne toute sa mesure avec des flambeaux, des candélabres, des torchères et des lustres destinés aux palais impériaux. Il est également l'auteur de surtouts de table monumentaux pour les Tuileries. Il participe, sous les directives de Prud'hon, à l'ornementation du berceau du roi de Rome, avec l'orfèvre Claude Odiot, célèbre pour ses œuvres en argent du plus pur style néoclassique. Thomire, qui a traversé tous les régimes, y compris la Restauration, a travaillé jusqu'à sa retraite en 1823 pour toutes les cours d'Europe.

Martin-Guillaume Biennais (1800-1832) est également un bronzier-ciseleur de grand talent. Il réalise d'après les dessins de Percier et Fontaine des pièces d'argenterie, des nécessaires de toilette et des psychés d'une qualité irréprochable. Biennais a également été ébéniste et tenait boutique à l'enseigne du « Singe violet » dans la rue Saint-Honoré. D'autres bronziers-ciseleurs méritent également d'être cités pour les nombreux ornements qui ont trouvé leur place sur les fonds d'acajou des meubles Empire. Ils se nomment Delafontaine, Gallé et Ravrio. Sous la direction attentive des inséparables Percier et Fontaine, tous ces artistes, souvent encouragés par Napoléon lui-même qui se veut mécène, ont contribué à donner toute sa noblesse au style Empire.

1815-1824

Le style RESTAURATION

Le style Restauration n'offre pas de grands bouleversements du mobilier napoléonien. Il se contente bien souvent de gommer toute ornementation trop « impériale ».

Après l'épisode des Cent-Jours qui fait trembler le trône de France repris par les Bourbons, Louis XVIII retrouve à Paris le palais des Tuileries remeublé par Napoléon. Il se déclare surpris de la beauté des meubles mis en place par l'« usurpateur »... et dit simplement qu'« ils lui conviennent ». À condition d'en faire disparaître tous les insignes impériaux. Les fleurs de lis remplacent les aigles, mais, enlevés les emblèmes, les meubles restent ce qu'ils sont. Et le style Empire, dernière expression de l'esprit néoclassique, se perpétue encore quelques années. Le roi ne voit pas non plus de raison d'écarter Percier et Fontaine, qu'il charge de divers travaux d'architecture intérieure. François Belanger, architecte du château de Bagatelle, construit en 1777 à la demande du comte d'Artois, est nommé surintendant des Bâtiments du royaume. Cette évidente continuité est si forte qu'il est difficile d'identifier un style Restauration.

LE DÉCOR ET LES ORNEMENTS

Mais une fois de plus, c'est une idéologie qui peu à peu va faire bouger les lignes. Comme la rigueur des droites néoclassiques commence à lasser, les courbes se manifestent sous formes de volutes et d'arabesques en incrustation sur les secrétaires à abattant ou les plateaux de table. La marqueterie, longtemps mise à l'écart, fait une nouvelle apparition. La volonté de retrouver le luxe d'autrefois s'exprime par les draperies et les passementeries. Le blanc, couleur traditionnelle des Bourbons, se substitue au vert napoléonien au château de Saint-Cloud, de même que dans les appartements de la bourgeoisie ralliée à la royauté.

Fauteuil de la fin de l'époque Empire, aux lignes adoucies, souvent repris comme modèle au début de la Restauration.

Guéridon à décor fixé sous verre représentant des fleurs et des vues de châteaux. Le fût en acajou flammé est monté sur un piètement tripode terminé par des griffes de lion en bronze doré.

On sait qu'à la suite du blocus continental décrété par Napoléon en 1806 pour isoler l'Angleterre, l'acajou devenu introuvable a été remplacé dans les ateliers par les bois indigènes. Leur qualité décorative est appréciée sous forme de fins panneaux tranchés dans les excroissances, qu'on appelle les loupes, grâce à des scies mécaniques plus performantes. Ces parties du bois richement veinées forment des motifs naturels, notamment les loupes d'orme, de frêne ou d'érable. D'autres essences donnent des bois clairs, tels que le hêtre, le platane, le merisier, le poirier, le sycomore et le citronnier. Ces bois connaissent une faveur d'autant plus grande qu'ils se substituent aux sombres acajous du début de l'Empire ou aux bois foncés qui imitent l'acajou.

De plus, les plus beaux meubles en acajou restés en place dans les palais montrent que les ateliers conservaient encore des réserves de bois pour donner satisfaction à l'empereur et à sa cour. C'est une raison de plus pour que la clientèle de la Restauration donne sa préfé-

Secrétaire à base de console garnie d'un miroir. Les montants verticaux ornés de volutes de bronze se prolongent par des cariatides supportant une frise de personnages en léger relief.

MOTIFS DÉCORATIFS RESTAURATION

rence aux bois clairs. Et l'on peut voir dans les dossiers des sièges s'inscrire les volutes de motifs pompéiens en amarante ou en palissandre qui se détachent sur fond clair, comme une réminiscence des styles antiquisants dont on ne se lasse toujours pas. Cependant, le mouvement romantique éveille un goût éclectique qui tend à renouveler le formulaire décoratif en attirant l'intérêt sur l'art du Moyen Âge, tendance qui s'affirmera avec plus de force encore sous Charles X.

MEUBLES ET SIÈGES

C'est plus particulièrement dans les petits meubles que le style des derniers Bourbons trouve le meilleur de son expression.

Les tables. Le retour des courbes s'affirme avec plus ou moins de vigueur dans le piètement des tables. Autre nouveauté, les tables à pieds en X dont les parties supérieures soutiennent un plateau rond ou ovale qui peut s'allonger à volonté en remontant deux volets latéraux en abattant. Pour gagner de la place, d'autres tables pliantes, dites en soleil, présentent un plateau qui bascule sur un piètement tripode, selon le système des tables-cibles sur lesquelles les vendangeurs

Ce fauteuil se distingue du style Empire par l'emploi de bois clair, un dossier incurvé et l'enroulement des consoles d'accotoirs. Les ornements en bronze doré sont appelés à disparaître sous Charles X.

Fauteuil de bureau, à dossier enveloppant se prolongeant par des manchettes en cuir. Les quatre pieds (dont un en avant) supportent une ceinture sur laquelle pivote tout l'ensemble du siège monté sur roulement.

prennent leurs repas. Les grandes tables destinées au jeu de bouillotte ne diffèrent de leurs aînées du temps de Louis XVI que par les motifs incrustés dans le plateau circulaire.
Les menuisiers et ébénistes qui sont désormais libres de s'installer sans se soumettre aux règles corporatives font porter leurs efforts d'invention sur les meubles légers faciles à construire : tables de salon et tables à ouvrage que l'on transporte d'une pièce à l'autre. Carrées, rectangulaires ou rondes, elles sont montées sur des pieds en ciseaux et comportent sous le plateau une corbeille où les dames rangent et reprennent leurs ouvrages, tapisserie au petit point ou tricot, avec pelote de laine et longues aiguilles. Certains modèles sont des guéridons à trois pieds légèrement galbés dont la ceinture évidée retient un sac de soie.
Une autre table originale appelée secrétaire-écran se compose d'un plateau qui s'ouvre en deux pour découvrir un pupitre et dresser un écran vertical.
Les autres meubles, commodes, armoires, secrétaires et lits, maintiennent leurs structures traditionnelles, mais se distinguent de leurs prédécesseurs par l'apparition de motifs incrustés.

Commode en placage d'acajou flammé, comportant quatre rangs de tiroirs entre des montants en forme de pilastre. Les bronzes, d'une qualité de ciselure remarquable, sont à motifs de rosaces, palmettes, écussons et rinceaux. Le tiroir supérieur forme table à écrire. Plateau en marbre portor.

Dans l'ensemble, les sièges restent conformes aux modèles précédents. Toutefois, les bras de fauteuils supportés par un col de cygne — ce que l'on avait déjà vu sous l'Empire — tendent à se multiplier, de même que les accotoirs en crosse.
La volonté de se replonger dans le passé monarchique se retrouve aussi dans les sièges à dossier enveloppant, qui rappellent la forme en hotte des cabriolets d'époque Louis XV.

Fauteuil en acajou incrusté de filets en laiton. Les accotoirs en crosse ont une forme originale de col de cygne renversé. Travail russe, vers 1820.

LE DERNIER DES JACOB

Georges-Alphonse Desmalter (1799-1870)

Il est le dernier de la dynastie des Jacob. Sous la Restauration, il fabrique des sièges de bonne qualité qui suivent la mode : fauteuils à crosse en acajou, chaises à dossiers ajourés à barrettes ou à croisillons, sièges gondoles... estampillés «Jacob». Georges-Alphonse se retire des affaires en 1847.

1824-1830

Le style CHARLES X

Le règne de Charles X voit s'épanouir un style plus marqué que sous la Restauration. Le style gothique, dans des formes souvent extravagantes, redevient à la mode.

À partir de 1824, l'ancien comte d'Artois succède pour six ans à son frère Louis XVIII sous le nom de Charles X. Ce second style de la Restauration fait preuve de plus de personnalité que le précédent. Avec Chateaubriand, auteur du *Génie du christianisme*, et Victor Hugo avec *Notre-Dame de Paris*, la littérature a fait perdre au mot « gothique » son sens barbare. Les architectes glorifient la légèreté et la noblesse des formes de l'art ogival.

En Angleterre, des constructions néogothiques ont fait leur apparition dès la fin du XVIIIe siècle. En France même, de fausses ruines gothiques sont entrées dans le décor des jardins. Les premiers meubles d'inspiration gothique sont l'œuvre de Jacob Desmalter qui, toujours à l'avant-garde de nouveaux décors, a même fourni pour le Petit Trianon des chaises à dossier découpé en ogive.

En 1820, la remuante duchesse de Berry, belle-fille du comte d'Artois (futur Charles X), se fait admirer au bal du banquier Greffuhle, déguisée en reine du Moyen Âge. Ce courant de réhabilitation du style gothique s'épanouit sous Charles X dans des formes souvent extravagantes.

LE DÉCOR ET LES ORNEMENTS

Il reste aux ébénistes à se mettre à la mode en puisant dans le répertoire ornemental publié dans les gazettes. Les sièges s'adaptent à ce style qu'on nommera bientôt Troubadour, en présentant des dossiers découpés en fenestrages gothiques, flanqués de montants qui se terminent par des clochetons inspirés des pinacles de pierre des cathédrales. Aux éléments stylistiques des monuments et des meubles du Moyen Âge s'ajoutent parfois des motifs de la Renaissance. Au hasard de ces compilations mal assimilées, tous les meubles se chargent de motifs sculptés hétérogènes. « Nous ne vivons que de débris », écrit alors Alfred de Musset.

À la mode des bois clairs du temps de Louis XVIII succède le goût des bois foncés d'où se détachent, par contraste, des filets de sycomore ou de citronnier.

LES MEUBLES

Les commodes à trois tiroirs en placage d'acajou ou de noyer teinté façon acajou présentent trois tiroirs qui occupent toute la façade, éliminant les colonnes et les pilastres caractéristiques du style Empire. Même évolution pour les secrétaires dont l'abattant en bois sombre est égayé de filets clairs. Les montants sont souvent en pans coupés. Les trois tiroirs de la partie inférieure sont masqués par deux vantaux. Les consoles offrent un plateau de marbre soutenu par des supports galbés.
Les pieds de table sont également incurvés et parfois en forme de jarret stylisé. Les lits-bateaux sont le plus souvent en acajou orné de filets clairs. Le goût pour la courbe se manifeste dans les dossiers de sièges qui prennent une forme en gondole. Les pieds avant sont nettement galbés de la ceinture au sabot, tandis que les pieds arrière conservent l'allure en sabre. Les accotoirs de fauteuil sont en col de cygne ou enroulés en crosse. C'est dans le dossier des chaises que se manifeste le plus souvent le décor à la cathédrale, fait d'ogives découpées ou d'arceaux d'où pendent des motifs en toupie. Les chaises comme les fauteuils sont garnis de ressorts spiraux dissimulés sous la tapisserie. Ce nouvel élément de confort — apparu en Angleterre vers 1820 — remplace le rembourrage de crin. Enfin, toujours à la recherche de plus d'aisance, un nouveau type de fauteuil apparaît, à haut dossier incliné en arrière et dont l'assise assez basse est encadrée de larges accotoirs : c'est le fauteuil Voltaire, ainsi baptisé parce qu'on attribuait au philosophe le goût de se prélasser dans une position confortable.

Table à écrire en acajou dite secrétaire-écran. Le plateau s'ouvre en deux pour dégager l'écritoire horizontale que complète un tiroir latéral où se rangent plumes et encriers. L'écran relevé à la verticale protège des indiscrets. Bronzes à motifs de palmettes étirées.

Méridienne en érable moucheté, présentant deux chevets en crosse ornés d'incrustations d'amarante à motifs de branchages fleuris et palmettes stylisés.

1830-1848

Le style LOUIS-PHILIPPE

La simplicité du style Louis-Philippe, son absence d'originalité même en font aujourd'hui un style bon enfant qui n'est pas dénué de charme.

Le règne de Charles X n'a duré que six ans. Le style troubadour en était le plus beau fleuron. L'autoritarisme du dernier des Bourbons, stimulé par sa belle-fille, la duchesse de Berry, le conduit à gouverner par ordonnances, notamment pour supprimer la liberté de la presse. L'insurrection le fait abdiquer et prendre le chemin de l'exil. Louis-Philippe, fils du régicide Philippe Égalité, confisque à son profit la révolution de Juillet 1830. En se faisant proclamer roi des Français, l'héritier de la maison d'Orléans affiche son désir de plaire dans un esprit libéral. Bien que le « roi-citoyen » se désintéresse des problèmes artistiques, il laissera le label « Louis-Philippe » au dernier des styles portant le nom d'un roi.

Le mobilier louis-philippard évoque un confort bourgeois où se mélangent toutes les influences qui ont émergé depuis la Restauration. Malgré tout, ce style trouve une certaine unité dans des ensembles de meubles soigneusement fabriqués, solides, confortables et fonctionnels. On pourrait presque dire que l'absence d'originalité en fait un style aisément reconnaissable. C'est un style mou. Alors que le style Charles X est fait de droites, d'arêtes et de pans coupés, les meubles Louis-Philippe ont un profil aux angles arrondis. Les meubles massifs sont couronnés de doucines dont les contours découpent l'espace comme un S étiré.

C'est le changement social qui va orienter la production du mobilier dont les techniques de fabrication évoluent en fonction d'un outillage mécanisé. La vie urbaine modifie les conditions d'habitation. La construction massive d'immeubles de rapport divisés en appartements réduit l'espace disponible. La bourgeoisie moyenne n'a pas besoin de luxe ostentatoire, d'autant qu'elle se déplace d'un appartement à l'autre, d'un quartier à l'autre, selon la réussite sociale du chef de famille. La perspective d'un déménagement entraîne un déplacement du mobilier qui doit donc être simple et robuste. Ce nivellement selon les convenances provoque la fabrication industrielle de meubles distribués par des grands magasins spécialisés. La mise en œuvre de machines-outils permet une production de pièces découpées à la scie mécanique et assemblées en petites séries par des ouvriers qui n'ont pas besoin d'une formation spécialisée. La révolution de 1830 est aussi une révolution des techniques de fabrication. L'outillage artisanal évolue plus en dix ans qu'en dix siècles. C'est sur ces données que prend corps le style louis-philippard.

LES MATÉRIAUX ET LES ORNEMENTS

Tous les bois sont utilisés, notamment le noyer, le hêtre, le merisier, le platane, le chêne, le palissandre, l'ébène ainsi que les loupes d'orme et de frêne. Enfin, le retour de l'acajou souvent utilisé en minces placages débités mécaniquement reflète une certaine nostalgie du luxe impérial.

Le goût marqué pour le Louis XV fait également réapparaître le bois de rose. La marqueterie revient elle aussi sur les commodes et les secrétaires, mais on lui préfère encore les incrustations, d'un moindre prix de revient. Le décor des meubles est lui aussi réalisé en petites séries. Les bronzes sont distribués avec parcimonie, et toujours inspirés des motifs des styles précédents : palmettes, feuilles d'acanthe, coquilles, étoiles. Aux ornements d'une conception néoclassique comme les trophées, les casques ou les glaives, on préfère les agrafes, les roses ou les branchages d'esprit Louis XV.

La découpe de la partie supérieure présente successivement l'arrondi du marbre, celui de la traverse qui le supporte et la doucine en S allongé où s'encastre un tiroir.

Les entrées de serrure des tiroirs sont des plaques de laiton à motifs ajourés représentant des petites cornes d'abondance qui soutiennent un bouquet.

Commode Louis Philippe classique en placage de loupe d'orme. Aux trois tiroirs principaux s'ajoute un large tiroir sous le marbre dont les côtés sont profilés en doucine. Le marbre sainte-Anne est ourlé d'une double moulure, signe de qualité. Les pieds courts sont taillés en doucine.

LES MEUBLES

Les commodes. La commode Louis-Philippe du type le plus répandu, et qui maintiendra son succès jusqu'à la fin du siècle, est en placage d'acajou, de noyer ou de loupe d'orme, à trois tiroirs d'égale hauteur entre des montants qui se terminent en doucine qui, parfois, dissimule un quatrième tiroir. Le plateau est en bois uni ou en marbre gris ou blanc. Les pieds courts sont carrés ou en boule.

La commode dite à l'anglaise se distingue par des vantaux qui dissimulent les tiroirs, de telle sorte que le meuble ressemble plutôt à un buffet.

La commode-bureau est une variante de la précédente mais avec un quatrième tiroir placé sous le plateau qui présente en l'ouvrant une surface plane formant écritoire avec, de chaque côté, un petit cadre ajouré garni de fins balustres. La commode de toilette est construite sur le même type avec un marbre lisse à la place du plateau de bois.

Les bureaux et les secrétaires. Le secrétaire à abattant en placage d'acajou découvre, en abattant le plateau, un intérieur en bois clair à tiroirs multiples. Ses montants se terminent en doucine sous un plateau en marbre gris ou blanc. Le bureau-ministre, généralement en acajou, possède un large plateau avec tiroir en ceinture reposant de part et d'autre sur des caissons munis de tiroirs jusqu'au sol. Le bonheur-du-jour, inspiré des modèles Louis XV, est une table à pieds galbés dont le plateau supporte une petite armoire vitrée.

L'amoire. Meuble devenu obligatoire dans la chambre à coucher, l'armoire haute et large est dominée par une large corniche en doucine. L'armoire vitrine est également d'usage courant. Toujours dans un esprit utilitaire, l'armoire à glace est un meuble nouveau qui connaît un succès immédiat. Le miroir de forme ovale ou rectangulaire est fixé à une seule porte ou s'étend sur chaque vantail séparé par une partie fixe en dormant. L'armoire à glace remplace la psyché de l'époque Empire. Un autre petit meuble léger, la coiffeuse, simple plateau de marbre soutenu par des pieds tournés disposés en X, trouve également sa place dans la chambre à coucher.

Les tables. Autre meuble très fonctionnel, la grande table de salle à manger en acajou soit avec deux abattants latéraux, soit avec un large plateau qui en s'ouvrant par le milieu permet d'insérer sur des coulisseaux une ou plusieurs rallonges selon le nombre de convives, jusqu'à

Armoire-vitrine en placage d'acajou de Cuba sur peuplier. La corniche à doucine est surmontée d'un cadre qui forme un casier. L'intérieur en chêne massif comporte des crémaillères qui soutiennent les planches d'étagères en chêne. Le fond parqueté est également en chêne massif. L'entrée de serrure est en laiton. L'ensemble est d'une finition très soignée. (H : 205 cm ; l : 110 cm ; Prof. : 33 cm)

vingt-quatre pour une longueur de 4 mètres. Le plateau est soutenu par quatre ou six pieds tournés en double balustre, vestige du pied Jacob, en fuseau cannelé ou en cuisse de grenouille. Tous ces pieds sont munis de roulettes en bronze ou en porcelaine industrielle.
Table de complément pour le salon ou la salle à manger, le guéridon à plateau de marbre circulaire reposant sur un large bandeau comporte un pied unique en bois tourné ou strié de moulures dont la base se divise en deux ou trois branches souvent terminées par des volutes, des boules ou des griffes de lion. La table servante est rectangulaire à deux plateaux l'un en dessous de l'autre.
La table de jeu est à double plateau reposant l'un sur l'autre en portefeuille qui, en pivotant sur des charnières, forme une table carrée à tapis vert.
La table de nuit est carrée ou cylindrique avec un piètement formant socle. Elle est le plus souvent recouverte d'un plateau de marbre.
Les autres meubles. Les pianos les plus connus portent les marques de Pleyel ou d'Érard. Ils sont montés sur des pieds massifs que sépare le cadre en lyre où sont fixées les pédales. Enfin, le tabouret de piano réglable fait son apparition, composé d'un piètement tripode où une vis en métal permet de faire varier la hauteur du siège en galette. Les lits en bateau sont toujours en vogue avec des chevets qui se renversent de plus en plus en arrière ou au contraire avec des montants droits et plats terminés par des motifs en forme de trèfle qui retiennent un rouleau. Les plus réussis sont en ébène ou en poirier noirci décorés de bouquets de fleurs polychromes.

LES SIÈGES

Les sièges qui, comme toujours, s'adaptent mieux que les meubles aux ornements à la mode poursuivent sur la lancée du style troubadour la mise en forme d'éléments puisés dans les répertoires de toutes les époques précédentes du XIVe au XVIIIe siècle.
On voit par exemple des chaises à pieds cannelés supporter des dossiers en arcature ogivale flanqués de montants en chapelet Louis XIII, ou encore des fauteuils à dossier orné de sculptures rocaille supportés par des pieds en balustre reliés par des traverses en os de mouton. Ces modèles hybrides « sont de tous les temps, hors du nôtre », remarque Musset. D'une fabrication coûteuse, ils sont réservés à l'aristocratie ou à la bourgeoisie fortunée. Les chaises les plus courantes sont des transpositions du style Louis XV à pieds fortement galbés et dossier concave. Les fauteuils offrent des accotoirs en crosse enroulée, des pieds avant tournés en balustre, des pieds arrière en sabre et un dossier incliné. D'autres modèles présentent des pieds avant en jarret dont la nervosité s'est amollie.
Le fauteuil Voltaire gagne encore en confort par une cambrure du dossier incliné destinée à soulager les reins. Le fauteuil gondole, le plus souvent en acajou, présente un dossier très enveloppant. Des garnitures d'étoffes tendues sur des ressorts métalliques, dont l'usage s'est généralisé, masquent les bois de siège, et des longues franges recouvrent souvent le devant et les côtés de la ceinture. Un petit fauteuil sans boiserie apparente fait son apparition, le crapaud, court sur pattes et tout enjuponné.
Les canapés restent en vedette dans les salons avec une assise très basse et un dossier qui s'incline doucement vers des accotoirs rembourrés. Longtemps sous-estimé, voire dédaigné, le style Louis-Philippe Ier (et dernier !) a fini par se faire admettre après la Seconde Guerre mondiale. On reconnaît au-jourd'hui sa simplicité qui ne manque pas de charme. Il se reconnaît facilement à son air bon enfant, à ses galbes qui adoucissent les lignes et à la simplification des volumes par une fabrication mécanisée et des finitions soignées.

1852-1870

Le style NAPOLÉON III

Ce style, le dernier en France à porter le nom d'un souverain, est le reflet d'une époque de décadence, aussi bien en architecture que dans le domaine du mobilier. La capacité d'invention, déjà faible sous Louis-Philippe, semble tarie. C'est le règne du pastiche.

Au XIXe siècle, les meubles évoluent selon les besoins de la bourgeoisie en pleine ascension. Ce n'est plus une élite intellectuelle qui lance les idées que concrétisent des artisans habiles. Ce sont désormais les fabricants de meubles qui fournissent des modèles puisés dans le répertoire des siècles passés.
Pourquoi tenter de faire du neuf, quand il semble que « tout est dit » ? Faute de sève créatrice, les fabricants de meubles se contentent donc de recopier les modèles anciens. Et ils croient bien faire en demandant aux menuisiers et aux ébénistes de rechercher des effets décoratifs en modifiant les formes et en donnant plus d'ampleur aux ornements. C'est ainsi, par exemple, qu'ils ajoutent sur les tabliers des commodes des bronzes étirés en volutes. Les conservateurs du Mobilier national désigneront par la suite ces caricatures du passé sous le nom dérisoire de style « moustaches », faisant allusion à la fois aux longues moustaches pointues de l'empereur — que complète une barbichette touffue — et à la forme ridicule des ornements surajoutés.
Cette interprétation du style rocaille n'a même pas le mérite de l'originalité. L'Angleterre nous a d'ailleurs devancé dans cet engouement pour les styles anciens. En France, dès 1830, un ébéniste de talent, Aimé Chenavard (1798-1838), avait déjà proposé de nouveaux modèles de chaises néo-rocaille. Au début du second Empire, la mode s'empare avec frénésie des styles d'autrefois. Et l'on voit éclore les styles « néo-Louis », néo-Louis XIV, néo-Louis XV, néo-Louis XVI, sans parler des styles néogothiques déjà remis à l'honneur sous Charles X.
Le château de Versailles comme celui de Chantilly sont rapidement meublés de pastiches Louis XV et Louis XVI surabondamment sculptés et dorés, tandis qu'à Saint-Cloud l'impératrice Eugénie opte d'abord pour le style néo-Louis XIV... puis pour des modèles néo-Louis XVI.
C'est finalement une production massive de meubles et sièges qui, pendant vingt ans, ne cessent de s'inspirer de tous les styles du passé. Et pourtant, avec toutes leurs outrances, les meubles Napoléon III forment un amalgame

Décor en vernis polychrome représentant des bouquets de roses dans un cadre festonné de style Louis XV.

Motif en bois doré à décor de feuillages en volute, surmontant des colonnes d'esprit Renaissance encadrant une ogive gothique.

Piètement en poirier noirci tourné en spirale à larges filets d'or, réminiscence du style Louis XIII.

Bonheur-du-jour formant nécessaire à couture, écritoire et table à jeu. Ce meuble composite est en bois et carton bouilli à décor polychrome réhaussé d'or, surmonté d'un miroir. Son tiroir central, sous le pupitre décoré d'un château, contient des jeux et un échiquier. Ce meuble est typiquement Napoléon III par l'emploi du carton bouilli et l'amalgame de plusieurs styles mal définis. (L : 62 cm ; H : 140,5 cm; Prof. : 52 cm) que l'on peut en fin de compte reconnaître et localiser dans le temps, ce qui est le propre d'un style. Il faut toutefois distinguer plusieurs tendances simultanées dans la période qui s'étend de 1852 à 1870, de la proclamation du second Empire à la capitulation.

LE STYLE « IMITATION »

Certains ébénistes ont opté délibérément pour la reproduction à l'identique des plus beaux modèles du XVIIIe siècle. « Perfection d'exécution, paresse de conception », écrit à ce propos Pierre Verlet dans *Styles, meubles, décors.* Ces meubles sont construits selon les structures traditionnelles, mais leur fabrication est poussée jusqu'à une finition impeccable grâce à la mécanisation de l'outillage. La précision des coupes, la sûreté du traçage pour tailler le contour des queues-d'aronde et des mortaises donnent des assemblages impeccables qui n'auraient pu être réalisés à la main. C'est justement à ces imperfections dans le détail que se reconnaît l'exécution artisanale, même chez les ébénistes les plus habiles du XVIIIe siècle. On ne trouve pas sur la ceinture intérieure d'un siège Napoléon III la marque des traits de scie faits à la main comme autrefois. L'absence de traces irrégulières laissées par l'outil est d'ailleurs l'un des moyens qui permettent aux experts de distinguer la copie de son modèle authentique (voir plus loin « Faux et usage de faux »).

LE STYLE « PASTICHE »

En marge du style « imitation », qui est une catégorie importante des meubles du second Empire, le style « pastiche » se reconnaît encore plus aisément par l'aspect extérieur de certains meubles : courbes outrées des pieds de chaise néo-Louis XV ou gracilité excessive et sans harmonie des chaises Louis XVI-Impératrice. De la même façon, les commodes ventrues surchargées de bronzes rocaille s'inscrivent dans la pratique abusive des imitations du premier style Louis XV. On pourrait dire que les meubles Napoléon III ont l'air tellement faux jeton... que c'en est de la franchise ! D'autres réminiscences historiques qui s'étaient manifestées sous Charles X sont également une source d'inspiration des buffets « gothiques » aux ornements flamboyants. Et l'on voit apparaître des

Lit en placage de loupe d'amboine, à montants en forme de pilastre surmontés d'un lion (à gauche) et d'une lionne (à droite) en bronze à patine noire. Riches ornements en bronze doré où se mêlent les styles Empire (palmettes, cygnes, pieds en griffes de lion) et Louis XVI (cornes d'abondance, rosaces, frises à motifs de perlettes et de feuilles d'eau).

crédences « Renaissance » décorées de sculptures à rinceaux fleuris ou ornées de blasons surmontés de heaumes empanachés, ou encore des cabinets coiffés de corniches brisées et flanqués de chimères assises. Les meubles Boulle font également l'objet de nombreuses copies, mais ils ont sans raison des formes galbées, leurs marqueteries de laiton sont trop foisonnantes et leurs bronzes disproportionnés.

En hommage à Napoléon le Grand, les meubles inspirés du style Empire sont également nombreux dans la panoplie de Napoléon le Petit. Mais là encore, on les reconnaît à leur aspect massif et aux surcharges de bronzes dorés à motifs martiaux. Installée au château de Saint-Cloud dans les meubles de Marie-Antoinette, l'impératrice Eugénie s'entiche de la reine martyre et fait recopier des modèles authentiques par ses fournisseurs attitrés, notamment Beurdeley, Fourdinois et Jeanselme. Mais les imitations qu'ils produisent n'ont pas la grâce légère du véritable style Louis XVI.

LES TECHNIQUES ET LES MATÉRIAUX

Bronzes fondus au moule et métal argenté... Paradoxalement, la multiplicité des modèles d'inspiration finit par former un style propre au second Empire. De plus, un facteur technique a pour effet de rendre homogènes ces styles disparates. Pour répondre à la demande croissante de la bourgeoisie qui veut se meubler comme à la cour, il faut assurer une production de plus en plus massive. De nouveaux processus de fabrication vont transformer les anciens ateliers artisanaux en véritables usines à meubles, où la division du travail fait perdre aux menuisiers et aux ébénistes toute initiative individuelle. À la volonté de réduire le prix de revient, pour rendre les meubles à la mode accessibles au plus grand nombre, correspond une collectivisation des instruments de production. Dans cette recherche d'économie, des matériaux de moindre valeur banalisent les ornements. Les

MOTIFS DÉCORATIFS NAPOLÉON III

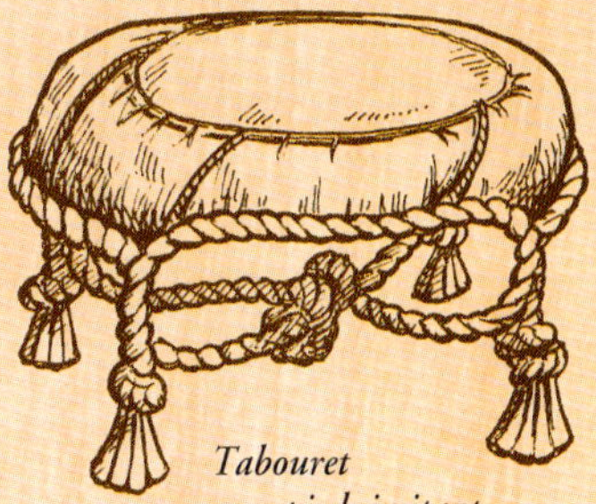

Tabouret avec pieds imitant des cordages

Ornement de bronze "style moustache"

Pied "Louis XV" galbé et orné d'acanthes

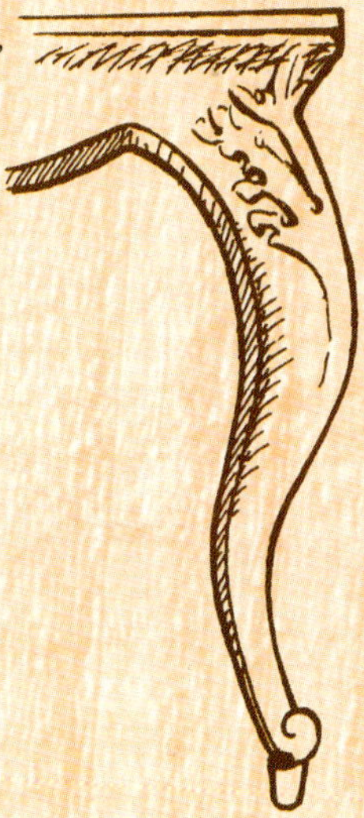

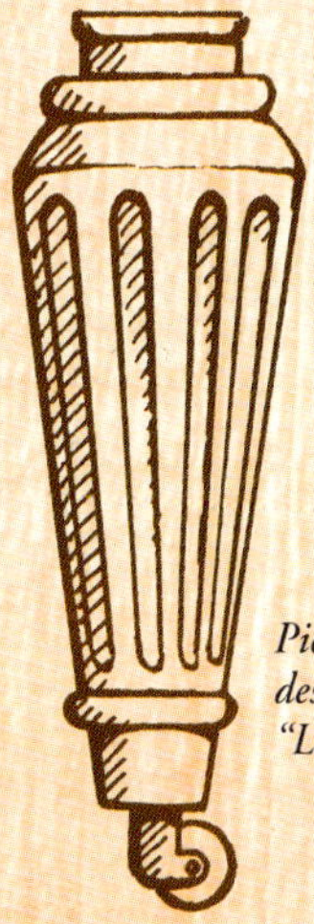

Pied cannelés des fauteuils "Louis XVI"

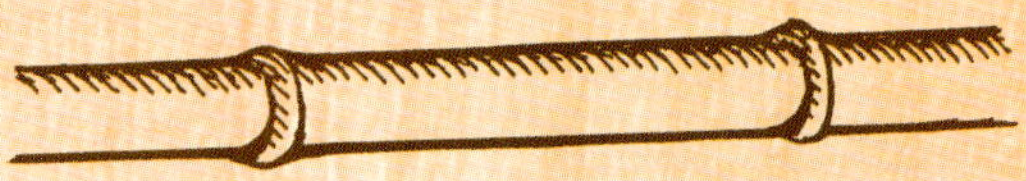

Faux bambou

Bureau plat en ébène à plateau et pieds galbés de style Louis XV. Les trois tiroirs en ceinture sont ornés de feuillages de bronze ciselé et doré. Les chutes d'angle et les médaillons féminins sur les côtés s'inspirent de bronzes d'Andre

LES SIÈGES

Les sièges Napoléon III se reconnaissent non seulement aux distorsions des modèles qui les ont inspirés, mais à leurs abondants habillages de velours capitonnés et comme ourlés de longues franges tressées qui cachent les bois. Un modèle de siège également caractéristique est la chaise légère baptisée charivari par déformation de Chiavari, centre italien de fabrication de ces modèles légers et faciles à déplacer.

Dans la gamme des sièges, les confidents sont des chaises plus ou moins néo-Louis XV accolées deux à deux et dont les dossiers se prolongent en forme de S de telle sorte que deux personnes assises côte à côte peuvent faire la conversation face à face. Si les dossiers sont jointifs et que les sièges sont rejetés de part et d'autre, ces doubles chaises prennent le nom de boudeuses.

Coiffeuse en poirier noirci laqué et placages d'ébène. Glace ovale entre des candélabres en bronze doré. Piètement garni d'espagnolettes dans un entourage de fleurs en bronze doré finement ciselé.

Lorsque à deux sièges s'en ajoute un troisième, et que la ligne des dossiers prend alors une forme d'hélice, voici l'indiscret où une tierce personne peut se mêler à la conversation.

Le siège le plus original de l'époque Napoléon III est le pouf, tabouret rond capitonné, dont l'assise est supportée par quatre pieds en bois sculptés imitant de gros cordages, reliés entre eux par un nœud d'entretoises.

Enfin, parmis les sièges les plus remarquables on trouve la borne. Il s'agit d'une banquette circulaire, ou de quatre petits canapés incurvés reliés par les accotoirs qui entourent une colonne centrale servant de piédestal à une statue ou à des plantes vertes.

Les salons et la salle à manger de Napoléon III ont été restaurés, redorés et aménagés lors de la rénovation complète du Grand Louvre en 1993 (à l'occasion du deuxième centenaire du musée). C'est là que l'on peut voir dans tout leur éclat les fauteuils du plus pur style néo-Louis XV, la grande borne cernée par quatre canapés rocaille tendus de velours cramoisi et le monumental buffet en laque noir de la salle à manger. C'est dans cet ensemble fastueux que s'exprime avec le plus d'ostentation le goût de Napoléon III pour les styles pastiches, goût d'ailleurs suivi avec enthousiasme par la grande et la petite bourgeoisie française.

Meuble d'entre-deux en bois laqué noir orné, de face et sur les côtés, de somptueux bouquets polychromes encadrés de rinceaux réhaussés de burgau. (L : 100 cm ; H : 101 cm ; Prof. : 43 cm)

1850 1890

L'éclectisme EUROPÉEN

Le règne des copies inspirées des styles du passé s'est manifesté en Europe bien avant l'époque de Napoléon III. L'industrie des meubles fabriqués en série d'après des modèles anciens prend une extension considérable dans la seconde moitié du XIXe siècle. Cet éclectisme, encouragé par les grandes expositions universelles, stimule la diffusion et la production des modèles les plus réussis dans l'Europe entière.

EN FRANCE

Les principales maisons d'ameublement n'ont d'autre ambition que d'offrir à une bourgeoisie déjà satisfaite la possibilité d'un vaste choix entre la chaire gothique et le buffet Renaissance, le meuble d'appui aux marqueteries Boulle et la console Louis XVI, les sièges Louis XV et le lit Empire. Dix siècles de styles successifs sont mis à la disposition des nostalgiques du passé. Compte tenu d'un certain désir de confort, à chacun de suivre ses goûts selon ses réminiscences historiques et sa sensibilité esthétique personnelle.

D'un point de vue philosophique, l'éclectisme a trouvé sa justification dans les théories spiritualistes de Victor Cousin (1792-1867) qui prétend concilier toutes les thèses de ses prédécesseurs en dégageant le meilleur des systèmes précédents. Dans le domaine du mobilier, l'éclectisme n'a pas eu de théoricien capable d'en donner une définition synthétique, pour la simple raison que chaque courant artistique a eu en son temps ses propres défenseurs. L'éclectisme va donc s'inspirer des modèles les plus réussis des grands créateurs de meubles d'autrefois. Ce mouvement est finalement le style de ceux qui sont incapables par eux-mêmes d'en inventer un. Les échantillons des styles anciens donnés en exemple par les magazines illustrés font naître des engouements successifs et sans exclusive. « L'éclectisme ne nie rien et admet tout », écrit en 1840 le critique Michel Nicolas. Les amateurs ont donc la faculté de choisir leurs styles de prédilection. Ils ont même la possibilité de meubler les diverses pièces de leurs demeures, voire les mêmes pièces, dans des styles différents. On placera le buffet Henri II à façade sculptée dans la salle à manger, les fauteuils et canapés Louis XV au salon, le lit à baldaquin Louis XVI dans la chambre à coucher entre la coiffeuse Charles X et l'armoire Louis-Philippe. C'est ce que Henry Havard, auteur d'un *Dictionnaire de*

Grand cabinet de style prétendu Louis XV, réalisé vers 1890 par un des plus grands pasticheurs de la fin du XIXe siècle : François Linke. Les bronzes délirants, qui outrepassent le style rocaille mais d'une remarquable exécution, sont dûs au sculpteur Léon Mesanger.

l'Ameublement et de la Décoration paru en 1887, appelle le « mobilier composite ».
Ainsi se constituent dans les appartements de la France bourgeoise de véritables « musées domestiques » qui ont pour seule règle esthétique de présenter les vestiges du passé selon des « arrangements harmonieux », sans pour autant négliger le confort, c'est-à-dire l'accumulation des sièges capitonnés parmi de lourdes tentures ornées de passementeries.
Pour satisfaire la demande d'une clientèle empressée de se mettre au goût du jour, les grandes fabriques de meubles proposent dans leurs catalogues un choix de prototypes dont elles s'efforcent de faire baisser le prix de revient grâce au perfectionnement des machines-outils. Alexandre Fourdinois, fondateur de la maison qui porte son nom, assisté par son fils qui lui succède en 1867, obtient cette année-là, à l'Exposition universelle de Paris, un succès remarqué avec son buffet Renaissance orné de personnages sculptés en relief. La firme qui porte l'enseigne *À l'escalier*

LA VOGUE DES BRONZES D'ART

Ferdinand Barbedienne (1810-1892) est un producteur de pastiches de meubles Renaissance enrichis de sculptures réalisées par des artistes célèbres, tels que Falguière ou Carrier-Belleuse. Ferdinand Barbedienne est surtout connu comme bronzier. Associé avec Achille Collas, il exploite un appareil qui permet de reproduire en réduction n'importe quelle sculpture. Ses ateliers, qui emploient plus de cinq cents ouvriers après 1870, répandent sur le marché des milliers de « bronzes d'art », de la Vénus de Milo aux sculptures animalières de Barye dont il a racheté cent vingt-cinq modèles. Grâce à ses catalogues illustrés régulièrement édités, il fait entrer dans les appartements bourgeois les reproductions fidèles de toutes les sculptures célèbres de l'Antiquité à la fin du XIXe siècle, y compris les œuvres de Rodin dont il s'est assuré l'exclusivité.

de cristal propose des meubles de tous styles si bien imités qu'on les prendra par la suite pour des pièces authentiques. Ferdinand Barbedienne est quant à lui connu pour ses pastiches, mais surtout comme bronzier.

DANS LE RESTE DE L'EUROPE

Dans tous les pays d'Europe, les techniques de production et de reproduction des meubles et objets d'art permettent d'offrir, à des prix qui varient beaucoup selon la qualité, des modèles d'une infinie diversité, inspirés des styles anciens les plus recherchés.
L'ensemble qui rallie les suffrages du plus grand nombre est la salle à manger Henri II. Elle est composée d'un buffet à deux corps ornés de sculptures stéréotypées, d'une table massive à double plateau coulissant sur des patins en forme de chimère, et de quatre chaises à dossier couronné de pinacles néogothiques et dont l'assise cannée à la machine est supportée par des pieds fuselés, creusés de cannelures faites à la toupie qui prétendent évoquer les grâces du style Louis XVI.

Meuble de vitrine en marqueterie de style Louis XV-Louis XVI, orné de motifs de bronze fantaisistes empruntés à différents styles. Il porte la marque d'un ébéniste d'art du faubourg Saint-Antoine : Frédéric Schmit, vers 1890.

Table de milieu en bois doré recouverte d'un plateau en marqueterie de marbre. Interprétation caricaturale d'un style Louis XIV, enrichi de motifs déchiquetés qui relèvent du style rocaille.

Ces salles à manger de fabrication industrielle auront la vie dure. Leur aspect kitsch les fera rechercher jusqu'en 1980 par les Américains qui prendront plaisir à les peindre de toutes les couleurs.

L'Angleterre avait devancé la France dans le domaine de l'interprétation des œuvres d'autrefois. Sous le long règne de la reine Victoria (1837-1911) les modes se succèdent, du néo-rococo capitonné, en vogue au milieu du siècle, au *Gothic Revival*, en passant par le pseudo-Louis XIV, bizarrement qualifié de *naturalistic* et le néo-élisabéthain, styles auxquels s'ajouteront des pastiches composites des styles néoclassiques, mélangés parfois à l'*Egyptian Revival*. Ainsi se répandent toutes sortes de meubles surchargés d'ornements superflus et anachroniques. En 1856, l'historicisme trouve ses références dans *The Grammar of Ornament* publiée par Owen Jones, qui analyse tous les motifs de tous les pays.

À l'Exposition de 1862 à Londres, un goût exotique se fait jour avec des formes plus dépouillées où se manifeste un style anglo-japonais qui se prolongera jusqu'à la fin du siècle, en s'orientant vers un naturalisme précurseur du Modern Style.

Dans les autres pays d'Europe, les progrès de la fabrication industrielle offrent des modèles variés, inspirés des styles anciens les plus appréciés.

L'Italie se dégage d'un style Empire de complaisance pour glorifier les valeurs de son propre passé. La redécouverte des meubles de la Renaissance fait éclore un style « dantesque » très apprécié.

En Espagne, les pastiches des meubles français du XVIIIe siècle ont chassé les derniers vestiges du style Empire. Le style Isabelino fait revivre l'époque gothique avec une préférence pour le genre troubadour.

D'autres mélanges inspirés du passé sont traités mécaniquement en séries industrielles dans la plus grande confusion, avec toutefois une vigoureuse survivance des meubles traditionnels fabriqués par des artisans qui n'ont pas perdu la main.

En Allemagne et en Autriche, la nostalgie romantique a redonné goût au culte des ancêtres. Aux charmes du Biedermeier, dont la veine s'épuise vers 1850, succède un mobilier massif surchargé d'ornements gothiques flamboyants. Après cette première vague de retour aux sources, le style néo-rococo est remis à l'honneur avec les mêmes outrances. Mais bientôt à Vienne se manifestent les prémices d'une volonté de rupture avec un passé répétitif.

L'heure est venue de faire sécession. Cette soif de renouveau prendra d'ailleurs en Autriche le nom de *Sezessionstil*.

Fauteuil d'apparat d'époque Napoléon III, caricature du style empire, en acajou massif. La caricature est due notamment aux sculptures excessives et aux pieds avant en forme de personnage reposant sur des griffes de lion Vers 1860.

1880 1910

Du Modern Style À L'ART NOUVEAU

Du Modern Style à l'Art nouveau en passant par l'Arte joven et le Sezessionstil, c'est un même élan novateur qui caractérise le style 1900.

Le mouvement qui s'esquisse à partir de 1880 se caractérise par une volonté de rompre avec le passé. L'art 1900 est d'abord libérateur. Les formes qu'il élabore sont facilement reconnaissables, en regard de l'académisme figé qui se contentait de pasticher le passé.

Comme l'écrit Maurice Rheims (*L'objet 1900*), « la société puissante et riche manque de "style" ». Celui qui va naître prend rapidement un ensemble de caractéristiques qui s'inspire des principes suivants :

• Volonté de mettre les meubles nouveaux à la portée du plus grand nombre, d'où l'emploi de matières courantes : bois indigènes (noyer, merisier, citronnier et bois exotiques avec une prédilection pour l'acajou). Pour mettre les fonds en valeur par l'accessoire, on utilise les matières les plus diverses : cuivre, étain, faïence et strass.

• Recherche de nouveaux motifs décoratifs puisés dans l'observation de la nature, alors que les motifs inspirés de l'Antiquité se sont galvaudés dans la répétition depuis le milieu du XVIIIe siècle. L'art floral, les tiges ployantes, les feuillages ramifiés, les herbes aquatiques, les algues et même les formes empruntées à la zoologie envahissent meubles et objets.

Le goût de la courbe et de la contre-courbe rejoint l'esprit du style Louis XV dans son époque rocaille la plus sublimée.

• Emprunts à d'autres civilisations, notamment orientales et extrêmes-orientales, avec une préférence pour le japonisme mis à la mode par les frères Goncourt. Recours aux étoffes et papiers peints orientalistes. C'est ce que les tapissiers appellent l'« ottomanie ». Cuivres

Guéridon « aux libellules », par Émile Gallé vers 1900. Ce meuble en noyer sculpté et son plateau en marqueterie donnent l'exemple d'une structure qui trouve sa forme dans la nature.

Les pieds sont enrobés dans des feuillages stylisés d'orchidées, où le naturalisme se mêle à des motifs tortueux qui tendent vers l'abstraction.

Le sommet du lit forme une ogive agrafée par un écusson placé au-dessus d'une savante composition de fruits entre des feuillages d'orchidées.

Chambre à coucher « aux orchidées », réalisée par Louis Majorelle vers 1900. Le grand lit, les tables de chevet et la coiffeuse (page suivante) sont en placage de bois fruitier dans un entourage d'acajou et de bronze ciselé.

martelés, incrustations de nacre et d'ivoire s'intègrent dans les décors. C'est Byzance au salon ! Le goût s'était déjà manifesté en Angleterre lorsque l'architecte et illustrateur Owen Jones avait publié en 1856 *The Grammar of Ornament* où il affirmait : « La beauté de la forme résulte des lignes qui naissent l'une de l'autre en arabesques successives. »

Dans ce foisonnement, des entrelacs gothiques hérités d'un romantisme à la Viollet-le-Duc trouvent aussi leur place à côté de quelques préciosités d'esprit Renaissance.

La femme au corps souple fait partie des modèles favoris des ornemanistes 1900. Les chevelures déployées offrent l'exemple de sinuosités naturelles particulièrement appréciées. Ces sources d'inspiration si diverses dictent finalement les formes qui s'élancent des bois savamment courbés pour se transformer en meubles.

Tous les artistes créateurs, ébénistes, orfèvres, verriers, céramistes, bronziers s'emparent des thèmes à la mode avec une gourmandise d'autant plus vive qu'elle a été longtemps contenue. Il en résultera des chefs-d'œuvre grâce au talent de fortes personnalités, mais aussi des créations bâtardes de qualité très inégale.

DES PIONNIERS EUROPÉENS

Dans les années 1890, les Anglais reprennent aux Belges, qui l'ont d'abord lancée, l'expression « Art nouveau » tandis qu'on parle en France de *Modern Style*, en attendant que le passage du siècle glorifie le style 1900. L'Allemagne retient l'aspect juvénile du mouvement pour adopter le *Jugendstil* comme d'ailleurs les Espagnols avec l'*Arte joven*. Les Autrichiens mettent l'accent sur la rupture avec l'académisme conservateur en levant le drapeau du *Sezessionstil*. L'aspect libératoire du mouvement se traduit en Italie par le *Stile Liberty* (tiré du nom de la galerie londonienne Liberty).

C'est dire la force des affinités électives qui unissent d'un bout à l'autre de l'Europe, dans le même enthousiasme, les pionniers d'un nouvel âge. De fortes personnalités en animent les prémices. Les Anglais font figure de précurseurs en dénonçant la reconstitution en série des styles du passé. Le mouvement *Arts and Crafts* (arts et métiers artisanaux) préconise une décoration d'une sobre rusticité en prenant modèle sur la nature. L'architecte Charles Robert Ashbee (1863-1942) fonde, en 1888, la *Guild and School of Handicraft* (guide et école d'artisanat d'art) et crée des meubles aux formes très architecturées, ornés de motifs floraux stylisés.

L'architecte écossais Charles Mackintosh (1868-1928) conçoit des ensembles de meubles, notamment des sièges à très hauts dossiers, destinés à s'intégrer dans un décor d'allure géométrique.

En Belgique, c'est encore un architecte, Victor Horta (1861-1947), qui prend la

Cette coiffeuse en acajou rehaussé de bronze témoigne de la grande maîtrise de Majorelle qui tire ici un parfait équilibre de la tension des lignes. Le fauteuil en cuir à dossier enveloppant donne également l'exemple de l'harmonie des lignes croisées en vue d'un confort fonctionnel.

tête du mouvement de rénovation artistique. Dès 1883, il se distingue par la construction à Bruxelles d'une villa dont le décor intérieur et le mobilier sont conçus en étroite harmonie avec les volumes architecturaux. Il se contente pour tout ornement de formes en léger relief qui suggèrent délicatement fleurs et feuillages. Autre pionnier de l'Art nouveau en Belgique, Henry Van de Velde (1863-1957) construit des immeubles et dessine des meubles aux lignes tendues et sans fioritures, en noyer teinté ou en bois laqué, particulièrement appréciés en Allemagne à la fin du siècle. Il ne renie pas la fabrication industrielle, mais c'est pour la mettre au service du plus grand nombre. Il sera le premier à proposer un contenu social au mouvement de rénovation qui gagne l'Europe.

En Autriche, un précurseur génial, Michael Thonet (1796-1871), découvre des formes nouvelles avec trente ans d'avance sur les autres. C'est par une invention technique qu'il devance sans le savoir les théoriciens de l'Art nouveau. Il prend un brevet pour courber à chaud des lamelles de bois dont il assemble ensuite les volutes avec de simples vis. Il fait construire en Moravie, à proximité des forêts de hêtres, une usine qui traite à la vapeur des lamelles de bois mises en forme par des presses selon des modèles prévus. La production en série lui permet de mettre sur le marché en vingt ans plusieurs millions de chaises, chaises longues, canapés et rocking-chairs aux formes élégantes cannées en paille de Vienne. Michael Thonet a ainsi démontré la possibilité de concilier la technique, l'esthétique et la production à bon marché de meubles en grandes séries.

Vitrine en acajou et noyer dite "aux nénuphars" dont les bronzes dorés figurent des plantes aquatiques et stylisées, création de Louis Majorelle vers 1900.

DE GRANDS CRÉATEURS FRANÇAIS

En France, l'Art nouveau n'est pas non plus le fruit d'une génération spontanée. Le mouvement qui s'esquisse vers 1880 refuse la routine imitative de l'éclectisme, mais ne renie pas les forces créatrices qui ont donné naissance aux modèles authentiques. Certaines sinuosités sont évocatrices du meilleur Louis XV, dont les ornements accompagnent le mouvement des formes. Mais l'Art nouveau s'inspire surtout des courbes profuses offertes à nos regards par la nature.

À Paris, un marchand d'origine allemande, Samuel Bing (1838-1905), se propose d'attirer une clientèle d'amateurs éclairés en quête de créations originales. Le magasin, à deux pas de l'hôtel Drouot, porte une enseigne prometteuse : *L'Art nouveau.* Les œuvres qu'il présente sortent de la bimbeloterie imitative qu'on trouve à profusion dans les bric-à-brac du quartier : bijoux de Lalique, verres polychromes de l'Américain Tiffany, objets d'art d'Orient et d'Extrême-Orient. Il expose notamment des estampes japonaises, mises à la mode par Edmond de Goncourt, qui séduisent par la pureté du trait, l'inspiration florale et le symbolisme subtil. Le japonisme ne tarde pas à s'intégrer dans la nouvelle mouvance artistique.

Cependant, une fois encore c'est l'architecture qui devance la décoration et le mobilier. Hector Guimard (1867-1942), qui a rencontré en Angleterre, en Écosse et en Belgique les principaux pionniers de l'Art nouveau, se rallie avec ferveur à cette avant-garde. En 1896, il construit à Paris un immeuble qu'il veut exemplaire, le Castel Béranger (14, rue La Fontaine). Il conçoit et dessine les moindres détails ornementaux extérieurs et intérieurs. Cet immeuble est primé au concours des façades de la Ville de Paris en 1897. Un des motifs souvent repris sous différentes formes est la ligne incurvée terminée en coup de fouet.

Le nom d'Hector Guimard reste attaché aux volutes de fonte d'inspiration végétale des stations de métro mises en place à l'occasion de l'Exposition de 1900, comme un manifeste de la vitalité de l'Art nouveau... qui sera par la suite rebaptisé « style métro ». Pour ses meubles, il tire de lignes menues à l'extrême des effets esthétiques remarquables.

Eugène Gaillard (1862-1933) préconise également une étroite association des beaux-arts et des arts appliqués. Il réalise des meubles en bois durs aux structures architecturales à la fois fonctionnelles et confortables dont le décor végétal s'inscrit dans la continuité du dessin, à la manière des ébénistes du XVIIIe siècle. Il utilise également des applications de bronzes dorés et ciselés d'inspiration naturaliste.

La richesse des matériaux nouveaux, les techniques mécanisées de fabrication, l'abondance d'une main-d'œuvre bon marché, l'aisance des amateurs éclairés vont désormais rendre irrésistible l'ascension d'un art intégral.

Buffet « aux épis de blé », vers 1900.
Émile Gallé démontre ici son grand talent d'ébéniste : construction équilibrée, animation des moulures sculptées, harmonie savante des motifs de marqueterie qui vont d'un paysage (en haut) aux détails raffinés des feuillages.

L'ÉCOLE DE NANCY

Mais c'est Nancy qui deviendra, grâce à la personnalité d'Émile Gallé, la capitale française de l'Art nouveau.

Émile Gallé (1846-1904) est mondialement connu pour ses lampes et vases en verre polychrome savamment décorés de végétaux foisonnants. Fils du directeur de la faïencerie de Saint-Clément dont il prend la tête en 1874, il oriente ses recherches dans les techniques du verre permettant de mettre en valeur des décors végétaux d'inspiration japonaise. Idéaliste, il veut multiplier industriellement ses créations originales pour les mettre à la portée du plus grand nombre. Il puise dans la diversité de la nature un répertoire illimité de formes et de couleurs. Dans le même esprit, il se passionne également pour le travail du bois. Il ouvre en 1884 un atelier d'ébénisterie où il fabrique en petites séries des meubles aux décors soignés qui se distinguent par des lignes sinueuses, mais toujours très fonctionnelles, rehaussées d'ornements végétaux en léger relief ou en marqueterie. Il utilise les veines du bois comme des éléments décoratifs naturels. Il creuse des moulures nerveuses dans les pieds des tables et des chaises pour figurer des tiges porteuses de fleurs ou de feuillages qui s'épanouissent aux angles de raccordement. Il fait également appel à la faune et découpe, par exemple, des panneaux en forme d'aile de papillon.

Lors de l'Exposition de 1889 à Paris, Gallé présente des modèles de meubles aux courbes élégantes et aux somptueuses marqueteries qui

Bureau et siège en bois incrusté de cuivre, d'ivoire et d'étain, création de Carlo Bugatti vers 1900. Ce décor foisonnant d'insectes, d'oiseaux et de plantes est typique des délires orientaux de cet artiste singulier.

répondent aux normes esthétiques de l'Art nouveau. Il fonde en 1901 « l'école de Nancy, alliance provinciale des industries d'art ». Promoteur du style nouveau, il souhaite conserver à ses créations une empreinte spécifiquement lorraine, en plein accord avec ses amis Louis Majorelle (1859-1926), Eugène Vallin (1856-1922) et les frères Daum. Ils veulent que soit abolie la distinction entre « arts majeurs » et « arts mineurs » pour instaurer une étroite collaboration entre l'art, la science et l'industrie.
Louis Majorelle, après une formation d'ébéniste à Paris, s'est installé à Nancy pour fonder une fabrique de meubles en s'inspirant des mêmes idéaux et des mêmes principes esthétiques qu'Émile Gallé. « Mon jardin est ma bibliothèque », dit-il. Ses meubles sont remarquables par leurs proportions élégantes et leurs marqueteries raffinées. Mais il veut avant tout leur donner un équilibre architectural orienté vers une finalité fonctionnelle. Il donne pour conseil aux artisans de s'assurer toujours que les lignes pourraient exister sans la décoration.
Architecte et décorateur, Eugène Vallin est également un virtuose du travail du bois. Il a réalisé des ensembles complets qui s'intègrent au décor intérieur. Dans le détail, son naturalisme est moins descriptif que celui de Gallé.
Victor Prouvé (1858-1943), à la mort de Gallé en 1904, devient président de l'école de Nancy mais, contrairement à ce qu'on a parfois prétendu, il ne prend aucune part à l'activité de la verrerie de Nancy dont la fabrication se banalise dans des productions industrielles. Peintre et décorateur, il dessine des modèles de marqueterie pour Gallé et Majorelle. Victor Prouvé, également sculpteur, relieur, orfèvre, couturier, est un artiste complet. Il poursuivra activement le combat pour l'« art social » après la disparition du maître verrier.
Très parisien, Georges De Feure (1868-1928), hollandais naturalisé français, réalise des meubles en frêne de Hongrie d'une élégance raffinée, ornés de motifs naturalistes. Il est également célèbre pour ses affiches où figurent des femmes-fleurs épanouies et rêveuses.
François Rupert Carabin (1862-1932) est un créateur de meubles particulièrement originaux. Il ne veut pas superposer l'ornement à la structure des meubles mais l'intégrer entièrement dans les lignes du bois. Comme il est avant tout sculpteur, ce sont des femmes d'une puissante anatomie qui forment les montants d'un buffet ou d'une bibliothèque. Une femme accroupie sert parfois de pied à un large fauteuil. Ces créatures sensuelles sont d'un tel réalisme que les meubles de Carabin seront interdits dans les salons officiels.
Les étonnantes floraisons de l'Art nouveau ne durent guère plus de dix ans, de 1897 à 1907 à peine, moins que le style rocaille le plus échevelé dont les excès ont provoqué la réaction néoclassique. Une fois de plus le style français des meubles va passer de la courbe à la droite.

1907-1930
Le style ART DÉCO

L'Art nouveau qu'on appelle au début du siècle le Modern Style, avec une ironie péjorative, ne verra même pas la grande exposition qui doit consacrer son triomphe. La Première Guerre mondiale remet tout en cause.

Le désir de renouvellement des arts décoratifs se manifeste alors par un courant novateur, déjà affirmé en Grande-Bretagne et à Vienne. En France, en réaction contre l'exubérance naturaliste, le décorateur-ensemblier Maurice Dufresne (1876-1955) dénonce « le maniérisme esthétique du style 1900 » et se déclare partisan d'un mobilier sans fioritures, véritablement fonctionnel. Il participe en 1902 à la Société des artistes décorateurs qui préconise l'utilisation des techniques industrielles dans tous les domaines des arts appliqués. Cette même année, l'Exposition internationale des arts décoratifs de Turin fait pâlir les glycines de l'Art nouveau. À l'exemple des fondateurs des *Wiener Werkstätte* (ateliers viennois d'ameublement artisanal), fondés en 1903 par Joseph Hoffmann et Kolo Moser, les novateurs qui se détachent de l'Art nouveau accordent une importance primordiale au choix des matériaux : bois exotiques tels que l'acajou, l'ébène de Macassar, le palissandre ou le palmier. Ils commencent aussi à introduire le verre et l'acier chromé dans leur production.

En 1907, la société des artistes décorateurs organise un salon en présentant des meubles qui n'ont déjà plus rien à voir avec les créations fleuries de l'Art nouveau. Trois ans plus tard, l'exposition de l'école de Munich révèle un nouveau style « moderne » de mobilier. Ce n'est plus du tout le *Modern Style* mais déjà une conception futuriste de la modernité. Au théâtre du Châtelet, le 18 mai 1917, le ballet *Parade* de Satie, Cocteau et Picasso annonce un nouveau phénomène esthétique. C'est l'heure du cubisme. Montparnasse a déjà supplanté Montmartre, avec la vogue du jazz et du charleston. Dans son roman qui fait scandale,

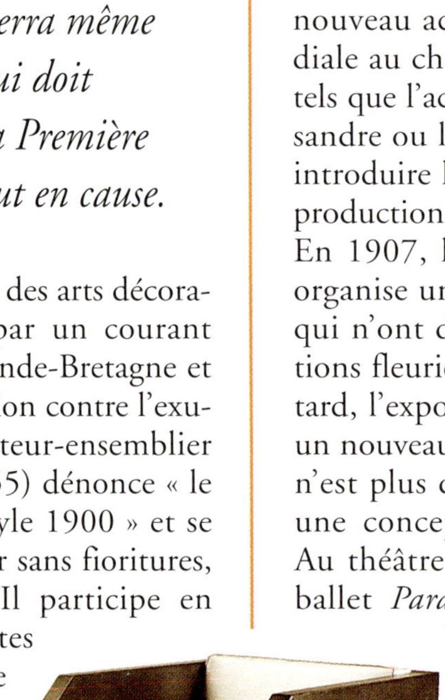

Fauteuil (d'une paire) en bois peint, œuvre de Joseph Hoffmann vers 1910. Ses côtés sont ornés de figures géométriques, de triangles et de carrés.

Commode en ébène de Macassar, gainée de galuchat et ornée d'anneaux et de filets d'ivoire, œuvre de Clément Rousseau vers 1925.

La Garçonne, Victor Margueritte décrit les aventures d'une femme aux cheveux coupés courts, qui s'est libérée du corset d'un autre siècle. L'esthétique nouvelle est déjà définie par la revue hollandaise *De Stijl* dirigée par un ébéniste de formation devenu décorateur, Thomas Rietveld. Ses recherches formelles le conduisent à construire dans l'espace des meubles composés de surfaces planes découpées mécaniquement grâce à des techniques industrielles peu coûteuses, et recouverts de couleurs primaires vivement contrastées. Cela donne le fauteuil *Rood-Blauwe* (Rouge-Bleu) qui, en 1919, s'impose par ses structures géométriques. De tels assemblages n'échappent pas à l'influence du peintre Piet Mondrian, qui, passé de la peinture figurative à l'abstraction, révolutionne l'art de peindre. C'est également à Rietveld que l'on doit le fauteuil en acier tubulaire à armature continue et la chaise zigzag, alors d'avant-garde, composée de simples panneaux orientés dans trois directions (voir page 140).

Table basse en ébène gainée de crocodile, plateau à motifs de galuchat, sabots en cristal. Œuvre originale de l'architecte Jean-Charles Moreux (1889-1958). Elle a les proportions d'un cube parfait : 42 x 42 x 42 cm.

L'ART DÉCO OU STYLE 1925

À partir de 1919, le centre expérimental du Bauhaus, fondé par Walter Gropius à Weimar, joue un rôle de premier plan dans l'évolution de l'architecture des arts appliqués, globalisés dans la même éthique.
Ces orientations se confirment avec éclat à l'Exposition internationale des arts décoratifs de 1925 à Paris, exposition qui, sans la Grande Guerre, aurait dû se tenir en 1915.
Dès l'après-guerre, les « concepteurs-ensembliers » jouent un rôle essentiel dans l'élaboration du mobilier et de son environnement décoratif. Ils interviennent auprès des ébénistes pour commander des modèles inédits qui n'évoquent ni les styles des siècles passés, ni les meubles de l'Art nouveau déjà relégués au magasin des accessoires.
Le règlement de l'Exposition des arts décoratifs précise que « seules les créations contemporaines ont le droit d'être exposées, à l'exclusion de toute copie de style ancien ».

Canapé de salon en bois redoré à la feuille d'or. Les montants latéraux forment une doucine se terminant par un enroulement. Ce meuble élégant porte l'estampille au fer d'Arnaud Rateau, vers 1930.

Méridienne, par Pierre Chareau, en bois laqué noir, dosseret en éventail à pans coupés. Vers 1923.

Lit "pirogue" en bois laqué estampillé André Arbus, sur une base en galuchat.

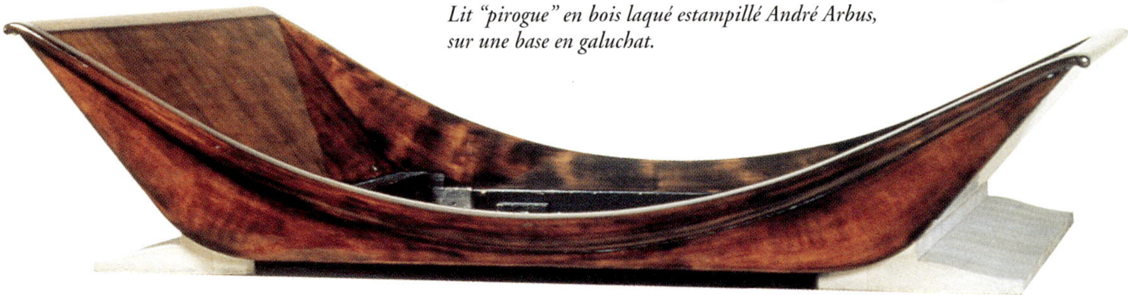

UN STYLE DE CRÉATEURS

Au Pavillon de l'Esprit nouveau, à l'exposition de 1925, l'architecte d'origine suisse Charles-Édouard Jeanneret, dit Le Corbusier (1887-1965), démontre magistralement comment les formes rationnelles de l'ameublement doivent s'adapter à l'architecture intérieure sans ornements inutiles. Il considère que le mobilier décoratif doit céder la place à l'équipement fonctionnel pour faire marcher la « machine à habiter » que sera la maison de l'avenir. Il met en pratique les théories de l'architecte autrichien Adolf Loos (1870-1933) qui, dans un livre polémique au titre provocant, *Ornement et Délit*, condamne toute enjolivure superflue : « Plus un peuple se cultive, dit ce promoteur du rationalisme fonctionnel, plus le décor disparaît. »

Meuble d'encoignure dit « état d'angle », estampillé J.-E. Ruhlmann, 1921. Porte ornée d'une marqueterie en ébène de Macassar et ivoire représentant une vasque fleurie.

Avant d'en arriver là, les meilleurs ébénistes de l'époque Art déco n'excluent pas les motifs stylisés qui accompagnent le mouvement des lignes. Le plus brillant des ornemanistes concepteurs est alors Jacques-Émile Ruhlmann (1879-1933) qui est déjà fait remarquer au Salon d'automne de 1913 comme créateur de meubles particulièrement luxueux. Il n'est pas ébéniste manuel mais il dessine tout, prévoit tout jusque dans les moindres détails, admirablement servi par une élite artisanale qui exécute ses projets d'après des tracés directeurs jusqu'à une impeccable finition. À partir de 1920, sous la raison sociale des Établissements Ruhlmann et Laurent (ERL), il édite et commercialise des meubles et des objets raffinés aux lignes géométriques. Ses meubles se distinguent par l'élégance des lignes rehaussées de filets d'ivoire, l'habillage des surfaces planes en maroquin, en parchemin ou en galuchat, par la sobriété des marqueteries et des incrustations de nacre ou d'écaille, par la discrétion des motifs stylisés. Mais les prix de revient élevés de cet art aristocratique impliquent une production relativement limitée : « La mode ne vient pas d'en bas, dit-il, créer coûte cher. » Ruhlmann pense que les meubles précieux deviendront des modèles pour une production industrielle à moindre coût. Mais la crise économique de 1929 lui sera fatale.

Les grands magasins jouent un rôle actif dans la diffusion du style Art déco, de même que l'atelier Martine fondé par le couturier Paul Poiret (1879-1944). Dirigé par Paul Follot (1877-1941), l'atelier Pomone au Bon-Marché édite des meubles luxueux en petites séries.

Secrétaire à cylindre en ébène de Macassar et ivoire, par Jacques-Émile Ruhlmann. Modèle créé en 1922 et commercialisé en 1928.

Meuble de rangement à six portes créé par Eugène Printz, en collaboration avec Jean Dunand pour le décor de dinanderie. (H : 44 cm ; L : 300 cm ; Prof. : 44 cm)

Bureau en laque noir et poignées d'ivoire, créé en 1922 par Eileen Gray pour le grand collectionneur Labourdette. (H : 75 cm ; L : 161 cm ; Prof. : 70 cm)

À partir des années 30, le style Art déco évolue vers un plus grand dépouillement, l'élimination des ornements superflus et la recherche d'un confort fonctionnel.
Francis Jourdain (1875-1958), fondateur en 1912 des Ateliers-Modernes, se soucie le premier des conditions d'habitation dans des appartements aux pièces de plus en plus petites : « On peut, dit-il, aménager très luxueusement une pièce en la démeublant, plutôt qu'en la meublant » (cité par Yvonne Brunhammer dans le catalogue de l'exposition du cinquantenaire de 1925). Francis Jourdain s'efforce de réaliser des meubles simples à la portée d'une clientèle populaire.
Architecte de formation, Robert Mallet-Stevens (1886-1945) est également décorateur et dessinateur de meubles aux lignes simples et aux couleurs franches, adaptés à l'architecture intérieure. Il est l'un des premiers concepteurs de meubles à utiliser les tubes métalliques, proposés dès 1925 par Breuer et Mies Van der Rohe.
Pierre Chareau (1883-1950) manifeste sa rigueur dans la production de meubles d'aspect architectural et dans l'aménagement d'espaces de rangement facilement accessibles. Ses bois de prédilection sont l'acajou, le palissandre, le thuya, le frêne et le sycomore. Il est également célèbre en tant qu'architecte pour la construction et l'aménagement de la « maison de verre » du Dr Dalsace, rue Saint-Guillaume (Paris, 6e).
René Herbst (1891-1982), fondateur en 1930 de l'Union des artistes modernes (UAF), professe un style épuré et sans ornements. Parfois critiqué pour sa froideur, il combine le bois et le métal, introduit dans l'ameublement les tubes d'acier nickelés et construit des meubles à structures entièrement métalliques.

Dessinateur industriel, Jean Prouvé (1901-1984), qui collabora parfois avec Ruhlmann, fabrique en série des sièges chromés et des meubles en tôle d'acier profilé servant de structures à des éléments en bois.
Le décorateur Marcel Coard (1889-1975) crée des modèles uniques, inspirés par les arts d'Orient et d'Afrique, des formes cubiques simplifiées, parfois habillées de feuilles de parchemin.
André Groult (1884-1967) fait également preuve d'originalité en s'écartant du style géométrique pour proposer des meubles aux contours galbés habillés de galuchat clair.
Armand-Albert Rateau (1882-1938), ancien élève de l'école Boulle, dessinateur et sculpteur, dirige une grande entreprise de décoration puis s'établit à son compte et réalise des installations intérieures pour une clientèle fortunée. Il est également créateur de meubles originaux et personnels inspirés des arts de l'Antiquité et de l'Orient. On lui doit notamment la décoration des appartements et des boutiques de Jeanne Lanvin.
Louis Süe (1875-1968) et André Mare (1887-1932) unissent leurs talents de peintre et d'architecte pour fonder en 1919 la *Compagnie des arts français* qui aborde tous les aspects de la décoration intérieure, des boutons de porte aux luminaires, des meubles aux rideaux.
Eugène Printz (1889-1948), fils d'un ébéniste du faubourg Saint-Antoine, fabrique en séries limitées des meubles raffinés mais avant tout fonctionnels. Il crée également des petits meubles gigognes ou formés d'éléments articulés qui offrent diverses possibilités d'utilisation.
Parmi les décorateurs, Jean Dunand se rend célèbre par ses laques. Initié par un maître laqueur japonais, il réalise pour des ébénistes, notamment Ruhlmann, des meubles aux surfaces laquées dans des couleurs somptueuses. Ses décors parfois rehaussés d'incrustations de nacre ou de coquille d'œuf s'inspirent souvent de l'art nègre, traité dans un esprit géométrique. L'État lui confie l'entière décoration de grands paquebots, dont le célèbre *Normandie* en 1932.

Cave à liqueurs formant bar, créée par J.-E. Ruhlmann en 1930. Ce meuble rare en ébène de Macassar est monté sur une paire de skis chromés.

Guéridon à trois plateaux en laque rouge à décor incrusté de carrés de nacre disposés en damier. Par Marcel Coard, 1930. (H :74,5 cm ; diamètre : 55 cm)

Bergère en noyer, à dossier en forme de gondole. Les accotoirs dits aux nautiles, se terminent en volutes sculptées. Siège réalisé par Paul Iribe (1883-1935).

1945-1970

Le FONCTIONNALISME

Suite logique d'une conception rationaliste de l'ameublement, le style Art déco se dépouille progressivement de ses ornements décoratifs. Après la Seconde Guerre mondiale, les meubles d'aspect géométrique se banalisent. L'élan des créateurs s'est perdu. De plus, les matières premières sont rationnées et font naître des meubles de substitution au style mal défini.

DE LA PÉNURIE AU MOBILIER INDUSTRIEL (1945-1970)

Après la guerre, il faut bien composer avec la pénurie pour tenter de ranimer le marché du meuble, d'autant que la demande se fait de plus en plus forte après cinq années de privations dans tous les domaines. L'occupation allemande a appris aux Français à se contenter d'ersatz. Les industriels de l'ameublement s'efforcent de produire des meubles utilitaires pour les petits budgets.

Si la IIIe République n'a pas marqué les arts domestiques, la IVe ne s'est pas distingué davantage. Dès à présent, nous pouvons considérer que la Ve République ne sera pas non plus donnée en référence pour désigner un style qui lui soit propre.

LES MATÉRIAUX

Le bois cesse d'être le matériau de base du mobilier. Le métal, qui se prête beaucoup mieux que le bois au façonnage des courbes, occupe, surtout pour les sièges, une place désormais prépondérante. Cela n'est d'ailleurs pas une innovation si l'on sait que, dès 1925, Marcel Breuer, avait eu l'audace d'introduire le tube de métal dans l'ameublement. En 1950, c'est le tube chromé qui devient l'ossature courante des principaux meubles, bien que les artisans du faubourg Saint-Antoine, empressés de répondre à la demande, continuent de travailler le bois. Ils ont d'ailleurs recours à de nouvelles machines qui le courbent et le compressent avec une étonnante docilité. Là aussi, les ébénistes viennois s'étaient montrés des précurseurs avec les sièges Thonet, faits de courbes et de contre-courbes, grâce à la technique du bois modulé à la vapeur.

Autre conséquence de la pénurie, les agglomérés et les lattes remplacent le bois massif, beaucoup plus coûteux. Un autre produit nouveau va s'associer au métal : la matière plastique. Venue des États-Unis, elle prend toutes les formes possibles : il suffit de la mouler en cours de fabrication dans les contours prévus au moment de la conception. Cette révolution technologique élimine le casse-tête des assemblages. Ce n'est pas tout, les fils plastiques tendus entre deux tubes de chrome donnent aux nouveaux sièges une confortable élasticité. On voit disparaître des terrasses de bistrot les chaises et les fauteuils en regretté rotin. La vogue du fil plastique est telle que les enfants s'amusent à le tresser pour en faire de menus objets, les scoubidous.

D'autres produits de synthèse sont employés pour les garnitures de sièges, comme les sangles de latex ou les mousses aérées, qui remplacent avantageusement les ressorts, ou encore les billes élastiques qui, enfermées dans un sac en similicuir, s'adaptent à la forme du corps en position assise ou couchée.

Les plastiques durs moulés à volonté peuvent aussi bien former un siège coquille qu'une table ou un bureau. La technique du moulage de ces matières nouvelles fait disparaître l'outillage traditionnel des ateliers d'ébénisterie.

Le verre entre également dans la construction des éléments mobiliers. L'augmentation de sa résistance permet de l'utiliser comme plateau de table posé sur des tréteaux métalliques. La glace qui peut être teintée sert également de porte, de table basse ou d'élément de bibliothèque. Enfin, les matériaux dérivés du verre acrylique, tels que l'Altuglas ou le Plexiglas, ajoutent à la transparence du verre l'avantage de mieux résister aux chocs et de prendre par moulage toutes les formes voulues.

LES MEUBLES

Dans l'agencement des meubles nouveaux, les concepteurs doivent aussi tenir compte des conditions de vie. Le souci d'économie tend à généraliser les modèles standard fabriqués en série. L'architecture des nouveaux logements tend elle-même à limiter le nombre des meubles traditionnels en offrant des recoins aménageables en penderies, des banquettes entre deux murs, des claustras, ces parois ajourées entre deux

Chaise longue réglable en métal tubulaire sur base en métal peinte en noir, réalisée en 1928 par Le Corbusier, Charlotte Perriand et Pierre Jeanneret. Elle est parfaitement représentative de « l'esprit nouveau » qui est l'une des sources du design international.

espaces qui permettent d'exposer des petits objets, ou encore des bars incorporés entre la cuisine et la pièce à vivre qui prend le nom de « living ». La maison devient véritablement une « machine à habiter », selon la prophétie de Le Corbusier.

C'est donc vers la recherche purement fonctionnelle liée au confort que les concepteurs de meubles vont s'orienter. La production du mobilier ne relève plus des ébénistes qui sont relégués à la restauration des meubles anciens, ni même des décorateurs-ensembliers dont le rôle semble un luxe périmé.

LA NAISSANCE DU DESIGN

La création de meubles d'où peut naître un style est désormais l'affaire des « designers ». Mais le sens du mot « design » mérite d'être précisé. À l'origine, il implique un projet, un dessein, selon son premier sens en français. Mais, passé en Grande-Bretagne au XIXe siècle, il se charge d'une autre signification, il devient un projet industriel en vue d'une production en série.

Le design est perçu en France comme un mouvement d'épuration des lignes du mobilier contemporain construit en série. Le design n'a pas de frontières. Le style des meubles s'internationalise en se simplifiant. On ne cherche plus l'effet décoratif dans l'ornement, mais la beauté sous la forme fonctionnelle.

Deux courants particulièrement féconds prennent naissance après-guerre, l'un en Scandinavie, l'autre en Italie. Dès 1950, les designers danois proposent un mobilier réalisé avec une grande économie de moyens, en utilisant les matériaux traditionnels en symbiose avec le métal et les matières plastiques.

Le design scandinave

L'architecte danois Arne Jacobsen (1902-1971), façonne des sièges en suivant la ligne organique du corps humain. Sa chaise de cantine baptisée la « fourmi » comporte un siège en bois moulé supporté par trois pieds en tubes chromés. Facile à déplacer et à empiler, son dossier dessine dans l'espace une élégante ellipse. Ses fauteuils œuf et cygne montés sur piètement d'aluminium ont également une grande allure.

Les Finlandais Eero Saarinen (1910-1961) et Charles Eames (1907-1978) se sont rendus célèbres aux États-Unis pendant la guerre en créant des sièges révolutionnaires où le bâti de bois est remplacé par une coque en contreplaqué courbe.

L'architecte et décorateur finlandais Abvar Aalto (1898-1976) s'inspire des traditions populaires et reste fidèle au bois, mais il lui donne des formes souples et fonctionnelles en utilisant la technique du lamellé-collé.

Le design italien

En Italie, la grave crise économique qui suit la guerre stimule la création de prototypes destinés à la production massive, en rupture avec l'ébénisterie traditionnelle.

L'architecte Gio Ponti (1891-1979) dessine des sièges d'une pureté de ligne remarquable.

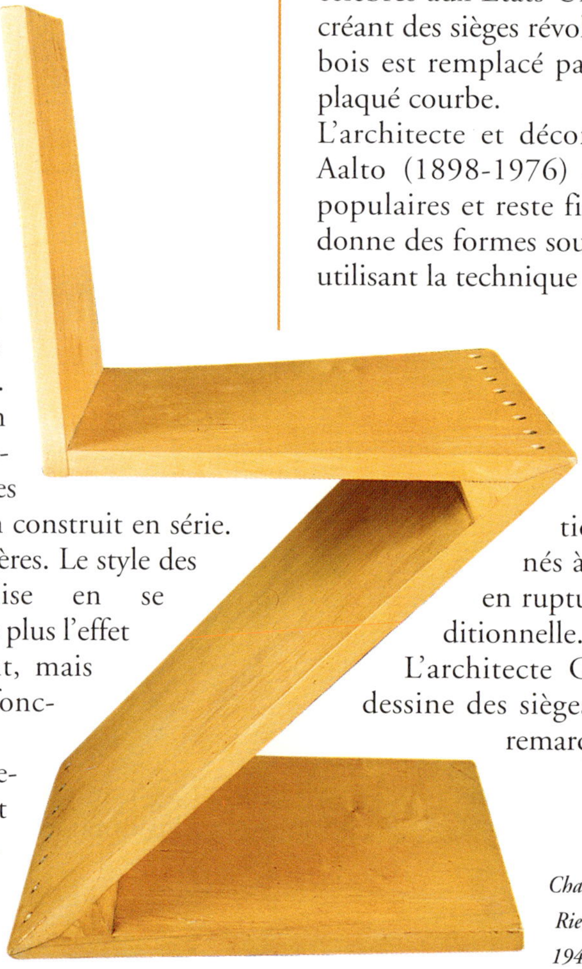

Chaise en hêtre conçue par Gerrit Rietveld en 1934 et commercialisée en 1940 (H : 75 cm).

Franco Abini se fait le propagandiste du minimalisme en architecture et, dans l'ameublement, il préconise l'« essentialisme », une conception venue du design automobile.
Carlo Mollino utilise des bois vernis qu'il courbe presque aux formes les plus baroques en les combinant avec des housses remplies de mousse.
Ettore Sottsass, (né en 1917), fils d'architecte et lui-même architecte, se fait embaucher en 1958 par la firme Olivetti puis il entre au groupe de recherches fonctionnalistes Alchimia, fondé à Milan en 1976.

LA RÉMINISCENCE ÉTOUFFE LE DESIGN (1970-1980)

Le design à la française

En France, les styles design gagnent difficilement du terrain. Les artisans du meuble n'utilisent les moyens mécaniques dont ils disposent que pour fabriquer des copies industrielles inspirées du passé. Les vitrines du faubourg Saint-Antoine, reflet du goût des Français de classe moyenne, sont remplies de salles à manger Louis XV (qui n'ont jamais existé !), de lits Louis XVI et de bureaux Empire. Les bois dorés rocaille ont pris le relais des buffets Henri II de la fin du XIXe siècle. Les trois quarts de la production française de meubles restent consacrés à des copies de style. Compte tenu du marché de la brocante et des antiquités, plus actif que jamais, la part des créations contemporaines est réduite à des prototypes rarement commercialisés. Le goût conservateur de la réminiscence étouffe la novation.
Conscients du danger d'un tel appauvrissement, les industriels français de l'ameublement soutenus par les ministères de l'Industrie et de la Culture créent, en 1979, une association destinée à la « Valorisation pour l'innovation dans l'ameublement » (VIA). Par des appels, des concours, des « cartes blanches » offertes à des dessinateurs de prototypes, VIA encourage la création d'un mobilier réellement contemporain. Ses initiatives favorisent la formation d'un style design à la française capable de rivaliser avec les grands concepteurs américains, scandinaves et italiens.
Stimulé de son côté par des commandes du Mobilier national, André Arbus, (1903-1969), architecte et sculpteur, s'efforce de concilier la tradition des structures rationnelles et des placages de bois précieux ornés de bronze, d'incrustations d'argent, de parchemin, de laque, d'ivoire et d'écaille. Ses meubles sont d'une élégance classique et d'une finition impeccable. Jean Royère, déjà connu comme le décorateur des années 30, réalise après-guerre des modèles de meubles originaux aux lignes dépouillées. Il entrelace avec souplesse l'acier étiré et la tôle perforée aux courbes élégantes.
Jean-Charles Moreux (1889-1958) reste dans la meilleure tradition Art déco. Ses meubles en bois massif sont bien charpentés et puissamment sculptés.
Équilibrés et raffinés, ses meubles de conception cubiste sont rehaussés d'ivoire, d'ébène, de cristal, parfois gainés de parchemin, de galuchat, de crocodile. Dans

Fauteuil en contre-plaqué courbé réalisé en 1950 par Carlo Mollino (1905-1975). Architecte et dessinateur de mode, il a exercé une influence importante sur les designers italiens et français.

cette lignée de décorateurs néoclassiques influencés par Ruhlmann, on retiendra les noms d'Emilio Terry, d'origine irlandaise et fixé à Paris, Lucien Rollin et Jacques Quinet, créateurs de meubles raffinés en bois précieux habillés de couleurs harmonieuses.

Architecte de formation, Jacques Adnet (1900-1984) crée des ensembles de meubles de structures linéaires. À la fois classique et novateur, il utilise le métal et le verre, puis revient aux bois clairs pour réaliser des meubles aux lignes épurées dépourvues d'ornements.

Jean Prouvé (1901-1984), fils de Victor Prouvé, l'un des fondateurs de l'école de Nancy, dessine des prototypes de meubles en tôle d'acier bientôt réalisés en grande série.

Charlotte Perriand (née en 1903), formée à l'école de Le Corbusier, considère le meuble comme une partie de l'équipement de la maison. Elle est également créatrice de nombreux modèles fonctionnels à structures métalliques. En collaboration avec Jean Prouvé, elle réalise des équipements mobiliers pour des collectivités.

Olivier Mourgue (né en 1939), influencé par les créateurs scandinaves d'après-guerre, est résolument fonctionnaliste. Il utilise des mousses de polyester recouvertes de tissus aux couleurs vives qui dissimulent des structures d'acier. La firme *Airborne* commercialise la plupart de ses modèles de sièges qui séduisent par la pureté de leurs lignes souples. Son frère cadet, Pascal Mourgue (né en 1942), est lui aussi très inventif. Ses sièges montés sur de fines armatures de métal avec pour assise un disque chromé se déclinent en une série baptisée « Lune d'argent » qui lui vaut le premier prix de la fondation Cartier, en 1985. Se détachant des designers fonctionnalistes, Pierre Paulin (né en 1927) s'efforce de faire la synthèse entre techniques nouvelles et création artistique inspirée. Il réussit à créer un style confortable, très personnel, égayé par la vivacité des couleurs.

Jean-Michel Wilmotte (né en 1948) ouvre à Paris en 1975 un bureau d'études très actif. Il préconise la symétrie, l'austérité et l'efficacité. Ses meubles aux lignes épurées confirment harmonieusement la solidité des métaux et la chaleur des bois. Il fournit en meubles bien dessinés l'ambassade de France à Washington, les appartements présidentiels de l'Élysée et le Grand Louvre.

Console en fer forgé "néo-classique", dorée à la feuille d'or 18 carats. Dessus de marbre brèche du Languedoc. Créé en 1946 par Gilbert Poillerat (1902-1988), ferronnier, décorateur et orfèvre.

Guéridon serti d'aluminium à piètement démontable, en tôle d'acier pliée, par Jean Prouvé, 1951.

Cartonnier en merisier américain à six tiroirs surmontés d'un grand casier. Modèle Miléna.

Le sculpteur Arman (né en 1928) fait éditer quelques meubles, notamment le fauteuil « tatami » d'armature métallique tendue de toile et des tables basses dont le plateau de verre est soutenu par des rivlons en bronze enchevêtrés.
André Bluc, architecte et sculpteur, dessine de nombreux modèles de meubles d'aspect sculptural. Sa réussite la plus originale est une chaise en contre-plaqué dont les surfaces incurvées sans discontinuité découpent l'espace comme une sculpture.
Parmi les meilleurs créateurs de meubles en bronze, Diego Giacometti (1902-1985), le frère du célèbre sculpteur Alberto, réalise des fauteuils, des tables basses, des meubles de jardin dont les bronzes savamment assemblés sont souvent ornés d'éléments végétaux ou de têtes d'animaux. Autant de « meubles sculptures » très appréciés des collectionneurs.
Toutefois, ces tentatives isolées sont trop disparates pour qu'il s'en dégage un style caractérisé. L'ensemble de la production, au cours des années 70, reste d'une monotonie dominée par un fonctionnalisme fait de tubes métalliques et de matières plastiques qui finit par provoquer un effet de lassitude.

FIN DE SIÈCLE

Dans les années 80, la politique d'incitation menée par VIA commence à porter ses fruits. Une nouvelle génération de créateurs français de meubles originaux montre qu'elle est en mesure de rivaliser avec les grands designers étrangers.
Parmi les plus doués Philippe Starck (né en 1949), qui a d'ailleurs bénéficié d'une « carte blanche » du VIA, se fait connaître par des sièges pliants et empilables, des fauteuils en contre-plaqué courbé, des tables démontables en tube d'acier, aluminium et verre, des bibliothèques à armature en tôle d'acier époxy et autres modèles d'imagination mais toujours équilibrés. C'est à lui que s'adresse le président François Mitterrand pour les meubles de ses appartements privés à l'Élysée, ce qui renforce sa notoriété déjà solidement établie. Xavier Mategot (né en 1956), fils de Mathieu Mategot, célèbre pour ses cartons de tapisserie, est lui-même architecte de formation. Encouragé par le VIA, il réalise des meubles en tôle d'acier et bois moulé, des buffets en plaques d'aluminium également associé au bois. Une de ses plus belles réussites, est le fauteuil « XM3 » formé de tubes d'acier qui soutiennent une assise en contre-plaqué dont le prolongement effilé sert de troisième pied (label VIA, 1986).
Styliste de mode, Élisabeth Garouste (née en 1949) s'est associée en 1980 à Mattia Bonetti, décorateur de théâtre d'origine suisse. Leur production de meubles en séries limitées sort du design traditionnel en attirant l'œil par des décors insolites. Sous un aspect parfois baroque, leurs meubles sont pourtant équilibrés et fonctionnels. La chaise « barbare » en fer battu est recouverte de peau de vache tendue entre des montants coiffés de deux petites cornes, évocatrices des casques gaulois.

L'EXPLOSION DES ANNÉES 80

Les années 80 sont marquées par des créations exubérantes dont il est encore difficile de mesurer la portée.
Andrea Branzi (né à Florence en 1938), architecte de formation, s'élève dans de nom-

breux articles contre la production industrielle en série et préconise le retour à la fabrication artisanale. Son influence se fait sentir à l'École supérieure de design de Paris où il est chargé de cours.
Olivier Gagnère (né en 1952) participe au groupe Memphis en 1981 avant de se lancer pour son compte dans la réalisation de meubles en chêne massif ornés de bronzes dorés. Il combine le stratifié et les structures métalliques pour réaliser des meubles originaux édités en petites séries.
Marco de Gueltzel (1958-1992) a travaillé le fer, le laiton, le verre et les matériaux de récupération pour créer des meubles aux formes parfois délirantes, enserrés dans des fils métalliques entrecroisés.
Éric Schmitt (né en 1955) se fait connaître en exposant au VIA une chaise prototype en fer

Secrétaire à pupitre en acajou massif et marqueterie à motifs géométriques, créé par Guy de Rougemont.

L'AVENTURE MEMPHIS

Le désir de formes nouvelles donne naissance au style Memphis. Le couturier très parisien Karl Lagerfeld, se déclare séduit par cet exercice de style qui, dit-il, « représente les années 80 », comme rien ne représente mieux les années 20 que l'Art déco. Le nom de Memphis est né d'une soirée chez Ettore Sottsass où l'on passait un disque de Bob Dylan rythmé par ses mots : « The Memphis Blues Again ». C'est ainsi que Sottsass décida de donner le nom de la capitale des pharaons à la formule esthétique qu'il recherchait alors.
Fondé à Milan en 1980, le groupe Memphis rassemble autour d'Ettore Sottsass des jeunes artistes et architectes italiens notamment Marco Zanini et Michele De Lucchi, un Anglais, George Sowden, et deux Françaises, Martine Bedin et Nathalie du Pasquier.
Tous sont décidés à créer un style international en réaction contre le design conventionnel. Leurs productions sont diffusées par la société Memphis à Milan, qui édite en petites séries les modèles les plus réussis. Ce style se caractérise par des meubles et objets à géométrie variable animés de décors bariolés.

forgé à haut dossier ajouré, baptisée « haricot ». Ses sièges à piètement filiforme en fer forgé d'esprit baroque sont édités en petit nombre. Ils feront sans doute la joie des collectionneurs d'après l'an 2000.
Enfin, deux architectes français de réputation internationale emploient leurs talents exceptionnels à la réalisation de meubles d'une rigoureuse beauté fonctionnelle. Il s'agit de Jean Nouvel et de Christian de Portzamparc.
Jean Nouvel, né en 1945, rendu célèbre par la construction de l'Institut du monde arabe en bordure de Seine et par son projet de « Tour sans fin » pour le quartier de la Défense, a reçu carte blanche du VIA pour un ensemble de prototypes modulables et extensibles en tôle d'aluminium commandés

mécaniquement. Christian de Portzamparc, né en 1944, fait éditer en association avec sa femme Élisabeth des meubles d'une grande pureté de ligne, en bois et en métal, revêtus de couleurs harmonieuses. Ses sièges du café Beaubourg, près du Centre Pompidou, en hêtre teinté acajou, aux accoudoirs évasés et perforés sont une réussite exemplaire. Ses sièges et meubles de rangement s'intègrent parfaitement dans ses grandes réalisations architecturales.

Tous les artistes de la fin de ce siècle qui participent à l'explosion des années 80, en réaction contre la banalité du design industriel, sont doués de talents trop personnels pour qu'il s'en dégage un style collectif. Mais il n'est pas exclu que, dans l'avenir, cette diversité soit reconnue comme un signe des temps qui finira par prendre sa place dans l'histoire des styles.

Fauteuil baptisé « Le Tournesol » en velours et satin (1988), créé par Yves Martenot, dont certains meubles sont entrés dans les collections du Brooklyn Museum de New York.

Commode Kawakubo, créée par Garouste et Bonetti en 1994. Intérieur en sycomore, tiroirs à roulements, accessoires dorés à la feuille d'or, poignées et piètement en bronze doré.

Les Meubles de L'AN 2000

S'il est difficile de définir le style de cette fin du XXe siècle, il est intéressant de noter qu'un confort fonctionnaliste s'est mondialement imposé. On peut parler aujourd'hui d'un style planétaire !

Le XXe siècle, qui avait commencé dans les volutes de l'Art nouveau, s'achève dans la rigueur des lignes, ultime héritage de l'Art déco, le dernier des grands styles français bien caractérisé. Mais les ornements sont aujourd'hui jugés superflus, à moins qu'ils ne possèdent un caractère fonctionnel comme une plaque d'entrée de serrure, ou un sabot en métal protecteur des pieds. Ce que les Français semblent apprécier dans le design fonctionnaliste, ce sont les lignes pures à condition que soient confortablement assurées toutes les fonctions de la machine humaine dans sa « machine à habiter » : dormir, manger, ranger. Au siège d'assumer la fonction assise, d'une importance primordiale aussi bien pour prendre ses repas que pour travailler au clavier de son ordinateur ou se détendre en regardant la télévision.

Comme nous l'avons vu avec les siècles passés, les chaises et les fauteuils sont les meubles qui expriment avec le plus d'évidence l'esprit même d'un style. Le Corbusier avait vu juste et sa fameuse chaise longue, créée en collaboration avec Charlotte Perriand, est d'une beauté fonctionnelle si accomplie que, plus de soixante ans après sa création, elle paraît encore d'avant-garde. Dans la logique de Le Corbusier, le mobilier devient équipement et les meubles tendent à se réduire à quelques modèles standardisés.

Depuis vingt ans, la France se « démeuble » (1). Toutefois, l'homme a besoin aussi de quelques fantaisies décoratives, ce qui pour l'avenir laisse le champ libre à d'autres styles.

Par ailleurs, la volonté de vivre avec son temps n'exclut pas les acquisitions des siècles passés. Le goût pour les beaux meubles anciens garde toujours ses nostalgiques, même si l'imitation des styles historiques précédents ne peut constituer une référence esthétique. Il n'empêche que l'évolution du design a conduit certains concepteurs de meubles à transcender leur aspect purement fonctionnel pour en faire l'expression d'une volonté artistique.

Les designers esthéticiens éprouvent le besoin de délivrer un message artistique en réaction contre le minimalisme fonctionnel. L'équilibre des lignes, des formes, des volumes et

(1) Selon une enquête de Francoscopie, depuis 1975, les Français achètent de moins en moins de meubles.

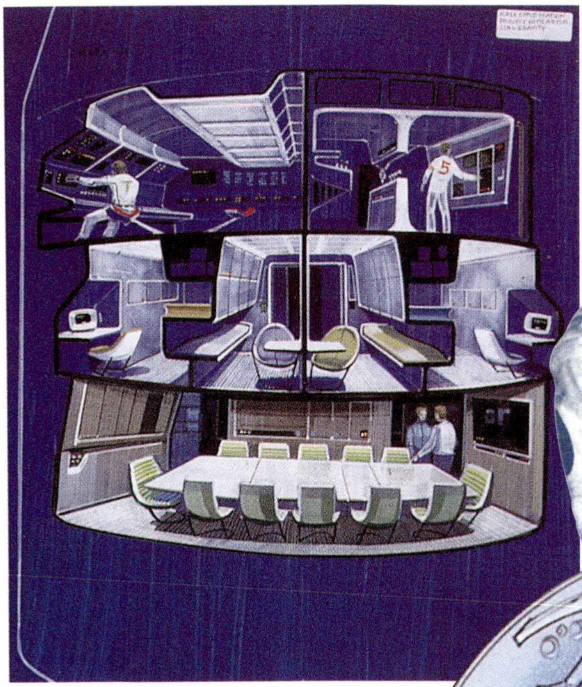

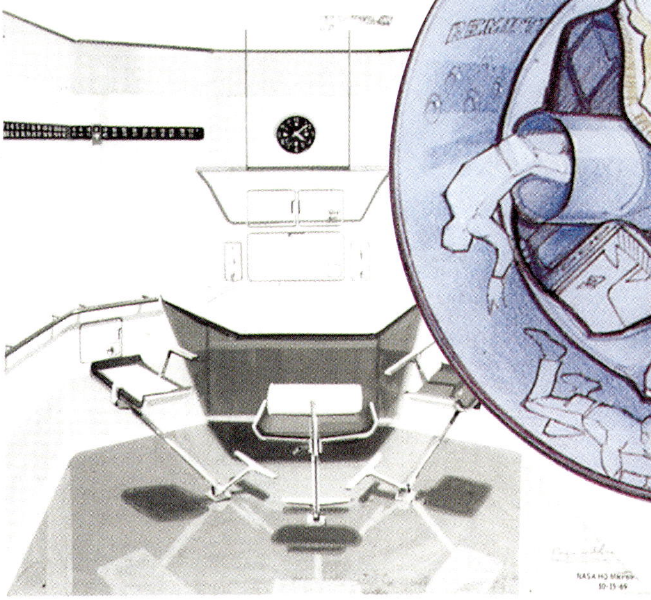

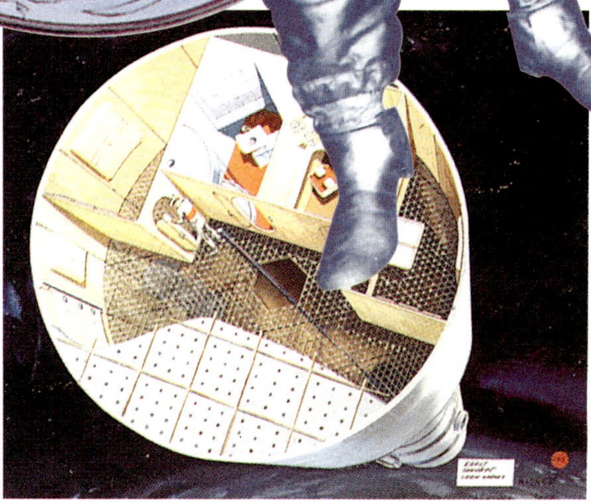

Raymond Loewy en tenue de cosmonaute de la NASA, et entouré de gouaches et de dessins réalisés pour l'agence spatiale américaine.

À gauche : aménagement d'un habitacle de cosmonaute, projet signé Raymond Loewy avec le cachet de la NASA.

Au centre : étude d'un espace sphérique de sommeil et de travail.

En bas, à droite : cabine de pilotage d'une fusée vue en coupe.

des couleurs finit par dégager, dans la dernière décennie du XXe siècle, une certaine forme d'esprit qui est plutôt une attitude devant les problèmes esthétiques qu'un véritable style homogène. Le mouvement s'accompagne d'un retour à l'emploi du bois sous toutes ses formes, désormais associé au métal. Le goût des Français pour le bois se manifeste d'ailleurs par la cote dont bénéficie toujours les meubles anciens, authentiques ou même « de style ». En vente publique cependant, les designers contemporains commencent à obtenir des cotes élevées, notamment pour deux catégories de créations : le mobilier d'architectes, représenté par Jacques Adnet, Jean Prouvé, Xavier Mategot ou Monique Arnal et le mobilier d'artistes avec les signatures d'Alexandre Noll, Diego Giacometti, Calder ou Arman. Les premiers s'inspirent d'une vision structurale du mobilier. Ils sont d'ailleurs souvent dessinés par des designers qui ont reçu une formation d'architecte. Les seconds sont plus intuitifs et portent la marque personnelle des créateurs de forme.

Le fait qu'à la Biennale des antiquaires à Paris, en 1996, les œuvres des designers contemporains aient été pour la première fois reconnues comme des « antiquités » est significatif. Le mérite en revient notamment à la galerie Yves Gastou, ardent promoteur des créations contemporaines.

Rappelons qu'à la première Biennale, en 1960, seules étaient admises les « antiquités de plus de cent ans d'âge », conformément à la législation française.

Le succès relatif des meubles-sculptures répond au désir d'amateurs éclairés qui leur donnent une place de choix dans leur espace habitable, au même titre qu'une œuvre d'art. Cette tendance esthéticienne ne s'inscrit-elle pas dans la meilleure tradition française qui sait apprécier la beauté des formes aussi bien pour leur réussite fonctionnelle que pour l'élégance de leurs lignes ? Les amateurs qui, sous Louis XV, choisissaient un modèle de meuble plutôt qu'un autre et un ébéniste plutôt qu'un autre faisaient de l'esthétisme sans le savoir, comme monsieur Jourdain de la prose.

Le design fonctionnel est un art minimaliste. C'est en voulant aller au-delà de la seule fonction utilitaire que les meilleurs designers ont su faire reconnaître leur talent.

Les dernières années du XXe siècle apparaissent encore comme une période d'incertitude et d'interrogation. Comment répondre au goût mal défini d'une clientèle de « consommateurs » qui, pour se meubler, se contente de modes passagères, voir des derniers snobismes ? En dehors des créations originales qui ont souvent un caractère de prototype. La seule tendance que l'on puisse retenir sur le marché du mobilier commercial courant est la recherche de petits formats faciles à placer dans des appartements étroits. Les meubles et les sièges issus du design industriel sont souvent interchangeables d'une pièce à l'autre, passant du living aux chambres comme de simples objets utilitaires sans intérêt décoratif. À titre d'exemple, un fauteuil présenté au Salon du meuble en 1996 mesure 72 centimètres de large, il est entièrement déhoussable et comporte en ses flancs des poches à journaux, son piètement est un pouf à roulettes qui sert à allonger les jambes ou peut se détacher comme siège d'appoint. Au faubourg Saint-Antoine, en cette fin de siècle, le « revival » reste tenace : les meubles les plus vendus sont toujours des copies de styles Louis XV ou Louis XVI tandis que les meubles design ne représentent que 15 à 20 % du marché.

Il n'est évidemment pas question de remettre en cause le confort fonctionnaliste qui s'est mondialement imposé. Les meubles ont perdu toute identité nationale. En s'universalisant, le style des meubles tend à s'uniformiser. Mais les modèles qui resteront comme les témoins les plus représentatifs de notre temps s'élèveront au-dessus de la production en série par ce signe distinctif subtil et indéfinissable qu'on appelle la beauté. Cependant, une autre tentative dangereuse guette certains créateurs de meubles, c'est de faire passer la recherche d'originalité décorative avant la nécessité du confort fonctionnel. Trop souvent, le mauvais emploi de certains matériaux modernes mal agencés invite à quitter rapidement la position assise, faute d'y trouver un confort suffisant. Alors qu'un bon siège XVIIIe dont les proportions sont plus calculées qu'on ne pourrait le croire nous fait souvent apprécier le bonheur d'être bien assis.

Les recherches spatiales conduisent nécessairement à un strict respect des positions physiologiques élémentaires. Les contraintes de l'apesanteur imposent une nouvelle conception du meuble qui, au XXIe siècle, ne sera pas sans effet sur le confort quotidien des frères humains restés sur la Terre.

En 1967, la Nasa a engagé Raymond Loewy (1893-1986) comme « consultant d'habitabilité ». Ce grand designer français de réputation internationale avait aussi pour mission d'assurer la sécurité psychophysiologique et le confort des astronautes. Il a dessiné de nombreux modules destinés notamment à la cabine de pilotage d'une fusée, ainsi que des chaises, des fauteuils, des consoles et des couchettes susceptibles de s'intégrer dans divers habitacles spatiaux. Il est permis d'imaginer que les créateurs de meubles du XXIe siècle auront à résoudre les mêmes problèmes de confort dans un espace restreint.

Mais sans doute les utilisateurs éventuels de ces meubles futuristes souhaiteront-ils, au-delà du confort et de la sécurité psychophysiologique, un petit plus esthétique que sauront leur donner, n'en doutons pas, des artistes imaginatifs sans qui le style planétaire serait d'une uniformité désespérante.

De nouvelles explorations dans l'espace permettront vraisemblablement de découvrir des matériaux inconnus qui se prêteront à des combinaisons inédites de formes et de couleurs. Et sur le socle des siècles passés, des créateurs inspirés feront à leur tour naître de nouveaux styles. En attendant le passage du style planétaire au style interplanétaire !

Table "étoile" à plateau en caoutchouc, à motifs polychromes d'étoiles et de comètes, sur piètement en bois (85 cm x 53 cm). Créée par Christophe Beauséjour, Emmanuelle Racine et Sophie Roberty, Paris 1995.

TABLEAU DE SYNT

STYLES	DATES	INFLUENCES ET TENDANCES	BOIS
Roman. Cistercien.	X^{e}-XIe s. XIIe-XIIIe s.	Héritage gallo-romain. Inspiration architecturale : arc en plein cintre. Sculptures sobres en plein chêne.	Chêne.
Gothique	XIIIe s. XVe s.	Eglises et Cathédrales. Arcs brisés. Sculptures abondantes (à orbevoie et à claire-voie).	Chêne.
Renaissance	XVIe s. François Ier (1515-1547) Henri II (1547-1559)	Italie. Redécouverte des antiquités gréco-romaines. Le noyer se substitue au chêne.	Chêne et noyer.
Louis XIII	1610-1643	Espagne. Lignes rigoureuses. Esprit austère. Pratique du tournage pour les pieds des meubles.	Chêne, noyer, chataignier.
Louis XIV	1661-1715	Espagne et Flandres. Volonté d'éblouir. Rigueur géométrique. Motifs symétriques. Marqueteries d'André Charles Boulle (écaille et cuivre).	Chêne, noyer, ébène, tilleul.
Régence	1715-1723	Assouplissement des lignes (amorcé des 1700). Maintien de la symétrie. Recul des accotoirs.	Chêne, noyer, hêtre, placages d'amarante, apparition de l'acajou.
Louis XV	1723-1774	Courbes et contre-courbes, règne de l'asymétrie. Expansion du style rocaille (jusqu'en 1750). Innovation, créativité, perfection d'exécution. Estampille obligatoire (à partir 1751).	Chêne, sapin, hêtre, bois des iles (acajou, bois de rose, bois de violette, palissandre).
Transition	1755-1770	Redressement des lignes, style à la grecque. Influence de Madame de Pompadour.	Mêmes bois que le Louis XV.
Louis XVI	1774-1791	Antiquité néo-classique. Style à la grecque puis à l'étrusque. Structures géométriques. Symétrie généralisée. Elégance des lignes. Influence de Marie-Antoinette.	Chêne, hêtre, noyer, acajou, ébène, bois exotiques, bois peints.
Directoire	1795-1799	Antiquité gréco-romaine. Campagne d'Égypte (1798-1801).	Noyer, bois peints, acajou, bois fruitiers.
Consulat	1799-1804	Style étrusque, antiquités égyptiennes. Influence de Georges Jacob et ses fils.	Noyer, hêtre, acajou, bois peints.
Empire	1804-1815	Style architectural. Influence de Percier et Fontaine. Style pompeux. Tendance à la lourdeur. Lignes droites. Angles vifs.	Acajou (jusqu'en 1808) noyer, érable, citronnier, loupe d'orme.
Restauration	1815-1824	Retour aux emblèmes monarchiques. Arrondissement des angles.	Érable, citronnier, loupe d'orme, amarante.
Charles X	1824-1830	Style néo-gothique (troubadour). Lignes assouplies. Influence de la Duchesse de Berry.	Bois clair à incrustations, amarante.
Louis-Philippe	1830-1848	Mécanisation de l'outillage. Recherche du confort. Règne des tapissiers et des capitons.	Acajou, érable, merisier, lo d'orme, noyer, palissandre.
Napoléon III	1852-1870	Règne du pastiche, style Louis XVI à l'impératrice. Copies serviles ou interprétations outrées. Éclectisme.	Ébène, poirier noirci, papier mâché, palissandre, pitchpin, bambou.
Art nouveau (Modern Style)	1880-1910	Réaction contre l'éclectisme. Retour au naturalisme. Influences symboliste et japonisante. École de Nancy (1901).	Chêne, acajou, palissandre, noyer, citronnier.
Art Déco	1907-1930	Esprit nouveau (Le Corbusier). École de Glasgow. Cubisme. Art Nègre. Structures géométriques. Style paquebot.	Palissandre, acajou, sycom ébène de Macassar, loupe d'orme, loupe d'amboine.
Fonctionnalisme	1945-1970	Les designers remplacent les ébénistes. Styles scandinave et italiens. Internationalisation des styles.	Contre-plaqué, lamellé coll agglomérés, matériaux nouveaux (métal, plastique

HÈSE DES STYLES

MEUBLES REPRESENTATIFS	ORNEMENTS PRINCIPAUX
›ffres, bancs, armoires (Aubazine).	Chapiteaux sculptés. Fleurs stylisées, dents de loups, damiers.
›ffres, chaires (chayères), crédences, dressoirs, lutrins.	Ogives, rosaces, plis de serviettes, fleurons, pinacles.
ıbles à l'italienne, coffres, buffets, crédences, chaises à bras (1550), aises à tenailles, caquetoires.	Pilastres, colonnes, plumes, rinceaux, acanthes.
ıbles et sièges à pieds tournés, cabinets, lits à baldaquin.	Pointes de diamant, chevrons, pieds en chapelet ou en spirale.
ıeubles d'argent (jusqu'en 1689), cabinets, consoles en bois doré, ands fauteuils à entretoise, bureaux plats, bureaux Mazarin, s à la duchesse. Naissance de la commode.	Motifs antiquisants, passementeries, bois dorés, bronzes dorés, médaillons. Décors à la Berain.
ommodes tombeaux, bureaux plats, sièges cannés, canapés.	Palmettes, coquilles, motifs symétriques, espagnolettes.
ommodes à deux ou trois tiroirs, consoles, bergères (1725), briolets, encoignures, bureaux plats, à dos d'âne ou à cylindre, crétaires, tables à jeu, bonheur du jour.	Marqueteries, laques, bronzes déchiquetés, chinoiseries, placages d'acajou, vernis Martin.
ıêmes meubles que pour le style Louis XV.	Bronzes rectilignes, porcelaines enchâssées, décors à la grecque.
ommodes, consoles, bureaux plats, secrétaires à abattant et cylindre, tables bouillotes, tables de salle à manger, bles à la Tronchin, coiffeuses. Tous modèles de sièges.	Cannelures, rubans, rais de coeurs, perles, entrelacs, médaillons, galeries de cuivre, lyres, trophées, paniers de fleurs, urnes, plaques de porcelaine. Motifs au ballon (1783-1788).
ous modèles antérieurs. Psyché, athénienne.	Urnes, palmettes, sphinx, stries, victoires ailées, flèches, losanges, écussons.
ous modèles antérieurs. Somno, fauteuils curule.	Motifs égyptiens, *klaft*, palmettes, frontons triangulaires, griffes de lion.
ous meubles antérieurs. Somno, méridiennes, lavabos, s bateau, bureaux à caissons.	Victoires ailées, sphinx, aigles, abeilles, lions, palmettes, étoiles, cariatides, couronnes, épées.
ous meubles antérieurs. Sièges gondole, tables à ouvrage.	Fleurs de lys, cols de cygne.
uéridons, consoles, fauteuils voltaire, meubles à la cathédrale.	Disparition des bronzes. Motifs incrusté, lyres, dossiers en gondole.
ous les modèles Charles X. Fauteuils crapaud, mmodes à doucine, lits en rouleau, armoires à glace, jardinières.	Palmettes, acanthes, angles en doucine, dossiers à croisillons.
ous les styles antérieurs. Guéridons, buffets Henri II, nfidents, indiscrets, bornes, poufs, fauteuils crapaud.	Incrustations de nacre (burgau), bois dorés, bouquets peints, marqueteries d'après Boulle. Néo-rocaille.
ıbles, tables gigognes, bureaux, vitrines, lits.	Décor végétal : feuillages, plantes aquatiques. Libellules, volutes et arabesques. Corps féminins.
rmoires à glace, coiffeuses, commodes, lits, divans, bars, fauteuils.	Décors géométriques, fleurs stylisées, incrustations d'ivoire, habillages de galuchat et de parchemin.
ous les types de meubles et de sièges. leubles d'architectes.	Élimination de tout ornement inutile. Formes épurées, adaptées à la fonction.

LES STYLES DES MI

RÉGIONS	CARACTÉRISTIQUES MAJEURES	INFLUENCES	BOIS
Alsace : Haut-Rhin, Bas-Rhin.	Constructions charpentées, formes massives, pieds divergents, sculptures abondantes, meubles peints.	Traditions germaniques, Renaissance italienne, style baroque, style français du XVIIIe siècle.	Chêne, noyer, pin, sapin, merisier.
Lorraine : Meuse, Moselle, Meurthe-et-Moselle, Vosges.	Meubles rectilignes, netteté des contours, moulures harmonieuses, ornements sobres.	Champagne, styles Louis XIII à Louis XVI	chêne, noyer, cerisier
Champagne-Ardenne : Ardennes, Marne, Aube, Haute-Marne.	Solidité, simplicité.	Lorraine, Picardie, Paris.	Chêne, noyer merisier, cerisier.
Bourgogne : Côte-d'Or, Ain, Saône-et-Loire, Aube, Yonne.	style géométrique dans le Nord, sculptures exubérantes dans le Sud.	Allemagne, Flandres, Provence.	Noyer, chêne, loupes d'orm et de frêne.
Bresse : Saône-et-Loire, Ain, Jura.	La Bresse s'inspire de deux régions qui l'encadrent : la Bourgogne et la Franche-Comté, st panneaux clairs en loupe d'orme ou de frêne entre des structures foncées, sculptures à moti		
Franche-Comté : Doubs, Jura, Haute-Saône, Territoire de Belfort.	Solidité, netteté des contours.	Bourgogne, Lorraine, Champagne.	Noyer, arbres fruitiers, chên sapin, loupes.
Dauphiné-Savoie : Savoie, Haute-Savoie, Isère, Drôme.	Meubles de montagne sculptés et robustes, ou meubles de ville à décor harmonieux.	Bourgogne, Lyonnais.	Noyer, mélèz sapin, hêtre, châtaignier.
Provence : Hautes-Alpes, Alpes-de-Haute-Provence, Alpes-Maritimes, Var, Vaucluse, Bouches-du-Rhône.	Meubles variés, gais, exubérants, style fleuri, sculptures fines et serrées.	Italie, Savoie, styles Louis XV et Louis XVI.	Noyer, olivier mûrier, tilleul, poirier cerisier.
Languedoc-Roussillon : Ardèche, Gard, Lozère, Hérault et Aveyron, Lot, Ariège et Tarn, Tarn-et-Garonne, Aude, Haute-Garonne et Pyrénées-Orientales.	Meubles bourgeois ou campagnards simples, robustes et fonctionnels.	Provence, Espagne (au sud), Auvergne (au nord), styles Renaissance, Louis XIII et Louis XV.	Noyer, chêne, merisier, châtaignier, sapin.
Auvergne : Allier, Puy-de-Dôme, Cantal, Haute-Loire.	Formes massives et sévères, aspect carré et trapu	Traditions locales, Limousin, esprit Louis XIII.	Noyer (teinté), chêne, merisie châtaignier, tilleul, pin.
Limousin : Creuse, Haute-Vienne, Corrèze.	Meubles sobres, bancs et sièges rudimentaires.	Auvergne, Périgord, Dordogne.	Châtaignier, chêne, orme, cerisier.

JBLES RÉGIONAUX

MEUBLES TYPES	DÉCORS ET MOTIFS	PARTICULARISMES
rmoires lingères, buffets-crédences, uffets à deux corps, encoignures, naises sculptées, coffres peints, uffets-encoignures, lits à colonnes.	Façades monumentales, colonnes, volutes, fenestrages, moulures, têtes d'anges, motifs floraux polychromes, cœurs.	Berceaux à patins, coffrets de courtoisie, chaises à dossier en bretzel, buffet campagnard à deux corps.
offres, pétrins, buffets à deux orps (crédences), enfilades.	Marqueterie à décor géométrique, rosaces, cœurs, motifs floraux, étoiles, éventails, chardons, naturalisme, stylisé.	Coffres en sapin de Gérardmer sculptés au couteau. École de Nancy (Gallé, 1901).
rmoires moulurées, buffets-vaisseliers nénagers), tables de ferme, ables de vignerons (cibles).	Branches fleuries, marguerites, rosaces, pieds en escargot.	Horloges droites sur pieds galbés.
rmoires à pieds miches, scriban, aisseliers (à horloge), ables à pieds en balustre, étrins en tombeau.	Pieds en escargot ou miches plates, losanges, étoiles, grappes, vrilles, choux, pointes de diamant.	Bourgogne du Nord plus sobre, Bourgogne du Sud exubérante, horloges droites (Chalon) ou violonnées.
lus original à partir du XVIIIe siècle avec des meubles à deux tons : éométriques de fleurs stylisées.		
offres à linge, armoires à faux dormant, orniches en chapeau de gendarme, armoires une porte, lits demi-clos, vaisseliers.	Pieds miches, rosaces, feuilles, trèfles quadrilobés, pointes de diamant, plumes, cœurs, fortes moulures.	L'armoire à quatre portes désigne le buffet, armoires à incrustations.
rmoires de montagne, coffres culptés, buffets bas à étagères, haises sculptées (parfois tripodes).	Moulures profondes. Motifs géométriques : tracés au compas, rosaces en soleil.	Coffres du Queyras sculptés. Meubles de Hache et son école à filets noirs et marqueteries.
rmoires et commodes, uffets à glissant, consoles, anetières, petits meubles uspendus, hautes encoignures.	Corniches en chapeau de gendarme, sculptures à motifs végétaux, épis, oiseaux, paniers, carquois, soupières, marqueteries en étoiles, moulures sinueuses et profondes.	Panetières couronnées de bobèches tournées. Style de Fourques à moulure en colimaçon, style d'Arles à fines sculptures.
rmoires (garde-robes), uffets bas moulurés, vaisseliers, offres à pointes de diamant, ommodes à façades galbées, onnetières.	Corniches droites et moulurées, pointes de diamant, losanges, marqueteries à motifs fleuris, serrures en crête de coq.	Armoires d'Uzès à décor polychrome. Panetières du Gard droites à barreaux tournés
rmoires basses, buffets et bahuts deux et à quatre portes, uffets-vaisseliers, buffets-fromagers à balustres), bancs et bancs-coffres.	Corniches plates et saillantes, petits motifs géométriques, disques, chevrons, losanges, étoiles, cœurs, croix.	Armoires d'Aurillac à corbeille (base renflée), buffets à deux corps sculptés de Haute-Loire, tables et chaises de dentellière (à haut dossier).
rmoires à corniche plate, buffets bas its commodes, lits clos à rideau, ables-pétrins.	Pointes de diamant aplaties, plaquettes, rosaces, croix de Malte.	Berceaux en nacelle suspendue entre des pieds fixes.

RÉGIONS	CARACTÉRISTIQUES MAJEURES	INFLUENCES	BOIS
Périgord : Dordogne.	Meubles de grandes dimensions, moulures grasses.	Limousin, Bordelais, esprit Louis XIII.	Châtaigner, no blond, hêtre, or chêne (rare).
Sud-Ouest : Gironde, Landes, Lot-et-Garonne, Gers, Hautes-Pyrénées.	Meubles rectilignes, corniches saillantes.	Espagne, Pays Basque, style XVIIe siècle.	Pin des Lande châtaignier, cerisier, chêne (rare).
Béarn, Pays Basque : Pyrénées-Atlantiques.	Meubles massifs, originalité du décor sculpté.	Auvergne, Espagne, motifs mauresques.	Chêne, noyer, châtaignier, merisier, pin.
Poitou-Vendée-Saintonge : Deux-Sèvres, Charente, Charente-Maritime, Vendée.	Meubles gracieux à moulures sinueuses.	Bretagne, style Louis XIII, puis Louis XV.	Noyer, merisie orme et loupe d'orme.
Pays de Loire : Eure-et-Loir, Loiret, Loir-et-Cher, Sarthe, Indre-et-Loire, Maine-et-Loire, Mayenne.	meubles de construction architecturale, richesse des sculptures, meubles rustiques élégants.	Île-de-France, cour de France, styles Renaissance, Louis XIII et Louis XV.	Chêne, orme, noyer, cerisier, pommier, frêne, acajou.
Berry : Indre, Cher.	Meubles harmonieux, exécution soignées.	Pays de Loire et Limousin.	Chêne, orme, noyer, cerisier, pommier, frêne, acajou.
Bretagne : Finistère (Nord et Sud), Côtes-d'Armor, Morbihan, Ille-et-Vilaine, Loire-Atlantique.	Meubles droits et massifs (Basse-Bretagne), meubles à motifs sinueux (Haute-Bretagne)	Tradition celte, Île-de-France (à l'est).	Chêne, châtaignier, noyer, cerisier, acajou, buis.
Normandie : Seine-Maritime, Orne, Eure, Calvados, Manche.	Proportions harmonieuses, richesse du décor sculpté.	Ile-de-France, Picardie, styles roman et gothique, puis Louis XV et Louis XVI.	Chêne, merisie noyer, pin.
Picardie-Artois : Pas-de-Calais, Somme, Aisne, Oise.	Meubles aristocratiques sculptés, ou rustiques simples mais soignés.	Île-de-France, Normandie, Bourgogne (Espagne), styles Louis XV, Louis XVI et Directoire.	Chêne, orme, merisier rouge, hêtre.
Flandres : Nord.	Meubles de rangement richement sculptés, corniches opulentes, gros pieds en balustre.	Espagne, Hollande, Bourgogne, tradition Renaissance.	Chêne (sombre cerisier, poirier tilleul, orme.
Île-de-France : Val-d'Oise, Yvelines, Essonne, Seine-et-Marne.	Formes équilibrées, frontons cintrés, meubles soignés, ébénisterie du faubourg Saint-Antoine, berceau des meubles classiques.	Carrefour des siècles et des styles du gothique au Louis XVI.	Chêne puis noyer, merisier bois exotiques. de marqueterie ébène.

MEUBLES TYPES	DÉCORS ET MOTIFS	PARTICULARISMES
·randes armoires à pointes e diamant, bonnetières à tiroir, ›mmodes-scribans.	Pointes de diamant, corniches saillantes, croix de Malte, grandes fiches en fer forgé, pieds en boules.	Fauteuils en os de mouton (dans les châteaux).
uffets-bahuts à quatre portes, ·moires à tiroirs, ›ffres à panneaux sculptés, ·s à la duchesse.	Croix de Malte, pointes de diamant, motifs quadricolores, culs de bouteille, étoiles, fleurs, guirlandes, oiseaux.	Armoire de Morlaas à fronton brisé, meubles peints des Landes, meubles de port en acajou (Bordeaux).
:offres (kucha), coffres-buffets (manka), ·uffets-vaisseliers, tables à pieds tournés.	Croix, swastikas, roues, rosaces, virgules, éventails, fougères, palombes, soleils.	Zuzulu : banc de foyer à tablette abattante dans le dossier.
'aisseliers à corniche sur buffet bas, ›nnetières homme-debout, ·moires à chapeau de gendarme, ıfilades à trois portes.	Motifs incrustés de bois contrastés, disques, étoiles, croix de Malte, losanges.	Homme-debout à deux portes séparées par un tiroir, meubles de port en acajou (La Rochelle).
·rmoires à deux corps sous fronton, ›nnetières étroites, buffets à deux corps, ·uteuils bonne femme, commodes.	Ornements végétaux, cariatides, dauphins, feuilles d'acanthe, rinceaux, fleurs, fougères.	Lits Renaissance à colonnes, tables à ceinture sculptée.
:offres, armoires, ·uffets, vaisseliers, enfilades.	Fleurs, paniers, cœurs, marqueteries en étoile.	Bluttoir (moulin à farine).
·rmoires et buffets à corniche.	Motifs celtes, rosaces, spirales, entrelacs, croix, cercles (gâteaux), fuseaux, clous dorés tardifs.	Lits clos du Léon, armoires de Rennes à double cintre, meubles sang de bœuf (Guérande), meubles de port (Saint-Malo, Nantes).
·rmoires de mariage, ·uffets à deux corps (supérieur en retrait), ·onnetières (à ranger les coiffes), ·isseliers (palier et faux palier), ·uteuils paillés (à la capucine).	Motifs géométriques, fleurs et feuillages, médaillons, coquilles, guirlandes, perles, colombes, corbeilles, grappes de raisin, épis de blé.	Armoires cauchoises en pin, horloges à corbeille (Saint-Nicolas), demoiselles à corps violonné (Manche, Calvados), buffets vitrés cauchois.
'raites à deux, trois ou quatre portes : tiroirs, commodes droites, étimiers, égouttoirs à claire-voie ", potières étagères à portes), fauteuils paillés :adots), tables à pieds tournés.	Fleurs stylisées sur tiges sinueuses, rinceaux, colonnettes d'étagère, losanges (d'inspiration Directoire).	Séages artésiens (buffets à niche centrale), Dresches artésiennes (plus hautes que la traite), tables à pain picardes à plateau basculant.
·ibbanks, " buffets-armoires " à une, ·eux, trois, quatre ou cinq portes, ·rmoires lingères moulurées, cabinets, ·èges à barreaux plats verticaux.	Sculptures flamboyantes, croix, couronnes, rinceaux de feuillages, corniches débordantes, godrons, mascarons.	Presses à linge à gros pieds tournés, archelles (étagères à pots), armoires liégoises XVIIIe siècle) à fines sculptures.
·rmoires-buffets à deux corps, ›mmodes en dos-d'âne, ·èges de tous styles, ·abinets.	Fines sculptures, coquilles, rinceaux, rosaces, bouquets, paniers, marqueteries abondantes, frontons galbés.	Armoires parisiennes à deux corps vissés, buffets à deux corps sculptés à incrustations de marbre (école de Fontainebleau), buffets bas beaucerons.

Les styles ESPAGNOLS

Comme dans les autres pays d'Europe, les meubles espagnols d'avant la Renaissance se limitent à quelques coffres et sièges aux structures massives. C'est dans les détails décoratifs que le mobilier espagnol prend un caractère spécifique où se fait sentir une double influence, mauresque et chrétienne.

LA CULTURE MOZARABE (VIIe-XVe SIÈCLE)

Il faut avoir présent à l'esprit qu'entre 711, date de l'invasion arabe, et 1493, date de la reconquête de Grenade, se développe une culture mozarabe unique en Europe. L'influence de l'art préroman hispanique se traduit par un système décoratif particulièrement original. Là encore, le mobilier emprunte son style aux ornements inscrits dans la pierre. Le style mudéjar imprègne pendant près de huit siècles l'art ibérique.

Les meubles antérieurs au Xe siècle n'ont pas survécu, mais les enluminures de la Bible et des Évangiles nous montrent des bancs, des tabourets ronds en forme de toupie, des fauteuils curules, en X appelés cacolets, des chaises et des chaires à montants tournés, autant de types de meubles qui, par leur construction, ressemblent à leurs homologues européens du Moyen Âge.

Un codex évoquant la continuité hispanique du VIIe au Xe siècle représente l'évêque Sisebut assis sur une chaire à haut dossier flanqué de panneaux carrés qu'encadrent des montants tournés surmontés de pinacles (musée de l'Escurial).

Quant aux ornements en reliefs visibles sur les frises et les chapiteaux des monuments gothiques, on les retrouve sculptés à la gouge dans le bois des coffres, des coffrets et des sièges, en un foisonnement d'arabesques, de torsades, d'entrelacs, de palmettes, de feuillages et d'animaux stylisés.

Parmi les bois les plus couramment employés pour les meubles espagnols, le noyer est considéré comme le bois national noble. Mais beaucoup de meubles rudimentaires sont, selon les régions, en châtaignier, en chêne ou en pin.

C'est à la fin du XIVe siècle qu'apparaissent deux meubles typiques : **la chaire** à haut dossier sculptée de motifs gothiques mudéjars et l'armoire à deux vantaux souvent ornée d'étoiles et de motifs géométriques.

Jusqu'au XVe siècle, **le coffre** (*arca*) reste le meuble de base de toute demeure médiévale.

Bargueño du XVIIe siècle provenant de Castille, cœur de la monarchie espagnole. Il se compose, à la partie supérieure, du bargueño qui s'ouvre par un large abattant comme les anciens coffres mauresques. Il repose sur un buffet à quatre vantaux superposés deux à deux et pivotant latéralement sur des petits gonds. Le bargueño proprement dit comporte seize tiroirs et casiers, en bois polychrome et incrustations d'ivoire, disposés symétriquement et ornés de colonnettes torsadées formant un ensemble architectural d'aspect monumental d'une grande rigueur géométrique.

Lourd, solide et bardé de fer, il est conçu pour supporter des transports cahoteux sur des routes incertaines. Le coffre à couvercle plat fait également office de banc, voire de lit. Pour donner plus de confort à l'assise, on se sert de coussins empilés selon la coutume mauresque. De petits coffres *(arquillas)* servant à enfermer de l'argent, des bijoux, des jeux ou des papiers précieux sont ornés d'incrustations d'ivoire, d'os ou de coquillages de style mauresque.

DE LA RENAISSANCE AU BAROQUE (XVIe-XVIIe SIÈCLE)

À la fin du XVe siècle, deux événements vont assurer la suprématie espagnole en Europe : la chute de Grenade qui marque la victoire finale sur les Maures, et la découverte de l'Amérique qui permet à l'Espagne réunifiée de profiter des fabuleuses richesses du Nouveau Monde.

De plus Charles Quint (1500-1558), prince bourguignon devenu empereur d'Allemagne, hérite par son père des possessions des Habsbourg et par sa mère Jeanne la Folle de la Castille, de l'Aragon, du royaume de Naples, de la Sicile et de l'Amérique latine. « L'Empire sur lequel le soleil ne se couche jamais » devient un foyer culturel où l'influence de la Renaissance italienne ajoute des éléments décoratifs exubérants aux structures des meubles traditionnels encore imprégnées du style mudéjar.
Avec les règnes de Charles Quint, qui abdique en 1556, et de son fils Philippe II (1527-1598), le XVIe siècle est justement considéré comme l'âge d'or de la puissance espagnole.
Aussi bien en architecture que dans les arts appliqués, on assiste au renouvellement complet du répertoire ornemental. Dans un premier temps, le style plateresque, inspiré des décors sculptés en léger relief des pièces d'orfèvrerie en argent massif, se substitue aux derniers ornements gothiques. Le noyer sculpté prend alors les formes remises à l'honneur par la Renaissance italienne : urnes, trophées, amours, oiseaux, masques, têtes couronnées de laurier ou figures grotesques.
Sous Philippe II, l'architecte Juan de Herrera, son protégé, impose un décor plus sobre, ce qui n'empêche pas la permanence à la surface des meubles des motifs mudéjars, parfois enjolivés de dorures.
C'est alors que le mobilier acquiert son caractère purement espagnol. Dérivé du coffre, le meuble le plus typique est alors le **bargueño** (fabriqué d'abord dans la région de Vargas en Castille, d'où il a tiré son nom). Il s'agit d'un cabinet muni de poignées latérales qui combine le coffre à abattant d'inspiration mauresque et le coffre gothique catalan qui s'ouvre par des vantaux en découvrant des tiroirs multiples. Le décor intérieur et extérieur présente des sculptures architecturales ou des marqueteries d'ivoire à motifs mudéjars. Le bargueño est posé sur une table à piètement tourné ou torsadé.
À la fin du siècle, les bargueños diversifient leurs décors par des peintures polychromes et des paysages en trompe-l'œil, inspirés cette fois de modèles allemands. Ils sont alors en ébène et rehaussés de bronzes dorés.
Le coffre reste encore une pièce essentielle du mobilier. Il s'inspire désormais du *cassone* italien orné d'un devant sculpté des motifs en vogue entre des cariatides postées aux angles. Pour les transports d'objets précieux, on utilise davantage les malles bombées recouvertes de cuirs cloutés.
Tous **les sièges** participent au changement. Les bancs rudimentaires laissent la place aux chaises carrées, dont le dossier est orné d'arcades soutenues par des balustres tournés, et aux fauteuils qui prennent de plus en plus d'importance. Le **sillón de frailero**, ou fauteuil de moine, présente un siège couvert de cuir ou de brocart fixés par des gros clous dorés, soutenu par des pieds carrés qui se prolongent en arrière par un dossier droit ou incliné. Les accotoirs larges, plats et légèrement incurvés reposent sur le prolongement vertical des deux pieds avant, consolidés par une barre d'entre-

Intérieur d'un bargueño de voyage du XVIIe siècle, l'abattant s'ouvre à l'horizontale. Il est à fond de noyer, orné d'éléments architecturaux peints en polychromie dans la tradition hispano-mauresque. Aux colonnettes, arcatures et frontons s'ajoutent des coquilles, symboles du pèlerinage à Saint-Jacques-de-Compostelle.

toise évidée en motifs géométriques, ou parfois garnie d'un blason sculpté. Certains modèles de fraileros destinés au voyage se replient par le milieu grâce à une charnière. D'autres sièges pliants dits *a la dantesca* reposent sur un piètement en X.

Les tables sont faites d'un plateau très épais reposant sur quatre pieds tournés réunis par un croisillon d'entretoises placé très bas.

Les lits à quatre colonnes (au lieu de deux seulement au Moyen Âge) sont garnis de lourds rideaux que l'on relève pendant le jour.

Avec Philippe IV (1605-1665), le mobilier espagnol se dégage des formes de la Renaissance. Les menuisiers s'inspirent de la façade de l'Escurial rythmée par des tours et des colonnes. Les artistes allemands et flamands appelés par Charles Quint et Philippe II continuent à imprimer leur influence en assimilant les nouveaux éléments décoratifs à la mode. Pour la plupart des meubles, le noyer reste le bois de prédilection. Mais on trouve également le châtaignier et le pin sombrement teintés.

Les bois exotiques, notamment l'ébène, l'acajou et le gaïac, sont réservés aux meubles et aux sièges les plus luxueux. Les lits à colonnes torses sont surmontés de panaches et enveloppés de lourdes tentures.

En réaction contre l'austérité du style Philippe IV, les courbes et volutes sculptées font leur apparition sur les meubles dont les décors se laissent gagner par les outrances du style baroque.

Les contadores sont des cabinets sans abattant, proches des cabinets flamands, italiens et français du XVIIe siècle qui, avec des frontons brisés, des colonnes plates et cannelées, laissent place à des niches contenant des statuettes de bronze. La persistance des marqueteries mauresques se manifeste encore dans l'*escritoria*, écritoire dont l'abattant révèle des décors végétaux peints ou sculptés sur des plaques en os. **Les buffets** en noyer ou en ébène sont, comme les cabinets, ornés de verres peints et de motifs de marbre. **Les armoires** aux vantaux sculptés de losanges ou de cercles concentriques sont ornées de motifs polychromes souvent rehaussés d'or. Les armoires garde-manger présentent des portes basses à panneaux sculptés et une porte supérieure à croisillons ou à barreaux tournés.

Les fauteuils *(fraileros)* ont des pieds reliés deux à deux par des patins et des traverses ajourées. Les pieds avant se prolongent en hauteur pour soutenir de larges accotoirs. Le dossier est en bois sculpté ou tendu de cuir gaufré fixé par des clous en cuivre à tête ronde ou en losange. **Les chaises** ont une assise en paille tressée ou tendue de cuir. Le dossier est souvent fait de deux ou trois barrettes plates ornées de motifs sculptés ou ajourés.

Les tables rectangulaires dont les pieds à entretoises s'inclinent vers l'extérieur sont consolidées par des renforts en fer forgé qui, fixés sous le plateau, rejoignent les entretoises à la façon d'une rampe incurvée. La ceinture, large sous le plateau, comporte plusieurs tiroirs ornés en façade de motifs géométriques entrecoupés de motifs d'inspiration mauresque. L'esprit baroque qui règne alors sur l'Europe se traduit en architecture par le style churrigueresque, du nom de l'architecte Churriguera, dont l'exubérance se manifeste dans le décor des meubles. Considéré comme représentatif du style espagnol le plus authentique, le mobilier Philippe IV connaît un succès durable.

On retiendra parmi les meubles les plus caractéristiques de cette époque imprégnée d'esprit baroque, outre les secrétaires à abattant et les armoires-vitrines qui font figure de nouveautés, le miroir surchargé de dorures, **la cornucopia**, qui évoque le style du même nom, d'un maniérisme spectaculaire.

LE MODÈLE ROYAL : PHILIPPE V (XVIIIe SIÈCLE)

À la suite du traité d'Utrecht (1713), c'est un petit-fils de Louis XIV, Philippe V, qui accède au trône d'Espagne. L'influence française se fait d'abord sentir dans le mobilier, mais le souverain, qui épouse successivement deux princesses italiennes, laisse un décorateur napolitain, Gasparini, dominer l'orientation du goût. Il le nomme en 1768 directeur de la *Manufactura real* qui fournit en meubles les immenses palais royaux. **Les consoles** dorées et sculptées sont d'une exubérance sans précédent. Pour garnir les trumeaux dorés, Philippe V fonde une fabrique de miroirs à San Ildefonso. Cependant, sous l'influence du style Louis XV qui triomphe en France et se répand dans l'Europe entière, les ébénistes et menuisiers espagnols suivent le mouvement. **Le bargueño** s'enrichit de motifs d'écaille, de nacre, d'ivoire et de pierres dures, mais il est bientôt supplanté par la commode à trois tiroirs d'inspiration française souvent agrémentée de marqueteries en trompe-l'œil.

Un des meilleurs créateurs de meubles, l'architecte Ventura Rodriguez, dirige les ateliers royaux où travaillent également des ébénistes de talent tels que Pedro Palencia, Quintana et Angel Maeso. La recherche d'un plus grand confort se traduit pour les sièges par des dossiers inclinés ou en cabriolet et par des accotoirs sinueux. Copiés par les artisans espagnols, les sièges à la française se multiplient, de même que les commodes en marqueterie, si représentatives du style Louis XV.

Le goût pour les meubles français se manifeste également par les petites tables de salon : tables à écrire, tables de jeu et petits bureaux plats. Les artisans espagnols leur donnent un cachet spécifique avec des fonds de couleur rehaussés de dorures.

Le mouvement des lignes suit à retardement l'évolution des styles français. Sous Charles IV (qui règne de 1788 jusqu'à son abdication en 1808), les pieds des sièges et des tables se redressent conformément aux exigences esthétiques du style néoclassique. Les commodes, les secrétaires à abattant et les cabinets ont peu à peu remplacé les bargueños dans les demeures aristocratiques.

Quant à l'influence anglaise, elle se manifeste dans la seconde moitié du XVIIIe siècle, avec des sièges à dossier ajouré et des pieds galbés se

Au XVIIIe siècle, la commode-scriban, inspirée des modèles anglais et hollandais, se substitue au bargueño. Celle-ci est en noyer incrusté de motifs en ivoire, de rosaces, d'arabesques et d'anges musiciens sur l'abattant qui, en se rabattant, forme un pupitre en appui sur les tirettes. Le corps de la commode est formé de cinq tiroirs et repose sur des pieds-griffes en bronze. (L : 100 cm ; H : 110 cm ; Prof. : 60 cm) (Ancienne collection Trampisch.)

Décor intérieur de l'armoire en placage de palissandre encadrant des réserves sous verre garnies de bouquets de fleurs en tissu. Cette armoire dite « votive » est la conséquence d'un vœu du frère José Vasquez.

Armoire de sacristie en ébène, incrustée de motifs géométriques en ivoire et écaille. Intérieur en acajou. Elle est l'œuvre du frère José Vasquez, ébéniste du chapitre de Grenade, vers 1730. (L : 140 cm ; H : 245 cm ; Prof. : 60,5 cm.)

terminant par un motif en boule tenue par une griffe. Les dessins de Chippendale et Sheraton — qui entrent en Espagne par Minorque ou le Portugal — servent de modèles interprétés à l'espagnole. Les lits s'allègent et se débarrassent de leur baldaquin cérémonieux. S'il s'impose à la cour, le mobilier royal officiel ne pénètre pas dans les classes modestes qui se contentent des meubles traditionnels : bargueños utilitaires simplement décorés, sièges robustes à dossier rectangulaire garnis de cuir, armoires en bois de pin à portes sculptées où persiste l'inspiration mudéjare.

LE MOBILIER COLONIAL

Au XVIIIe siècle, les colonies espagnoles et portugaises d'Amérique du Sud connaissent une prospérité qui favorise la création d'un mobilier spécifique inspiré des créations espagnoles et portugaises, mais interprété avec la fraîcheur naïve de l'artisanat indigène.
C'est ainsi que **les sièges** rectangulaires imités des fraileros et les bargueños, reconstitués à partir des modèles espagnols, sont incrustés de plaques d'ivoire ou de nacre, ou couverts de filets de bois exotiques aux couleurs contrastées. Les styles baroque et rocaille, particulièrement appréciés au Brésil, sont reproduits dans des structures massives recouvertes de couleurs bariolées. Les meubles coloniaux se caractérisent également par l'absence de décors compensée par l'abondance des sculptures.
Les lits sud-américains sont dépourvus de baldaquin, mais couverts sur toutes les parties planes de motifs en bas relief.
Les petites tables basses, appelées *ratonas*, présentent des plateaux aux bordures contournées supportés par de gros pieds renflés, avec une large ceinture ornée d'arabesques sur fond

blanc. Le style néoclassique n'est apparu qu'au début du XIXe siècle. En réaction contre la domination espagnole et portugaise, les ébénistes des divers pays de l'Amérique latine allèrent plus volontiers chercher leur inspiration dans les styles anglais ou français.

LES STYLES DU XIXe SIÈCLE

Le XIXe siècle est, pour l'Espagne, une suite de bouleversements et d'événements tragiques, à commencer par l'invasion des armées napoléoniennes qui provoque la résistance héroïque de tout un peuple. La guerre civile et les problèmes de succession entravent la création artistique. Le style du mobilier reste figé dans les formes traditionnelles et son renouvellement partiel est lié à des influences extérieures occasionnelles.

Au début du XIXe siècle, les meubles adoptent le style néoclassique inspiré de l'antiquité gréco-romaine. Le style baptisé *Fernandino*, qui correspond au règne du roi Ferdinand VII (1814-1833), est une réplique alourdie du style Empire où dominent les meubles en acajou, massif ou en placage, rehaussés de motifs en bronze doré. Du style Restauration, le mobilier espagnol hérite les sièges en gondole à accotoirs en crosse.

Sous le règne d'Isabelle II (1833-1868), l'inspiration néogothique fait naître les meubles à la cathédrale ornés d'arcatures ogivales.

Le style romantique fait de réminiscences historiques prend le nom d'*Isabelino*. Il se prolonge en adoptant des formes néobaroques qui marquent un désir de retour aux formes traditionnelles du XVIIe siècle.

L'influence française se manifeste de nouveau à partir de 1853, lorsque Napoléon III, proclamé empereur des Français à la suite d'un plébiscite, épouse la comtesse espagnole Eugénie de Montijo. Les meubles en bois foncé incrustés de nacre connaissent alors un certain succès. Par la suite, aucune création originale ne vient renouveler le mobilier qui dégénère dans les médiocres imitations de tous les styles précédents.

Après l'action pacificatrice d'Alphonse XII (1857-1885), c'est sous le règne d'Alphonse XIII (1886-1941) qu'apparaissent les formes espagnoles de l'*Arte joven*, issues du grand mouvement européen de l'Art nouveau. Son plus illustre représentant, de renommée mondiale, est l'architecte catalan Antonio Gaudi (1852-1926) qui préconise l'intégration d'un mobilier aux sculptures foisonnantes dans un décor d'inspiration végétale parfois grandiose.

Comme les autres pionniers de l'Art nouveau, Antonio Gaudi veut d'abord se libérer de toutes références aux styles historiques d'autrefois. Tout en restant en marge des divers courants modernistes, il conçoit et dessine des meubles d'apparence baroque mais en réalité très confortables et fonctionnels. Il les fait réaliser par les meilleurs ébénistes de Barcelone, notamment Juan Busquet (1874-1949). Gaudi veut que le palais qu'il construit de 1886 à 1889 pour son ami, l'homme d'affaires Eusebi Güell, soit une illustration, dans les moindres détails, y compris les poignées de porte et les judas, de son désir d'harmonisation des divers éléments du mobilier dans l'espace architectural. Pour lui, chaque meuble, chaque siège doit être une œuvre unique à la place qui lui est destinée. Ses meubles-sculptures prennent parfois des formes anthropomorphiques dans l'exubérance d'un décor fantaisiste. Toutefois, à partir de 1905, les meubles de Gaudi tendent vers des formes plus simples mais toujours élégantes et comme sculptées dans le chêne massif.

Ses meubles démontables destinés à une fabrication en série préfigurent le design contemporain.

L'Arte joven, appelé aussi *modernista* par les Espagnols, prendra finalement son identité sous le nom de style Gaudi. L'architecte visionnaire est mort écrasé par un tramway à Barcelone, le 10 juin 1926. Son corps est inhumé dans la crypte de l'église de la *Sagrada Familia*, son œuvre gigantesque à jamais inachevée.

Les styles ITALIENS

Après l'époque gothique, l'originalité des styles italiens se manifeste à partir de la Renaissance, qui réhabilite les ornements de l'Antiquité, et tout le rayonnement s'impose à l'Europe entière.

LES ORIGINES D'UN STYLE

Les meubles les plus anciens présents sur le sol d'Italie – sans que l'on puisse encore les qualifier d'italiens – remontent au VIe siècle. C'est le cas de la chaire archi-épiscopale de Maximien à Ravenne, couverte de plaques d'ivoire sculptées représentant des scènes des Évangiles. Le mobilier alors essentiellement religieux subit par la suite l'influence allemande de la dynastie othonienne. À partir du XIIe siècle, les formes et les décors relèvent d'une double influence : byzantine (Byzance devient la capitale de l'Empire romain en 330 après J.-C.) et mauresque, en raison de relations suivies avec l'Espagne musulmane. Cet héritage assimilé par le style gothique ne prendra un caractère spécifique qu'à partir du XIVe siècle, avec la première Renaissance.

LES MEUBLES DE LA RENAISSANCE

En chêne ou en noyer, le coffre qui sert aussi bien à ranger qu'à s'asseoir reste la base du mobilier. Les lits prennent place dans la chambre qui est en même temps une pièce de réception. Le chevet appliqué contre le mur du fond présente une couche fixée sur un bâti élevé à laquelle on accède par un coffre. Il est surmonté d'un baldaquin soutenu par quatre piliers d'où retombent de lourds rideaux. Les sièges se composent de bancs, de chaises pliantes et de chaises à haut dossier sculpté.

C'est en Toscane, au XIVe siècle, que les meubles se dégagent du style gothique européen par un retour aux ornements puisés dans l'Antiquité : rinceaux de feuillages et personnages en légers reliefs s'insèrent entre des arcatures ogivales.

À Florence au XVe siècle, sous l'impulsion des Médicis, menuisiers et sculpteurs travaillent en commun dans des ateliers qui produisent un mobilier civil en pleine expansion. Les grands coffres appelés *cassoni*, les buffets, les chaires à bras, les lutrins, les lits se couvrent d'ornements végétaux qui se substituent aux entrelacs gothiques.

Baccio d'Aglomo-Baglioni (1462-1543) dé-

Table à l'italienne du XVIe siècle à rallonges, en noyer clair ; ornement central en forme de lyre. La découpe des patins est caractéristique de l'Italie du nord (Piémont).

core les stalles de l'église Santa-Maria Novella de sculptures touffues : mufles de fauves, jarrets griffus, têtes de femme et putti (anges ailés). Michel-Ange, qui lui reproche un excès de fécondité, qualifie ses panneaux sculptés de « cages à grillons ».

Le goût florentin s'exprime également par la technique de l'*intarsia* qui consiste à creuser un panneau pour y insérer des éléments de bois de couleurs différentes, savamment assemblés.

En Émilie, longtemps sous influence byzantine, les décors des coffres divisés en panneaux sont gravés en « taille d'épargne » où s'épanouissent des rinceaux de feuillages qui entourent des personnages. Le sculpteur Giovanni de Baiso réalise des compositions foisonnantes qui approchent le maniérisme.

L'influence orientale transmise par Venise se manifeste également à Pérouse, dans les boiseries de Domenico Del Tasso, dont les fenestrages à grotesques se mêlent d'arabesques d'inspiration musulmane.

Certains décors en creux sont mis en évidence en les remplissant d'un mastic clair fait de gypse en poudre additionné de colle de peau. Ce décor adopté en France au XVIe siècle prendra le nom de mauresque blanche.

Sur les coffres, les chaires et les crédences apparaissent les décors à *sgraffito* obtenus en grattant à la pointe une pellicule de peinture noire qui découvre une couche d'or. Le désir de mettre en valeur des ornements inspirés de l'Antiquité fait apparaître de nouvelles formes de meubles. Prenant modèle sur la table de marbre de la Rome antique (le *cartibulum*), les tables de la Renaissance italienne trouvent une place de choix dans les palais princiers. Leur plateau est soutenu de chaque côté par des

patins richement sculptés d'enroulements de feuillages et de têtes de faune. Ces supports sont reliés par une entretoise débordante de sculptures. Les ateliers florentins créent également des modèles où les patins latéraux sont reliés par une large entretoise d'où s'élèvent trois ou quatre colonnes qui soutiennent en son milieu un plateau pesant.
Les armoires de rangement apparues lorsque la vie est devenue sédentaire se substituent progressivement au coffre. Elles sont d'abord à deux corps superposés comportant chacun deux portes à motifs sculptés.

Les sièges

Les chaises et les chaires sont couvertes de sculptures, parfois ajourées, de la ceinture au dossier. Entre les pieds avant, la large traverse de renfort est également prétexte à des sculptures d'inspiration végétale. Dans le même esprit, les pieds de fauteuil, les consoles d'accotoirs et les dossiers prennent la forme d'angelots ou de personnages sculptés en ronde bosse parmi des feuillages contournés.
Autre réminiscence de l'Antiquité classique, la *sedia dantesca* dérivée du *subsellium* romain, dont le siège est fait d'une feuille de cuir tendue entre deux branches qui s'entrecroisent autour d'un axe. Le dossier est une simple traverse fixée entre les branches supérieures, et ornée de sculptures et d'incrustations d'or, d'ivoire ou de nacre. Sans doute le poète de la *Divine Comédie* utilisait-il ce siège léger au début du XIVe siècle. Sur le même principe de siège en ciseaux ou en tenaille comme disent les Français, le fauteuil Savonarole apparaît à Florence au XVe siècle, au temps du moine mystique Girolamo Savonarola (1452-1498). Il est fait d'une série de branches incurvées qui s'interpénètrent autour d'un axe central. Le siège plus large est cette fois en bois et non en cuir. La rigidité de l'ensemble est assurée par la traverse du dossier incrustée de motifs décoratifs en diverses matières précieuses.
Le *sgabello* est une chaise dont les pieds sont des panneaux verticaux, abondamment sculptés en façade de motifs ajourés, repris dans tout le plan du dossier légèrement incliné en arrière.
Au début du XVIe siècle apparaît en Toscane une chaise à bras plus légère que la chaire gothique, dont les pieds tournés sont renforcés par des entretoises et décorés en façade par des traverses sculptées.

L'ITALIE BAROQUE

Au XVIIe siècle, le premier *Seicento* est une période de réflexion sur les acquisitions de la Renaissance. Les menuisiers et les sculpteurs se contentent de surcharger le décor des meubles et des sièges. Le style baroque en pleine expansion en Europe est bien accueilli à Venise. Les ornements s'enrichissent et forment de véritables massifs de sculptures d'où émergent des angelots, des mufles de fauves et des têtes d'aigle. Les chaises et les fauteuils, qui gardent les mêmes structures, se veulent plus confortables et se garnissent de coussins en velours rembourrés. Les angles droits s'effacent pour laisser la place à des volutes exubérantes. Le bois doré se généralise en se chargeant de tous les ornements possibles. Une fois encore, le mobilier puise son inspiration dans les formes architecturales. L'architecte Lorenzo Bernini, dit le Bernin (1598-1680), donne l'exemple avec le baldaquin de la chaise de Saint-Pierre-de-Rome considéré comme l'un des sommets de l'art baroque.
Le sculpteur Andrea Brustoloni (1662-1732) se fait créateur de meubles insolites flanqués de dragons, de troncs d'arbre ou de torses d'esclave, et de sièges dont les pieds sont en forme de personnages. On lui attribue, parmi les nouveaux meubles, les guéridons en forme d'esclave maure présentant un plateau, modèle adopté par la suite dans la plupart des pays d'Europe pour présenter des porcelaines chinoises.
Les cabinets appelés *stipi* (du verbe *stipare* qui signifie « entasser » sont d'origine vénitienne.

Plateau de table du XVIIe siècle en marbre noir incrusté de pierres dures polychromes représentant, à la manière d'un véritable tableau, des oiseaux parmi des fleurs et des fruits dans un entourage de feuilles d'acanthe formant un feston sinueux.

Il s'agit de meubles dont la partie supérieure munie de tiroirs multiples est portée par des pieds tournés ou en forme d'atlante ou de cariatide. La façade du cabinet se présente comme l'architecture d'un palais orné de colonnes de frontons, avec les perspectives en trompe-l'œil. Les matériaux employés sont riches et variés : placages d'ivoire, filets d'étain, marqueteries d'écaille, motifs de bronze doré et compositions de pierres dures.

La peinture sur pierre

Les Italiens désignent sous le nom de *commesso* un décor réalisé avec des pierres dures de diverses couleurs. La technique la plus ancienne remonte au XVe siècle et consiste à assembler des éléments, ou tesselles, de même épaisseur posés et collés sur un support d'ardoise ou de bois. La mosaïque « petites tesselles » fait l'objet de nombreuses commandes pour décorer les murs et les autels des basiliques. Les mosaïstes les plus célèbres à l'époque sont, à Florence, Alesso Baldovonetti et son élève Domenico Ghirlandaio.

À partir du XVIe siècle à Florence, une nouvelle technique apparaît sous le nom de marqueterie florentine de pierres dures. C'est en 1588 que Ferdinand Ier de Médicis fonde l'Office des pierres dures, destiné à créer des « peintures de pierre » avec des minéraux venus du monde entier. Au cours du XVIIe siècle, cet office perfectionne la technique des marqueteries de pierres. À partir des couleurs retenues pour ces compositions, les pierres sont d'abord débitées en fines lamelles de 3 à 4 mm d'épaisseur avec une machine à lame d'acier sur laquelle on projette de l'eau mêlée à de la poudre abrasive. Les motifs dessinés sur papier par des peintres sont ensuite collés sur les lamelles de pierre des couleurs voulues. Le découpage de la pierre fixée dans un étau se fait avec un fil d'acier tendu sur un archet en bois souple. Le fil est passé dans un petit trou et le découpage s'effectue en suivant le dessin collé sur la lamelle de pierre. Les éléments découpés successivement sont ensuite assemblés comme un puzzle et polis.

Les compositions à motifs de fleurs et d'oiseaux donnent des polychromies éblouissantes. L'un des maîtres du genre est Domenico Cucci, appelé en France pour travailler aux Gobelins à la fin du XVIIe siècle. Il réalise à Paris de nombreux cabinets qui enrichissent les collections royales. Aux XVIIIe et XIXe siècles, l'Office des pierres dures réalisera de nombreux décors de tables, de panneaux de cabinet et de façades de tiroirs. Son activité se poursuivera jusqu'en 1880, puis s'orientera vers un atelier de restauration d'œuvres d'art.

XVIIIe SIÈCLE : LE DÉCOR POUR LE DÉCOR

Hérité de la période baroque, le goût du décor pour le décor prévaut à partir du XVIIIe siècle. Alors que le style rocaille se développe en France, la tendance à l'exagération des courbes et des contre-courbes a déjà atteint son apogée en Italie. Cette époque dite du « petit baroque » s'exprime par des exercices de virtuosité tels que les sièges cessent d'être pratiques pour devenir des sculptures qui ne prétendent plus au confort.

Les meubles

Le mobilier évolue vers de nouvelles formes. Le *stipo*, qui était à l'origine un coffre à tiroirs que l'on posait sur une table, puis un cabinet surélevé par un piètement sculpté, devient une sorte de secrétaire sous le nom de *studiolo*.

Passé la période baroque, le meuble en vogue est la commode surmontée d'un casier recouvert d'un abattant incliné qui, en s'ouvrant, forme une écritoire. Il donnera en France le bureau à dessus brisé ou dos-d'âne. En Italie, il s'appelle buffet-scriban ou scribanne. Ce meuble a la forme d'une commode à trois tiroirs sur des pieds courts et galbés. La partie supérieure est un serre-papiers que recouvre un volet de fermeture. La commode elle-même s'inspire du meuble français fortement galbé qu'on appelle commode à la Régence ou commode en tombeau.

Les premières commodes italiennes apparaissent à Venise au début du XVIIIe siècle. Elles se distinguent par l'outrance de leurs galbes en façade et sur les côtés. Elles sont à deux ou trois tiroirs plaqués de noyer et ornés d'intarsia en bois de diverses couleurs. Elles sont recouvertes le plus souvent d'un plateau en bois peint en trompe-l'œil pour imiter le marbre.

La *credenza* est un bas d'armoire à hauteur d'appui, dont les vantaux sont peints ou recouverts de placages en bois de fil recoupés en frisages.

Qu'il s'agisse de commodes, de buffets à deux corps ou d'armoires, « le baroque tourne à la rocaille » (Guillaume Janneau, *Les Styles du mobilier italien*).

Console du XVIIIe siècle en bois sculpté et argenté à décor de volutes feuillagées autour d'une tête de grotesque. Recouverte d'un épais plateau de marbre de Sienne, elle repose sur quatre pieds réunis par une entretoise en X à coquille centrale ajourée. (L : 161 cm ; H : 94.5 cm ; Prof. : 68 cm)

Bureau à caisson du milieu du XVIIIe siècle, en placage et ronce de noyer, dont les deux veines dessinent des rosaces géométriques. Il repose sur un double piètement de quatre petits pieds cambrés et moulurés.

Le décor

La plupart des meubles sont peints de couleurs claires (vert, jaune ou bleu) rehaussées d'or sur les moulures tortueuses. Pour imiter les laques orientaux dont se parent les commodes françaises, les ébénistes italiens se contentent d'un vernis appliqué sur une couche d'apprêt en plâtre. Ce procédé long et coûteux fait naître une nouvelle technique dite *alla povera*, un art pauvre, obtenue par application d'une estampe imprimée sur papier, collée sur la surface du meuble et recouverte de vernis. Les décors sont inspirés par la flore ou les ornements à la mode en France, notamment les lambrequins ou les chinoiseries. Le goût de l'imitation tend à substituer aux mosaïques de marbre et de pierres dures un mélange composé de chaux, de poudre de marbre, de gypse et de sable, amalgamé avec de l'eau, de la colle et des colorants. Cette pâte qui durcit en séchant et prend l'aspect de pierres multicolores est appelée *scagliola*.

Les bureaux plats présentent une ceinture découpée en courbes et contre-courbes portée aux angles par des pieds dont la partie supérieure est outrageusement galbée. Le plateau et la ceinture sont peints de guirlandes de fleurs ou incrustés de motifs de nacre et de burgau (coquillage) d'inspiration chinoise. Plus que tout autre meuble, la console en bois doré et sculpté permet au rococo italien de s'exprimer dans des enchevêtrements de feuilles d'acan-the, de coquilles, d'ailes de chauve-souris et autres motifs déchiquetés. Cette même exubérance se retrouve dans les encadrements des miroirs de Venise, souvent surchargés par des putti qui semblent surgir de feuillages touffus. Les anges ailés s'enroulent également autour des pieds de fauteuil, gagnent les montants des dossiers qu'ils surmontent en brandissant des écussons tortueux.

LA RÉACTION NÉOCLASSIQUE

La vogue du style rococo se prolonge en Italie au-delà de 1760, alors que les découvertes d'Herculanum et de Pompéi ont déjà provoqué l'abandon du style Louis XV rocailleux. Il fau-

Commode napolitaine du XVIIIe siècle d'inspiration Louis XV, en placage de noyer et de palissandre. Pieds avant cambrés se terminant par des boules enserrées par des griffes.

dra la publication en 1769 des gravures de l'architecte Giovanni Battista Piranèse, qui représentent les monuments de la Ville Éternelle, pour que les ébénistes et les décorateurs italiens prennent conscience de la nécessité d'un retour à l'Antiquité classique. Il faudra aussi l'exemple du style Louis XVI pour que se redressent progressivement les lignes des meubles. Toute la conception du décor des palais se soumet à la rigueur néoclassique et s'inspire des décors à la mode puisés dans la grammaire de l'Antiquité : guirlandes, festons, rubans, palmettes, rosettes, cordelières, perles et oves.

À Milan, Guiseppe Maggiolini (1738-1814) réalise de nombreux meubles, et plus particulièrement des commodes remarquables par la perfection de leurs marqueteries. Ses compositions sont inspirées de motifs pompéiens ou de scènes allégoriques animées de personnages. Il utilise jusqu'à quatre-vingt-six essences de bois sur bâti en noyer pour animer les décors des meubles les plus variés. Au Piémont, le sculpteur Giuseppe Maria Bonzanigo (1744-1820) se spécialise dans les meubles néoclassiques rehaussés de sculptures dorées ou de bois polychromes. Ses commodes portées par des pieds élevés présentent en façade des motifs de fleurs, de feuillages, de rubans et de guirlandes. À Venise, les virtuoses du rococo finissent par s'adapter eux aussi aux règles néoclassiques.

LA GRIFFE NAPOLÉONIENNE

Après la tourmente révolutionnaire, l'Italie passe sous la domination napoléonienne. L'Empereur se fait sacrer roi d'Italie (en 1805), sa sœur Elisa devient grande-duchesse de Toscane et son frère reçoit le royaume de Naples. D'abord bien accueilli par les libéraux italiens, le style Em-pire s'impose sans difficulté dans l'ensemble de la péninsule dans une interprétation « à l'italienne » qui tend à surcharger les meubles de dorures clinquantes. De formes assez lourdes, les commodes et

les secrétaires soutenus par des pattes de lion sont ornés de guirlandes, de médaillons et de profils à l'antique.
Suivant les péripéties historiques, la logique de l'évolution des styles conduit les ébénistes italiens à s'aligner sur la mode Restauration qui, sans changer les structures, adoucit les angles et remplace les emblèmes impériaux par des motifs plus aimables... À partir de 1815 en Italie du Nord, la bourgeoisie marque sa prédilection pour les doucines en haut des commodes et des secrétaires qui annoncent l'assouplissement du style impérial. Les motifs en bois clair sur bois foncé, et inversement, qui caractérisent le style français Charles X, donnent en Italie le style Carlo Felice, du nom du roi qui, de 1821 à 1831, règne sur le Piémont sous contrôle autrichien. Le retour des courbes se manifeste également sur les meubles en bois clairs inspirés par le confort bourgeois du style *Biedermeier*.
Jusqu'à la fin du siècle, le mobilier italien reste sous influence autrichienne et s'inspire avec éclectisme de tous les styles du passé. L'Italie sera longtemps considérée comme le pays des copistes. Tandis que s'affirment dans toute l'Europe les lignes directrices de l'Art nouveau, les artistes italiens une certaine filiation avec les délires foisonnants de l'époque baroque.

Console (d'une paire) du début du XIXe siècle, en provenance du Piémont. Elle est en bois laqué crème et bois doré, et ornée de motifs richement sculptés d'inspiration néoclassique. (L : 142 cm ; Prof. : 57 cm)

À gauche : ensemble de tabourets de la fin du XVIIIe siècle. Les pieds renflés et cannelés supportent une large ceinture à motifs d'inspiration néoclassique.

LE « FLORÉALISME »

Ne sachant comment caractériser le style qui s'ébauche, les décorateurs milanais lui donnent, en 1895, le nom de « *Liberty* », par allusion à la galerie londonienne d'avant-garde fondée par Arthur Lasemby Liberty. Mot qui sonne comme un appel à la délivrance par rapport aux réminiscences du passé. À Bologne, un groupe d'ornemanistes entreprend d'appliquer aux monuments, aux fontaines, aux céramiques et aux meubles les tendances naturalistes de l'Art nouveau. Cette invasion du décor par les lianes, les vrilles, les feuillages, les fleurs déliquescentes, fait surgir un style bientôt baptisé « floréal ».
Camillo Boito se fait le théoricien du floréalisme dans un article publié en 1898 par la revue *Arte italiana decorativa*. L'exposition de Turin, en 1902, révèle les ressources des ébénistes italiens qui s'inscrivent dans le grand courant rénovateur européen.
Parmi les ébénistes italiens les plus célèbres et qui interprètent le style floréal selon leur talent personnel, il faut citer : Eugenio Quarti (1867-1929), primé à l'Exposition universelle de 1900 à Paris, l'architecte Ernesto Basile (1857-1932) et Golia Ductot (1867-1942) qui s'efforcent de simplifier les lignes en vue d'une fabrication industrielle.
Un génie inclassable, Carlo Bugatti (1856-1940), père de Rembrandt, le sculpteur animalier, et d'Ettore, le fabricant d'automobiles, se singularise par des créations d'inspiration orientale surchargées de matériaux insolites : plaques de cuivre, parchemins, passementeries, cuirs imprimés qui s'ajoutent à de précieuses marqueteries d'étain et d'ivoire.
En dépit de ces efforts dispersés, le mobilier italien ne parvient pas à trouver un style moderne qui corresponde à une identité nationale.
Comme dans les autres pays d'Europe, c'est en réaction contre les sinuosités d'inspiration végétale que s'esquisse, dès le début du siècle, un style orienté vers une rigueur géométrique qui, au-delà de l'Art déco, sera à la source du design international.

Les styles ANGLAIS

L'art du charpentier est à la base de tout le mobilier anglais. C'est d'abord dans les établissements religieux, stables par définition, qu'apparaissent dès le XIIIe siècle les premiers meubles.

Les matériaux et les décors

Le chêne est – et sera longtemps – le seul bois employé. Ses longues fibres et sa résistance se prêtent à des sculptures durables.

Les motifs décoratifs sont d'aspect géométrique : des rosaces, des cercles enlacés, des quadrillages gravés de réseaux inspirés de l'architecture. Au XVe siècle apparaît la menuiserie civile enrichie de sculptures.

Le coffre s'orne toujours de rosaces, de cercles et surtout de plis de serviette et de fenestrages lancéolés de style vertical spécifiquement anglais. Et l'on peut voir, au musée Victoria and Albert, sur la façade d'un coffre de cette époque, un décor sculpté en léger relief représentant les quatre Évangélistes, d'un style inspiré des décors celtiques les plus anciens

Les meubles

Les inventaires des palais princiers font mention de lits dès le XIVe siècle, mais les plus anciens que l'on connaisse datent du XVe siècle. Les lits les plus simples ont des dossiers décorés de panneaux à plis de serviette. Ils portent souvent aux angles des piliers les figures des quatre Évangélistes. Les lits à colonnes sont des lits d'apparat garnis d'étoffe. Les colonnes sont en forme de bulbe ou de balustre avec un léger décor sculpté de croisillons, et de torsades interrompues par des bagues moulurées ou ornées de rosaces. La corniche est horizontale. Certains panneaux de chevet sont à décor de ramages de fantaisie et d'oiseaux chimériques qui s'apparentent directement aux décors celtiques.

Contemporains du lit d'apparat, le *sideboard* et le *cupboard* sont des meubles nouveaux qui prennent place dans le « hall », la pièce principale de toute demeure britannique.

Le *sideboard* est formé de deux tables superposées que bordent de fortes moulures sculptées en léger relief. Les quatre solides supports de la face antérieure présentent de vigoureux contrastes. La forme architecturale domine le décor.

Le *cupboard* est également formé de deux tables superposées mais dont la partie supérieure pleine forme un coffre garde-manger

que ferme une porte centrale. Ses côtés sont souvent à pans coupés qui dégagent des colonnes bulbeuses placées à l'angle du meuble.

La *high table* est une sorte de dressoir couvert de tissus précieux sur lequel sont exposées les pièces d'orfèvrerie.

La r*efectory table* est une longue table sur tréteaux entourée de tabourets.

Coffre en chêne de la seconde moitié du XVIe siècle représentatif de la transition entre le gothique (panneaux à plis de serviette) et la Renaissance (motif central à entrelacs).

Les sièges

Les sièges se diversifient. Les bancs et les tabourets sont fort simples.

La chaise, faite de panneaux pleins et sculptés, à dossier élevé est un siège d'honneur généralement réservé à l'Église.

La chaire est un coffre dont les montants latéraux forment les accotoirs et sont fixés à un haut dossier surmonté de motifs ajourés ; elle a une fonction honorifique.

La forme est un long banc sans accotoirs, tandis que la balancelle comporte à chaque extrémité des planches qui servent de pieds et se prolongent en hauteur formant accotoirs.

Tous ces types de meubles et de sièges se prolongent jusqu'à la mort d'Henry VIII (1558), au milieu du XVIe siècle.

ÉPOQUE TUDOR (1509-1603)

La seconde moitié du XVIe siècle voit nombre d'innovations aussi bien dans les structures des meubles que dans leurs décors, sous l'influence de la Renaissance italienne, et particulièrement de Venise.

Les matériaux et les décors

Le chêne reste la base pour la fabrication du mobilier mais sert de fond aux incrustations selon le procédé italien de **l'intarsia**. Les décors anglais sont obtenus par contraste entre le chêne foncé et le buis plus clair découpé en motifs ramifiés.

Les meubles nouveaux

La *refectory table* est la grande table qui remplace le plateau mobile sur tréteaux. Sa longueur exige un piètement renforcé comportant trois ou quatre couples de supports en forme de balustre reliés au niveau du sol par des entretoises. Sa ceinture est décorée de coquilles alignées, d'origine italienne.

La *withdraw table* est une table à l'italienne dont les deux rallonges sont logées sous le plateau et se tirent à chaque extrémité. Elle est portée par quatre pieds bulbeux reliés par des entretoises. Son plateau est souvent intarsié.

Les autres meubles

Leur évolution est lente. Le coffre présente un décor soit composé de panneaux incrustés et de sculptures, soit entièrement incrusté évoquant des thèmes d'architecture.

Les sièges sont peu variés mais plus nombreux, plus élégants et plus confortables. La chaise à haut dossier disparaît pour faire place à la chaise à bras. Elle se compose d'un siège à quatre pieds cannelés reliés à leur base par un châssis. Son dossier sculpté incrusté de buis est couronné d'un fronton sculpté entre deux consoles.

Les tabourets, dont la construction s'est perfectionnée, ont des pieds façonnés réunis par des entretoises.

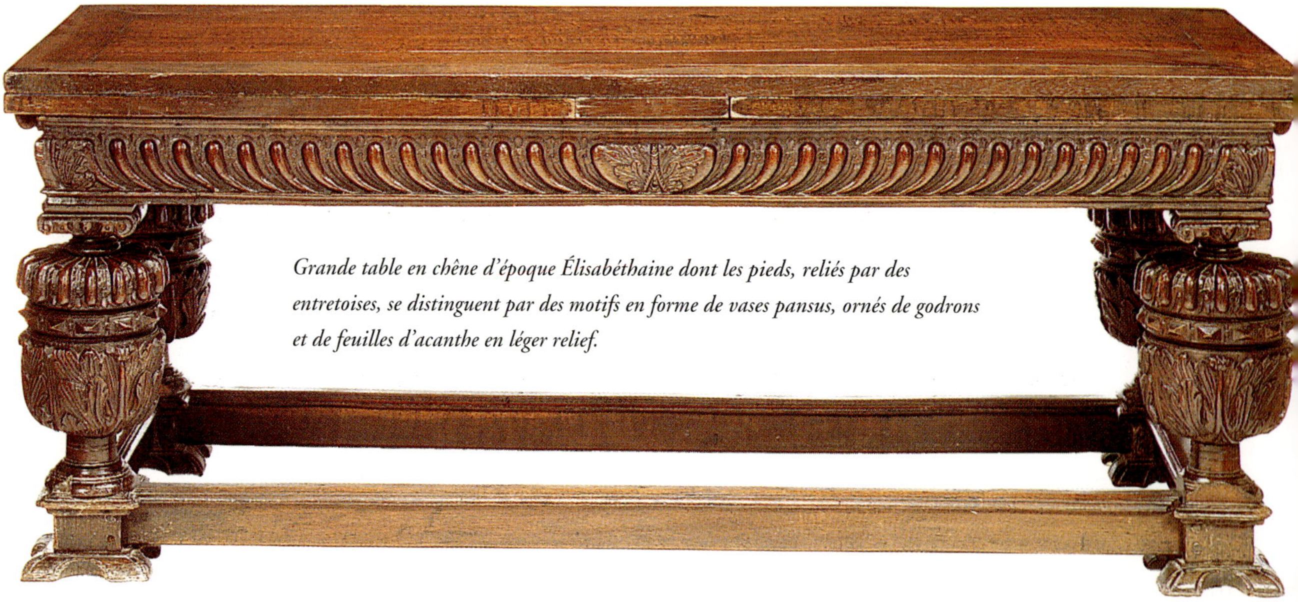

Grande table en chêne d'époque Élisabéthaine dont les pieds, reliés par des entretoises, se distinguent par des motifs en forme de vases pansus, ornés de godrons et de feuilles d'acanthe en léger relief.

ÉPOQUE JACOBEAN (1603-1660)

Table gate-legs *en chêne du milieu du* XVIIe *siècle, de style Jacobean à volets rabattants soutenus par des chassis pivotants (gate).*

Lorsque Jacques Ier Stuart succède à Élisabeth en 1603, l'Angleterre est déjà largement ouverte à l'influence italienne. En 1604, patronné par le comte de Pembroke, l'architecte Inigo Jones va séjourner, pendant trois ans, à Rome et surtout à Vicence. Féru de style palladien, il applique les principes de ce style à l'architecture anglaise. Cette mutation capitale va faire évoluer la décoration intérieure et, dans une moindre mesure, le style des meubles.

Les matériaux et les décors

Au début du XVIIe siècle ils restent, dans leur ensemble, voisins des formes élisabéthaines. L'influence flamande se manifeste dans l'emploi fréquent de tournages qui seront l'un des caractères essentiels du mobilier jacobeau. En forme de vase, balustre, perle..., sciés dans le sens de la longueur, ils sont rapportés sur les panneaux et montants des meubles. Ce décor connaît une grande vogue. Par ailleurs, les incrustations de nacre et d'os se généralisent.

Les meubles

Les coffres sont plus ou moins sèchement décorés de sculptures ou de motifs incrustés sur des thèmes floraux.

Les *cupboards* comportent le plus souvent deux corps pleins s'ouvrant par quatre vantaux. Les colonnes ne sont plus que des demi-colonnes en applique sur les bâtis. De plus, deux tiroirs apparaissent en haut du meuble.

Le *sideboard* s'allège et s'étire en hauteur sur des pieds tournés qui sont joints sur trois côtés seulement par des entretoises. Il est doté d'une haute ceinture – à décor de panneaux en forme d'octogone, d'étoile ou de croix de Saint-André, accompagnés de balustres et de rangs de perles rapportés – dans laquelle coulissent des tiroirs. C'est une innovation importante.

La *refectory table* a des pieds sculptés moins puissants, réunis par des entretoises unies. Le bandeau est souvent sculpté.

La *gate-legs* est une des innovations de l'époque. Il s'agit d'une table ronde assez grande, ovale ou rectangulaire, dont on peut réduire l'encombrement en escamotant une partie du plateau à charnières grâce à un système de châssis pivotant à la façon d'une barrière (*gate*).

Les lits se différencient de ceux du siècle précédent par des étoffes d'une très grande beauté.

Les sièges

Les fauteuils se généralisent. Leurs dossiers sont généralement de forme carrée. Pieds, entrejambes et accotoirs – seules parties différentes – sont fort simples, décorés de tournages très réguliers. Après 1620, les garnitures fixes sont en cuir, en tapisserie ou en moquette (turkey work) à semis réguliers de fleurs et de branchages sur fonds clairs ou noirs.

Les tabourets présentent des pieds et entrejambes tournés, généralement assortis au style des tables qu'ils accompagnent.

DE LA RESTAURATION À QUEEN ANN (1660-1714)

Les années de guerre civile et de la République marquent une interruption complète de toute activité créatrice. Il faut attendre le retour de Charles II Stuart et surtout l'avènement de Guillaume d'Orange pour retrouver une émulation artistique.

Les matériaux et les décors

Sous la Restauration, le noyer remplace le chêne. L'emploi de ce nouveau matériau donne naissance à la technique du placage qui se substitue très souvent au bois massif. Un peu plus tard, certains meubles plus précieux seront plaqués de bois de violette, de frêne et d'olivier, travaillés de manière à tirer parti de la beauté naturelle de ces essences et de leurs veinages.

Le style des supports évolue. Sous la Restauration, le tournage des pieds est régulier ou torse ; nouvelle formule sous William and Mary, qui s'apparente au style français Louis XIV. Les piètements sont en volute aux contours nerveux ou très contrastés – avec, dans la partie haute, le profil en bol renversé. Troisième version : à l'époque de la reine Ann, le pied est arrondi, son profil très galbé en haut est dit en cabriole. Il se termine par une serre étreignant une boule (*claw-and-ball*) dérivée de modèles chinois.

Commodes, cabinets, tables... sont décorés de motifs de fleurs, de rinceaux de bois clairs. La laque, dans le goût chinois, est également très appréciée.

Les meubles

À la fin du XVIIe siècle, certains meubles typiques comme la refectory table, le sideboard et le cupboard disparaissent, et d'autres, nouveaux, les remplacent.

La commode est un caisson rectangulaire comportant plusieurs rangées de tiroirs dont la hauteur va décroissant de bas en haut. Deux tiroirs partagent souvent le rang supérieur – le dessus est un abattant-écritoire. Même les meubles réservés aux vêtements comportent une écritoire. Les pieds sont en oignon ou en console dont la forte silhouette se raccorde par des sortes de S au corps du meuble. Des appliques de cuivre découpé et orné de motifs gravés servent d'appui aux poignets pivotants.

Le *chest of drawers* peut prendre plusieurs formes :

– un caisson s'ouvrant par quatre rangs de tiroirs, le dernier, moins haut, se divisant en deux demi-tiroirs. Les pieds courts sont en oignon ou coudés ;

– un caisson s'ouvrant par deux tiroirs surmontés d'un rang de deux hauts tiroirs. Il repose sur des pieds courts ;

– le corps du meuble, ordinairement formé de quatre tiroirs longs, surmontés de deux demi-tiroirs de hauteur moindre, est supporté par une table d'applique. Dans sa ceinture coulissent deux ou trois tiroirs. Elle repose sur un piètement à quatre pieds de façade et deux pieds corniers postérieurs, tournés en cylindre ou en spirale, et toujours reliés à la base par des entretoises.

Le *tall-boy* (littéralement : grand garçon) est formé d'un corps de deux tiroirs longs surmontés de deux demi-tiroirs qui supportent, en léger retrait, une seconde commode de trois tiroirs longs et d'un rang de tiroirs courts. Ce meuble connaît une grande vogue au temps de la reine Ann.

Le bureau-bibliothèque (ou scriban) se compose d'une commode s'ouvrant par trois, quatre ou cinq tiroirs, celui du haut étant divisé en deux. L'abattant en dos d'âne cache de petits tiroirs. Elle est surmontée d'une bibliothèque dont les portes, pleines ou à miroirs, cachent soit des étagères, soit de nombreux tiroirs et casiers. La corniche du meuble est à double fronton. Plus tard, elle sera droite.

Le secrétaire, plus petit que le scriban, comporte également une haute commode surmontée d'un corps constitué de nombreux tiroirs et casiers, qui ferme par un abattant. Celui-ci, lorsqu'il est rabattu, sert d'écritoire. Les plus beaux secrétaires sont souvent marquetés.

La table *gate-legs*, le plus souvent de forme ovale, s'agrandit. À la fin du siècle, la mode est aux tables rectangulaires portées par des pieds torses ou tournés, reliés par des entretoises en forme de double Y.

Les tables de jeu sont rectangulaires à pieds torsadés reliés par des entretoises, ou en demi-lune pliante que l'on peut adosser au mur. Sous la reine Ann, elles sont nanties de jolis pieds en cabriole avec claw-and-ball, dont la tête se rattache à un renflement du bandeau qui forme de petites cuvettes pour les jetons. Certaines tables sont recouvertes de tapisserie au petit point. D'autres sont pourvues d'un échiquier ou comportent une sorte de casier où l'on déposait l'argent.

Le guéridon rond, qui apparaît sous William and Mary, se pose sur une colonne centrale en forme de balustre que prolongent trois pieds découpés en console.

La table-soleil est une table à dessus basculant. Son plateau rond se rabat d'une seule pièce le long de son pied. Ce type de table sera surtout en faveur au milieu du XVIIIe siècle et passera même en France dans les années 1770, sous le nom de table-cible.

Les sièges

Sous la Restauration, les dossiers des sièges sont abondamment sculptés mais sans finesse. Ils comportent un panneau canné de forme rectangulaire ou ovale, encadré de montants de bois tourné ou sculpté.

La grande hauteur des dossiers caractérise le style des sièges William and Mary. Le panneau canné s'encadre de colonnettes tournées qui supportent un fronton ajouré.

Les dossiers des chaises sont soit cannés, soit formés de colonnettes, rinceaux et autres ornements qui soulignent leur ligne élancée. Les pieds antérieurs, tant des fauteuils que des chaises, sont unis par une importante entretoise très sculptée. Les dossiers de certains grands fauteuils sont entièrement recouverts d'étoffe. Ils se terminent par un haut de ligne sinueuse qui se prolonge dans les oreilles et les accoudoirs à volutes. Les pieds tournés présentent des contrastes audacieux.

Sous la reine Ann, la simplicité dépouillée s'impose. Les pieds *claw-and-ball* s'harmonisent avec des dossiers moins élevés dont le centre s'orne d'un simple panneau uni et plat, découpé en forme de balustre appelé *splat*. Celui-ci rejoint la ligne plus ou moins sinueuse des montants. Les accotoirs, tout en bois, sont en crosse.

Les canapés suivent l'évolution des fauteuils. Leur dossier répète deux ou trois fois le splat découpé. Ou bien il est entièrement recouvert d'étoffe et rembourré. Ils reposent sur des pieds soit tournés reliés par des entretoises sinueuses, soit par des pieds en cabriole.

Les tabourets (ou *stools*), ronds ou rectangulaires, sont assez bas et recouverts d'étoffe ou de tapisserie. Leurs pieds affectent les diverses formes en vogue.

Deux fauteuils en chêne portant, gravées en relief, les initiales R. G. M et le nom Mary Kirke des propriétaires présumés. Figure aussi la date de la donation : 1680. Les dossiers sont décorés de fleurs stylisées. Les pieds sont tournés en chapelet et en anneaux reliés par des entretoises.

L'ÈRE GEORGIENNE (1714-1760), PREMIÈRE ÉPOQUE

Les matériaux

Vers 1725, sous George Ier, l'acajou se substitue au noyer. À partir de 1720, les Français ayant mis l'embargo sur le noyer, les ébénistes anglais importent du noyer de Virginie et, surtout, ils découvrent l'acajou des Antilles. Très résistant, il est réfractaire aux piqûres de ver, il brille aussi plus facilement que le noyer et il prend à la teinture une chaude couleur rouge agréable à l'œil. Peu facile à utiliser en placage, il se prête, en revanche, merveilleusement bien à la sculpture. Enfin, ses énormes troncs permettent de réaliser de grandes tables de salle à manger d'une seule pièce. L'emploi de l'acajou ne modifie pas sensiblement la forme des meubles qui reste architecturale. Thomas Chippendale est l'un des ébénistes qui a le mieux utilisé l'acajou.

Les décors

Au début du règne de George Ier, l'Angleterre redécouvre la Renaissance italienne. Les décors s'enrichissent alors d'éléments palladiens. Ainsi les pieds des bibliothèques, des tables, des canapés... se transforment en chimères, en dauphins, en aigles...

Dès 1735, le style rocaille français fait son apparition sur certains meubles précieux dont les formes ondulent ou se bombent. Mais c'est surtout sur les objets de décoration que cette influence se fait sentir : miroirs, cadres en bois sculpté et doré, trumeaux, etc.

À la même période, le goût pour les chinoiseries s'impose, leur influence est plus profonde et sera plus durable que les deux styles précédents. Elles apparaissent alors sur les meubles, sur les supports et traverses des sièges, voire sur les dossiers, les trumeaux de glace, les miroirs, parmi des treillis, des entrelacs et de légers motifs croisillonnés qui dessinent des réseaux géométriques sculptés en faible relief ou ajourés. Avec les chinoiseries se combinent aussi des emprunts à l'art médiéval, qui n'a jamais été totalement abandonné... et ne le sera jamais tout à fait.

Entre 1740 et 1762, l'emploi presque exclusif du décor sculpté sur les meubles en acajou va de pair avec des ornements de bronze sur des fonds de marqueterie de bois de rapport, très en vogue à la même époque.

Les meubles

Les commodes et les *tall-boys* : la courbe du plan des commodes rejoint d'étroits pans coupés unis, décorés de consoles très allongées ou encore de motifs croisillonnés. Le dessus, toujours en acajou, se double généralement d'une tirette sur toute la largeur du meuble. Certaines commodes sont fermées par deux portes. Le tall-boy est soit composé de deux commodes superposées, soit d'un meuble à portes au-dessus d'un soubassement à tiroirs.

Les bureaux sont formés d'une commode surmontée d'un pupitre incliné et d'un corps du haut terminé par un fronton. Les plus précieux s'ornent de fines moulures, de corniches à denticules ou parfois de parties ajourées dans le couronnement.

Les grandes bibliothèques ont des portes centrales qui font saillie sur les côtés. Le soubassement est à portes pleines. Le haut ferme par des portes vitrées, décorées d'étroites baguettes qui dessinent des motifs géométriques rectilignes ou curvilignes, et comporte un fronton brisé, de part et d'autre d'une tablette aménagée pour recevoir un buste ou un vase.

Les bureaux plats ont des montants décorés de consoles allongées de chaque côté des colonnes de tiroirs qui encadrent l'espace central réservé aux jambes.

Les consoles et les tables : certaines consoles sont abondamment sculptées et décorées. Les plus simples présentent des supports en console ou des pieds carrés qu'anime un léger décor de motifs croisillonnés. Les tables de jeu diffèrent peu des modèles de l'*époque Queen Ann* et conservent leurs pieds *claw-and-ball*.

Les guéridons sont supportés par une colonne en forme de balustre prolongée par trois pieds *claw-and-ball*. Le plateau circulaire est uni ou bordé d'une moulure formée de lignes en S que des petits arrêts droits interrompent.

Les plateaux des tables à thé à trois pieds-de-biche, rectangulaires, ont des moulures à décor de motifs croisillonnés ou ajourés.

La table de toilette est un caisson où est enclavée une cuvette, l'ensemble porté par quatre pieds verticaux, nus, reliés par un plateau d'entrejambe. Un miroir inclinable encadré d'un châssis s'implante dans la traverse postérieure de la ceinture du meuble.

Les lits Chippendale ont des colonnes cannelées ou unies ornées d'une légère guirlande en spirale. Elles reposent sur des pieds en forme de balustre. Les rideaux sont en cotonnades imprimées. Certains modèles luxueux imitent le bambou et sont laqués noir et or. Le panneau de fond est à bâtons rompus. Le baldaquin est en forme de pagode.

Petite commode "de célibataire" (bachelor) en acajou, à quatre tiroirs ornés de filets clairs. Epoque georgienne, vers 1720. Le plateau se divise en deux volets pour former une écritoire soutenue par des coulisseaux, (H : 78 cm, l : 76 cm, Prof : 31 cm).

Les sièges

Affinés et simplifiés, les sièges georgiens ont des pieds *claw-and-ball*. Leurs traverses sont droites. Les dossiers sont ornés au centre d'un motif inspiré du splat où s'enroulent de souples arabesques. Ou bien leurs pieds sont droits, de section carrée, unis par des entretoises. Leurs dossiers sont décorés au centre ou sur toute leur surface de motifs ajourés d'inspiration chinoise. Certains modèles comportent un couronnement évoquant les toitures de pagode.

Les souples accotoirs des fauteuils, toujours apparents, reposent sur des consoles cintrées en S. Celles-ci se raccordent sur le bâti latéral du siège, ou s'emboîtent sur un châssis recouvert d'étoffe ou de cuir.

Les sofas sont entièrement garnis d'étoffe comme les fauteuils à oreilles dits ***grand'father chairs.***

Il existe également un fauteuil transformable qui, en se renversant, se développe et devient escabeau de bibliothèque.

L'ÈRE GEORGIENNE (1760-1800), SECONDE ÉPOQUE

Robert Adam, Chippendale, Hepplewhite et Sheraton sont les grands novateurs de la fin de ce siècle.
Architecte, Robert Adam a étudié quatre ans en Italie et crée, au milieu du XVIIIe siècle, un style nouveau très influencé par l'architecture gréco-romaine.
Les ébénistes Chippendale et Hepplewhite adoptent le style néoclassique en l'assouplissant et en atténuant le côté somptueux, voire un peu pompeux.
Avec Sheraton, à l'extrême fin du siècle et au début du XIXe, la ligne droite l'emporte sur la courbe. Son style élégant et dépouillé rappelle le style français de la fin du règne de Louis XVI et du Directoire. Il gardera toujours une prédilection pour l'acajou. Ses meubles mécaniques sont remarquables.

Les matériaux et les décors

L'acajou n'est plus le matériau unique. Le citronnier est également très employé ainsi que les bois exotiques (bois de rose, bois de violette...). La marqueterie décore la plupart des meubles, ne serait-ce que très discrètement. Le hêtre, l'érable, le satiné seront également employés à la fin du siècle.
Les meubles les plus simples sont en acajou et comportent des marqueteries de bois clairs : rosaces, filets et surtout le très caractéristique *parapluie* qui s'inscrit dans un ovale ou un triangle. Les meubles en citronnier sont rehaussés de filets d'acajou et décorés de motifs peints : camées, bouquets, guirlandes... Des plaques de porcelaine de Wedgewood, à camée blanc sur fond bleu, décorent certains meubles. D'autres sont en bois doré et sculpté ou sont peints. On fabrique à cette époque de nombreux sièges qui évoquent le style vénitien. Quelques-uns sont entièrement laqués.

Les meubles

Il en existe une grande variété de modèles.
Les commodes : en acajou ou en citronnier, elles affectent un plan cirqué et, plus tard, une courbe en demi-lune ponctuée par deux pilastres formant support. Certains modèles unissent les parties concaves et convexes. Les plateaux sont en bois.
Lc bureau-bibliothèque est toujours très en vogue. Ce sont surtout les fines lattes de bois sur les portes vitrées et la ligne des frontons qui prennent des formes nouvelles.
La bibliothèque-secrétaire est conçue sur le même principe mais, au lieu d'avoir un abattant, le tiroir supérieur est muni d'une tablette, articulée par des charnières, qui fait écritoire. Le corps inférieur est fait de tiroirs ou de rayons mobiles pour le rangement des vêtements. Dans ce cas, il ferme à deux portes.
Les tables-bureaux, très simples, sont en acajou et ne portent ni ornements ni sculptures. Elles sont recouvertes de cuir de couleur. Munies de tiroirs de chaque côté, elles peuvent être utilisées par deux personnes face à face.
La table Pembroke est petite, à deux abattants, et comprend un plateau rectangulaire ou ovale. Ses pieds sont fuselés, carrés ou ovales. Le plateau, en acajou, en bois satiné ou en érable, est orné d'arabesques ou de motifs géométriques en marqueterie.
Les consoles ont des plateaux incrustés ou peints. Elles sont montées sur des pieds fuselés, carrés, ronds ou galbés.
Les petites tables à écrire, en hêtre, ont un plateau que relient, à la partie inférieure, des pieds façonnés et fuselés. Un tiroir ouvre sur le côté. Sur le devant, une tablette à coulisse permet d'écrire.
On fabrique aussi de petites tables munies de tiroirs contenant plumier et encrier, et de planchettes à tirette pour écrire. Le dessus de ces tables est parfois pourvu d'une sorte de pupitre que l'on fixe à volonté pour lire à l'aise. Les quatre pieds, très minces, sont fuselés.
Les écrans de cheminée sont de deux sortes.

Grande bibliothèque en acajou clair de la fin de l'époque georgienne. Le fronton brisé dégage un support destiné à présenter un vase ou un buste. Les portes vitrées sont décorées de baguettes qui forment un motif géométrique de style Hepplewhite. Les caissons latéraux, à quatre tiroirs chacun, encadrent un corps central en saillie.

Ils peuvent être posés sur un trépied, presque toujours en bois satiné ou laqué, ils ont la forme d'un écusson tenu par une longue tige orientable. Quant aux écrans à pied droit, ils sont en bois naturel et agencés parfois pour servir d'écritoire.

À la fin du siècle **le guéridon** retrouve une grande vogue. Il est léger et ses pieds courbés vers l'intérieur parfois terminés par une boule. Le support a souvent la forme d'un vase et le plateau pivotant est rond, carré, ovale ou hexagonal.

Les tables à ouvrage simples et robustes sont en acajou ou en satiné. Elles ont généralement la forme des tables à écrire avec de petits compartiments pour les fils, les soies, les aiguilles... D'autres modèles, plus rares, ressemblent à la tricoteuse française, avec un couvercle muni de charnières, qui s'ouvre par un ressort. Elles comportent un plateau qui contient le nécessaire à couture.

*Bureau-scriban (*writing cabinet*) en acajou d'époque Georges III, vers 1760. Il possède quatre tiroirs surmontés d'un pupitre à abattant et d'une bibliothèque vitrée.*

Sur les tables de jeu, l'envers du plateau que l'on peut retourner découvre l'échiquier tandis que le tric trac est dissimulé en dessous. Dans certains modèles, l'échiquier est sur le dessus du plateau.
À la fin du siècle, les grandes tables de salle à manger sont en acajou et à rallonges. Le plateau uni repose sur deux supports tripodes, munis de roulettes de cuivre qui facilitent la mobilité du meuble.
La table Pembroke est l'un des meubles mécaniques de Sheraton les plus réussis. C'est une table à systèmes extrêmement sophistiqués. La ceinture comporte quatre tiroirs visibles sur les côtés ; le plateau est extensible et le corps de la table dissimule une série de tiroirs et de casiers qui se relèvent mécaniquement.

Les sièges

Fauteuils et chaises sont en acajou, en hêtre lorsqu'ils sont peints ou laqués noir et or. Les piètements sont fins et en cabriole, ou bien droits, fuselés ou cannelés et sans entretoises. Le plus souvent, seul le siège est garni.
C'est sur les dossiers des sièges que la fantaisie des créateurs se manifeste le mieux. De ligne souple, il en est de toutes sortes. À décor de motifs néoclassiques avec Adam : rosace dont l'encadrement circulaire est surmonté d'un étroit panneau cannelé, ou dessinant une sorte de viole galbée dont les cordes seraient des tiges verticales, ou encore en forme de lyre, etc.
Les dossiers Chippendale sont ajourés, qu'ils soient à décors de lattes, à croisillons, torsadés, en arabesques, à barres horizontales...
Avec Hepplewhite, les dossiers sont ovales, en cœur, en forme d'écu, à décor de balustre plat ou de large palmette, à ruban ou ajourées...
Sheraton, lui, dessine des dossiers carrés. Ils se divisent en trois parties, le centre formé d'un motif classique, guirlande, draperie, vase ou épi de blé...
Les tabourets ont une ligne droite ou courbe ; les pieds sont en cabriole ou carrés.
Les banquettes de fenêtre ont des bras en crosse, des pieds droits et fuselés, carrés ou ronds. Tous ces sièges sont recouverts de tissu ou de tapisserie.
Les canapés aux lignes souples sont entièrement tapissés ; ils ne laissent apparaître que la traverse avant et les pieds cambrés et cannelés, ou droits et cannelés.
Le confident est un vaste canapé flanqué à chaque extrémité d'une sorte de fauteuil. La duchesse, ancêtre du lit de repos, se compose de deux bergères séparées par un tabouret.
Les lits sont toujours à colonnes. Simples, fuselées et cannelées, elles se terminent en vase sculpté reposant sur une galerie carrée et unie. Les draperies ont toujours la faveur. Certains « lits d'été » sont divisés en deux... « afin, explique Sheraton, que l'on dorme séparément par temps chaud ».

LE REGENCY

On désigne sous le nom Regency les meubles des trente premières années du XIXe siècle – bien que la régence du prince de Galles n'ait duré que neuf années (1811-1820) – parce qu'ils ont en commun l'héritage néoclassique du XVIIIe siècle. Ils sont pourtant traités dans un esprit différent.
Le premier style Regency (1800-1820) est d'abord influencé par le style Sheraton. Le mobilier est généralement simple et élégant. Puis c'est le nouveau classicisme de Thomas Hope, un amateur éclairé de l'art antique, qui l'emporte. Ses créations se caractérisent par une savante et rigoureuse fidélité dans l'exécution des motifs ornementaux de style égyptien, grec ou romain. Souvent proche du style Empire, il est moins majestueux.
Le second style Regency (1820-1830) est fortement influencé par le goût personnel du roi George IV (ex-régent) pour l'exotisme, surtout pour les chinoiseries. Serpents, dragons, oiseaux fabuleux, etc., apparaissent sur les pieds des meubles ainsi que toute la gamme

des imitations de bambou. Certains meubles sont à décor d'incrustations de cuivre à la manière de Boulle, qu'affectionnait également le roi. Et si la référence à l'Antiquité existe toujours, elle deviendra peu à peu une convention décorative. Les motifs égyptiens, grecs ou romains prendront des formes composites et variées. On trouve ainsi sur certains meubles des colonnes, des feuilles d'acanthe et des palmettes grecques voisinant avec des sphinx et des motifs animaliers égyptiens. Autres motifs très appréciés qui célèbrent la suprématie de l'Angleterre sur les mers : dauphins, ancres et cordages.

Les matériaux

L'acajou est le bois le plus employé. Les ébénistes de l'époque évitent le plus possible l'emploi de techniques et de matériaux coûteux mais n'utilisent néanmoins que des bois de qualité et de belle apparence. Ils privilégient les essences ramagées et emploient également les variétés exotiques au veinage très apparent, zébrées ou satinées, et les bois tachetés (anboine, érable d'Amérique) ou mouchetés comme l'érable européen, dont ils mettent les dessins en valeur. La finition (*shellac* : laque en feuille diluée dans l'alcool) donne un superbe brillant aux meubles.

Les décors

À l'exception de quelques motifs discrets, la sculpture n'est presque pas utilisée dans la première époque Regency. Les incrustations se pratiquent encore mais sans prodigalité, de même que les filets d'ébène, de poirier ou de saule noircis.
Le placage, qui permet de très beaux effets à moindre frais, est très pratiqué, surtout après 1815. Même les sièges qui, jusque-là, étaient en bois massif vont en profiter. Les modèles, pour la plupart repris de la fin du XVIIIe siècle, vont être pourvus de bras et de pieds carrés pour permettre l'application des feuilles de placage (pieds en sabre notamment).

Les meubles

Les meubles Regency sont très variés. On y retrouve tous les modèles des époques précédentes mis au goût du jour.
Les petites tables de salon et de bibliothèque se multiplient. Très caractéristique du style Regency, la petite table-sofa est une variante de la table Pembroke, destinée à recevoir les objets de couture, de lecture ou d'écriture de la maîtresse de maison. Les abattants sont fixés par des charnières aux extrémités latérales et non pas articulés sur la largeur. Deux tiroirs se trouvent placés dans la ceinture. Ce genre de table comporte souvent un plateau réversible dont une face sert d'écritoire et l'autre d'échiquier. Les premiers modèles ont des supports droits en Y renversé ou bien s'évasent en forme de lyre. Ils sont bientôt remplacés par une colonne centrale reposant sur un socle, lui-même soutenu par des pattes d'animaux.
Peu d'innovations : le *quartet-table* (ou table gigogne) qui aura beaucoup de succès tant en Angleterre que sur le continent ; les serviteurs muets, tables à plusieurs étages fixées sur un pied central ; la *drum-table*, circulaire et munie de tiroirs dans la ceinture.
Les tables de jeu sont plus rares. En revanche, les grandes tables de salle à manger sont nombreuses et variées. Elles comportent soit des allonges soit des abattants et sont supportées par une unique colonne, soutenue par un trépied à griffes ou des pieds à courbe concave, ou encore par un socle triangulaire souligné d'une plinthe concave.
De grandes tables rondes dites tables à petit déjeuner sont également très à la mode. Leur support peut être triangulaire sur un socle à trois pieds, à colonne tournée soutenue par une base circulaire, à tablette supportée par des pieds courts en patte de lion ou en double enroulement.
Le sideboard, ou crédence, est destiné à ranger la vaisselle et les couverts. Vers la fin du Regency, ce meuble comportera deux corps réunis par un plateau équipé de tiroirs, avec

une niche centrale pour le rafraîchissoir à vin (*wine cooler*).
Commodes, scribans, bureaux et grandes bibliothèques ne diffèrent que par des détails de ceux de l'époque précédente. À partir de 1825, le mobilier s'alourdit. Sa ligne générale perd de son charme et reflète l'esprit de décadence qu'exprime, à la même époque, le mobilier français.
Jusque-là, le mobilier Regency offrait grâce, beauté, robustesse et vigueur du trait, ainsi qu'un remarquable travail d'ébénisterie et une certaine sobriété de l'ornementation. Ces qualités vont s'amoindrir pour devenir rares dans l'époque qui suit.
Ainsi les pieds des sièges sont de nouveau tournés au lieu d'être gracieusement évasés en sabre. Les dossiers s'achèvent en volutes compliquées tournées vers l'extérieur. Les sofas ont de lourds pieds tournés tandis qu'une palmette à la sculpture vigoureuse couronne les dossiers. Les colonnes des lits, les montants des cabinets et les pieds de table présentent un tournage ouvragé et des ornementations de feuilles assez grossièrement traitées en motifs compacts.

LE STYLE VICTORIEN

Sous le long règne de Victoria (1837-1901), meubles et styles antérieurs sont réutilisés dans des interprétations diverses, souvent peu orthodoxes. Quatre grands styles dominent : néoclassique d'inspiration antique, Louis XIV, élisabéthain et gothique. Ce qui n'exclut pas certaines tendances Renaissance italienne, ni même un mélange de tous ces styles sur une même pièce. Ces tendances persisteront tout au long du règne avec, de surcroît, l'influence japonaise qui se fait sentir à la fin du siècle.

Les matériaux

Les bois traditionnels les plus employés sont l'acajou, le noyer et le hêtre. Il faut souligner que tous les meubles de cette époque, fabriqués industriellement, sont d'une finition parfaite.
À noter deux innovations : le papier mâché avec lequel on fabrique même des meubles et

Canapé et chaise faisant partie d'un ensemble inspiré du style retour d'Égypte. Les consoles d'accotoir sont ornées de têtes égyptiennes coiffées du klaft *et les pieds sont en patte de lion, deux décors caractéristiques du style égyptien qui s'est prolongé sous l'Empire.*

des chaises et le *per-work* qui consiste à appliquer des papiers découpés et colorés sur une surface laquée que l'on recouvre ensuite d'un vernis épais.

Le mobilier populaire

Au tout début de l'ère victorienne, les ébénistes ne sont pas influencés par les styles du passé mais par le goût du confort qui se manifeste à cette époque. Ils créent des meubles souvent bizarres où domine la ligne courbe. Ils n'hésitent pas à mêler des éléments de desserte et de chiffonnier qui se combinent en un ensemble d'une certaine opulence et d'un gabarit inhabituel.

Dans l'ensemble, le mobilier est en acajou, bois de rose ou chêne, sans sculpture ni dorure. Les sièges répondent davantage aux exigences du corps qu'à l'esthétique. Fauteuils et canapés sont submergés de capitons en cuir, en velours et de franges. Tapissiers et décorateurs sont rois.

Meuble-écritoire à gradin inspiré d'un bonheur du jour de style Louis XV dont il se différencie à l'évidence par la structure, le piétement compliqué, le décor de fleurs polychrome et le paysage peint sur le pupitre.

Le mobilier néoclassique

Il s'inspire des motifs Regency et notamment du style Sheraton, mais en altérant et en alourdissant quelque peu les formes si élégantes de la fin du XVIIIe siècle.

Le mobilier Louis XIV

(On dit également néo-rococo, ce mot étant alors très à la mode)

En réalité, ce mobilier ne doit pas grand-chose au style Louis XIV. Il s'inspire surtout du rococo georgien. Ses volumes sont également imposants et ses courbes abondantes et très exagérées. Les capitonnages et les effets d'étoffe continuent à faire le bonheur des tapissiers.

Le style élisabéthain

Le Parlement britannique reconstruit vers 1840 dans le style gothique ou élisabéthain, ainsi que les romans de chevalerie de Walter Scott, influencèrent décorateurs et ébénistes. Le style élisabéthain-victorien, un mélange des styles Tudor, Jacobean et Stuart, connaît une grande vogue. Autant dire que le mobilier de cette époque est éclectique mais difficilement classable. Ainsi sur certains meubles on trouve, voisinant avec des colonnettes torsadées et des bandeaux sculptés Renaissance, des pieds en cabriole... Les chaises cannées, dans le style Stuart, seront très longtemps les chaises de salle à manger des intérieurs anglais.

Le style gothique

Il se caractérise par des structures géométriques, des gonds soulignés par de longues bandes de métal, des motifs festonnés et ajourés relevant de l'architecture. Le bois est employé dans son aspect naturel, sans vernis ni teinture. Peu à peu, les formes se simplifient, se dépouillent de leur surabondance ornementale.

Le victorien tardif

La fin des années 1860 voit naître un nouveau courant de décoration, l'*Art Furniture*, qui englobe diverses tendances dont le goût pour l'art japonais.

Ses caractéristiques essentielles : couleur noire, panneaux peints à encadrements géométriques, structure rigoureuse rythmée par des colonnes verticales. Les galeries sur le sommet des crédences et des bibliothèques sont ajourées, les supports élancés et tournés. Des éléments métalliques en anneaux ou en bandeaux ornent certains meubles, ou bien ce sont des motifs décoratifs floraux ou géométriques. Les petites pièces à rayonnages multiples sont nombreuses et variées. Les bois alors fréquemment employés sont le laurier, le tilleul d'Amérique et le noyer foncé.

Si les meubles victoriens sont, dans l'ensemble, assez lourds, surchargés de décors et souvent de dimensions imposantes, il en existe également de plus légers qui sont charmants : par exemple, le petit bureau-pupitre Davenport que l'on appelle en France bureau de changeur ; le *teapoy*, un guéridon à trois pieds ; les sellettes en bambou ; les tables de jeu au plateau à damier réversible ; les étagères à plateaux multiples et à supports de fines colonnettes où sont exposés des bibelots ; les tables à plateau mosaïque (incrustation de bois précieux ou de marbre) ; les tables gigognes en tout genre...

Les sièges sont également nombreux et variés : fauteuil pour fumeur, prie-Dieu, fauteuil de repos, de bibliothèque, de couture, les petites chaises basses de baby-sitting... Il y a aussi

Meuble d'entre deux en placage d'ébène surchargé de bronzes dorés et ciselés couvert d'un plateau de marbre blanc. Ce meuble « fin de siècle » est un amalgame de décors rocaille, plaqué sur une structure néo-Louis XVI, reposant sur des pieds en toupie à la façon des ébénistes de la fin du XVIIIe siècle. Le panneau central est orné d'une chinoiserie polychrome.

beaucoup de canapés capitonnés de tissu, de tapisserie, de velours, aux dossiers largement ondulés, des ottomanes, des chaises longues, les fameux canapés Chesterfield capitonnés de cuir et les *love-seat* (vis-à-vis) ; des chaises hautes pour enfants, etc. En règle générale, le siège victorien est confortable, profond, avec souvent des pieds en cabriole.

Autre spécialité de ce style, les meubles de bateau : commode peu profonde à usage de secrétaire en acajou ou en teck, à poignées latérales et coins en cuivre ; les petites tables à barbe posées sur quatre pieds droits ; les malles et les coffres en acajou ou en camphrier, à poignées et coins en cuivre, qui ne manquent pas non plus de charme.

Finalement, ce style qui n'en est pas un a pour lui une certaine fantaisie alliée à un sens du confort fonctionnel. C'est sans doute pourquoi, après l'avoir longtemps dédaigné, on l'apprécie de nouveau aujourd'hui.

Les styles DES ÉTATS-UNIS

Longtemps après le débarquement du Mayflower, les colons ont vécu à l'anglaise en adoptant les styles en faveur à Londres, avec un certain décalage. Des meubles de style Queen Anne, puis Chippendale, Hepplewhite, Sheraton vont être ainsi importés jusqu'à la fin du XVIIIe siècle, mais en petite quantité. En fait, la plus grande partie du mobilier est fabriquée sur place par des ébénistes qui, s'ils imitent d'assez près leurs modèles, n'en ajoutent pas moins leur empreinte et leur savoir-faire personnel.

Le style baptisé *Federal* s'étend de 1780 à 1810. Historiquement, le style Federal correspond à l'époque où, après la proclamation de la Constitution fédérale en 1787, le premier président de l'Union, George Washington, s'installe dans ses meubles à Washington. D'un point de vue stylistique, ces meubles marquent une réaction contre le Chippendale américain et s'orientent vers le style néoclassique que Robert Adam avait mis à l'honneur en Grande-Bretagne. Ces meubles se caractérisent par des lignes droites, des sièges cannés, des décors de guirlandes et de rubans.

Au début du XIXe siècle, c'est l'influence française qui s'impose avec les styles Directoire-Sheraton et Empire vers 1840. Les meubles de cette époque sont parfois qualifiés par les antiquaires d'un nom de style mal défini, l'*Early American.* La plupart des meubles sont en acajou. L'un des plus typique est la commode *block-front* où la bordure moulurée des tiroirs divise la façade en compartiments (*block*) autour d'une importante coquille sculptée. Les poignées des tiroirs sont en cuivre et se détachent sur une plaque de laiton à motifs ajourés. Le corps de la commode repose sur des pieds cambrés.Cette commode est la spécialité des ébénistes Goddard (d'origine française) et Townsend, installés à Newport (Rhode Island).

Les grandes commodes de style Chippendale s'ouvrent par deux tiroirs du bas larges et galbés, surmontés de deux tiroirs un peu moins larges et droits. Le plateau est en bois et ne comporte pas d'écritoire. Les pieds petits et trapus sont galliés.

Parmi les sièges, nombreux, notons le fauteuil *Martha Washington* à haut dossier et pieds fuselés, recouvert de tissu ; le *wing-chair*, confortable fauteuil à oreilles de style Queen Anne...

Les meubles de la période 1805-1840 de style

Directoire-Sheraton et Empire sont pour la plupart en acajou ou en érable, massif ou plaqué. Sculptures et applications en cuivre sont très soignées. Les dossiers des chaises sont formés : d'un bandeau supérieur au creux accentué et de montants d'un seul tenant avec l'assise ; de simples croisillons à décor de lyre ou de harpe. Les motifs ornementaux les plus employés sont les épis de blé, les flèches, les drapés, les festons. Les pieds des sièges sont généralement en sabre.

À côté du mobilier de ville existent de nombreux meubles plus rustiques, fabriqués pour les colons de la campagne. Les bois les plus employés sont surtout le pin et l'érable, plus rarement le chêne, le noyer et les bois fruitiers. Comme dans la campagne anglaise, il y a des tables *gate-legs*, des vaisseliers, des dressoirs ainsi que quelques pièces typiquement américaines : le *milk safe* (garde-manger), la *blanket-Chest* qui sert à ranger les couvertures. Les fauteuils sont rares, les sièges divers : le banc de cordonnier, la *Windsor chair* dont le dossier incurvé est en peigne, en éventail ou encore à dossier bas ; la *Hitchcock chair* qui tient son nom de son fabricant, Lambert Hitchcock de Hitchcockville (Connecticut). C'est une chaise légère, décorée au pochoir ou peinte. Les chaises d'origine ont leur nom inscrit au pochoir au revers du dossier. Enfin le *rocking-chair*, dont on dit qu'il a été inventé par Benjamin Franklin. Celui-ci aurait, paraît-il, fixé des patins-balanciers sous les pieds d'une simple chaise.

Il convient de noter que, quel que soit le bois employé, de nombreuses pièces du mobilier campagnard sont peintes : un vert très foncé et le noir pour les sièges, tandis que les coffres, dressoirs et autres vaisseliers sont couverts de polychromie ou d'un rouge très assourdi, l'*Indian red*.

Dans la seconde moitié du XIXe siècle, le style Victoria s'imposera. Comme en Angleterre, les ébénistes américains reprendront les styles passés pour produire, à leur manière, des meubles en tout genre selon les caprices des goûts et des modes, pour finir par des étagères superposées de style japonisant.

Commode-scriban en acajou surmontée d'une haute bibliothèque, attribuée à l'ébéniste d'origine française John Goddard, de Newport (Rhode Island), actif de 1750 à 1770. Ce meuble d'inspiration Chippendale repose sur une commode de type block-front *ornée de plaques de laiton découpées. Les motifs en coquille, chers à John Goddard, sont visibles au-dessus des tiroirs du scriban et au sommet des trois portes de la bibliotèque.*

Les styles des PAYS GERMANIQUES

Des coffres gothiques aux grandes armoires bourgeoises inspirées par l'architecture de la Renaissance, les meubles allemands se distinguent par leur perfection d'exécution, la solidité des assemblages et la richesse des sculptures.
Les principautés germaniques subissent des influences de proximité. L'Allemagne du sud est surtout sensible aux modèles italiens, tandis que les pays rhénans s'ouvrent aux créations hollandaises et françaises.
Au XVIIIe siècle, les plus grands ébénistes allemands, souvent sollicités par les rois, les princes et les aristocrates français, viennent exercer leur talent à Paris où ils sont d'abord très bien accueillis par la communauté professionnelle.

L'ANTIQUITÉ REDÉCOUVERTE

Les matériaux et les ornements

À l'époque féodale, les particularismes nationaux ne sont pas encore esquissés. Le mobilier germanique ne prend son caractère spécifique qu'après la Renaissance italienne. Dès le début du XVe siècle, les ébénistes allemands, sous l'influence d'Albrecht Dürer, renoncent aux ornements gothiques décadents et s'inspirent des modèles italiens. Les meubles en bois massif construits avec une solide rigueur se couvrent de sculptures tirées de la grammaire ornementale proposée par l'Antiquité redécouverte.

Les meubles

Au XVIe siècle, les coffres en chêne ou en noyer sont d'une construction soignée et assemblés à queue-d'aronde. Ils offrent une façade compartimentée par des pilastres surmontés de chapiteaux qui encadrent des médaillons à personnages. En Allemagne du Sud, les jeux de bois à l'italienne apparaissent à la fin du siècle sur les façades de certains coffres. Ces décors sont faits d'incrustations de bois

Coffre en chêne fin XVIe d'Allemagne du Nord. Décors de bas-reliefs portant des traces de polychromie représentant des personnages surmontés de deux "putti" d'inspiration italienne.

tendres, dans des teintes dont les savantes compositions représentent des paysages d'architecture encadrés par des pilastres surmontés d'arcatures.

L'armoire de grandes dimensions est l'expression la plus significative de l'art mobilier germanique. Elle est souvent le chef-d'œuvre des compagnons qui postulent à la maîtrise, dans un système corporatif hiérarchisé. Dans les demeures bourgeoises, cette armoire lingère, qui remplace le coffre, prend place dans les chambres. Et la plus belle, offerte à l'occasion d'un mariage, est installée dans le vestibule d'entrée.

Sa hauteur est définie par des normes précises : 9 à 10 pieds de haut selon les régions (environ 2,80 à 2,95 m). L'armoire est traitée comme la façade d'un édifice Renaissance en divisant la hauteur par fractions appliquées à la largeur, elle-même divisée en compartiments de chaque côté d'une colonne centrale.

Certaines armoires sont à deux corps superposés, flanqués de colonnes à chapiteaux, et redivisés symétriquement en fenêtres encadrées de colonnes deux fois moins hautes. Dans la seconde partie du XVIe siècle, les « ébénistes architecturaux », spécialistes de la construction de ces meubles massifs, adoptent un nouveau type d'armoire à deux vantaux séparés par une colonne centrale et flanqués de chaque côté de colonnes annelées ou en spirale surmontées de chapiteaux. La corniche où se superposent de puissantes moulures rectilignes est parfois brisée en son milieu pour laisser la

LES ÉBÉNISTES

Les centres d'activité artistique les plus réputés sont Augsbourg et Nuremberg, où plusieurs ébénistes ont laissé leur nom dans le courant du XVIe siècle :

- Peter Flötner(mort en 1546), doué de tous les talents, est à la fois architecte, graveur, médailleur et créateur de meubles abondamment sculptés.

- Lienhart Strohmeier est l'auteur, en 1554, d'un grand bureau destiné à Charles Quint, remarquable par sa façade architecturale flanquée de colonnes.

- Thomas Rucker, ferronnier d'art, s'est rendu célèbre par la création d'un grand fauteuil en acier daté de 1574, offert par la ville d'Augsbourg à l'empereur Rodolphe II. Ce siège est orné d'un piétement en volutes jusqu'au sommet du dossier dont les montants se prolongent par des statuettes de personnages.

- Melchior von Rheydt, qui a exercé à Cologne, est à l'origine du dressoir à corps supérieur à retrait orné de motifs incrustés. Ce nouveau type de décor s'étendra bientôt à tous les pays germaniques au cours du XVIIe siècle.

place à des motifs d'armoiries encadrés de sculptures foisonnantes.
Dans le même esprit, le buffet-dressoir (ou crédence) est monté sur des pieds en balustre, deux ou trois selon la largeur de la base. C'est un meuble de structure gothique mais dont les vantaux sont animés de motifs en vogue qui se sont substitués aux plis de serviette. À la fin du siècle, les portes sont traitées à la façon des armoires, en fenestrages avec niche centrale encadrée de colonnettes.
Le cabinet à deux portes, monté sur un piètement droit ou tourné, fait son apparition. Il s'ouvre sur une série de petits tiroirs à bordière d'ébène autour de motifs composés d'incrustations d'ivoire, d'écaille, de pierres dures et de métaux précieux. Ce meuble, qui n'a pas d'usage domestique, est essentiellement destiné aux collectionneurs qui y cachent leurs trésors et leurs papiers personnels.
La table à tréteaux que l'on dressait pour les repas laisse la place à un long plateau solidement assemblé sur des pieds, sculptés en volute et reliés par des entretoises.
Le banc est toujours en service, parfois intégré dans des murs lambrissés, mais des chaises individuelles tendent à le remplacer. Les sièges perpétuent les structures gothiques, agrémentés de sculptures en léger relief. Fauteuils et chaises sont rendus plus confortables par l'apport de coussins mobiles. D'inspiration italienne, les tabourets pliants à piètement en X peuvent être facilement déplacés d'une pièce à l'autre.
Les lits à baldaquin se détachent des murs lambrissés. Ils prennent des proportions plus importantes et s'enrichissent de motifs sculptés, d'autant plus riches qu'ils sont destinés à un seigneur de rang élevé.

LE STYLE AURICULAIRE

À l'issue d'une période chaotique à laquelle met fin le traité de Westphalie en 1648, c'est dans les ateliers installés dans les palais des duchés et des principautés que s'élabore, avec une grande liberté de création, un mobilier raffiné, confortable et d'une grande perfection d'exécution. Dans les villes, les règles corporatives sont strictement respectées pour produire des meubles de qualité destinés à la bourgeoisie, mais le décor se dépouille de sa rigueur géométrique. Par ailleurs, en réaction contre le protestantisme rigide, les maîtres menuisiers s'alignent sur des thèmes architecturaux plus exubérants conformes à l'esthétique préconisée à la suite du concile de Trente et dont les effets se manifestent sur les monuments du XVIIe siècle. Les décors sculptés sont faits d'enroulements enchevêtrés, de volutes inversées et de têtes d'ange. Les menuisiers et les ébénistes s'emparent de ces nouveaux thèmes et les répandent sur les meubles dans la plupart des pays catholiques. Les enroulements tortueux envahissent les façades d'armoire, les piètements de table et jusqu'au sommet des dossiers de siège. Cet esprit baroque prend le nom de style « auriculaire », car il évoque les replis sinueux d'une oreille.

Cabinet baroque du XVe siècle en noyer et loupe de noyer sur des pieds en spirale. Il s'ouvre par deux vantaux sur des paysages dans des cadres d'ébène.

Cabinet en ébène sur piètement sculpté, réalisé à Augsbourg vers 1650. Les tiroirs et le casier central sont ornés de plaques de pierre appelées Petre paesine *(pierres paysagées en italien) dans des encadrements dorés. (H : 160 cm ; l : 135 cm ; Prof. : 51 cm)*

Les meubles

Les armoires lingères ne sont plus taillées en plein chêne mais finement ouvragées dans d'épais placages de noyer. Ces beaux meubles aux reliefs foisonnants sont les exemples les plus significatifs de l'Allemagne baroque. Il en existe divers modèles selon les traditions régionales, soit à deux, soit à quatre portes qui surmontent deux tiroirs coulissant dans un large socle. À l'instar des modèles de la Renaissance, certaines armoires sont ornées de colonnes annelées ou en spirales ; d'autres modèles offrent sur leurs vantaux des décors de marqueteries ; d'autres encore présentent trois colonnes dont une centrale, animées de personnages sculptés parmi des feuillages. En Allemagne du Nord, les armoires sont couvertes, de la base à la corniche, de sculptures enchevêtrées de style auriculaire.

À la fin du XVIIe siècle, les crédences perdent leur rôle de buffet d'apparat. Dans les demeures aristocratiques, la mode est au cabinet de curiosités monté sur des pieds tournés en balustre ou en spirale. Les tiroirs ne sont plus dissimulés derrière des portes incrustées de pierres semi-précieuses, de nacre, d'écaille ou d'ivoire, mais forment un décor de petits cadres rectangulaires dont chaque façade présente de savantes compositions à motifs floraux ou des incrustations d'argent sur fond d'ébène. Les marqueteries en laiton et écaille dans le goût de Boulle sont également très appréciées. Des petits cabinets à décor de marqueteries sont parfois présentés à la partie supérieure de bureaux formant des secrétaires montés sur des pieds carrés et cannelés qui s'amincissent vers la base. À Munich, l'électeur de Bavière, Max-Emmanuel, fonde un atelier d'ébénisterie qui produit des cabinets, des bureaux et des tables ornés de marqueterie Boulle.

pliants en X qui s'inspirent des savonaroles italiens, mais sont davantage sculptés et leurs montants se terminent, au-dessus d'une traverse rigide, par des têtes de lion ou des petits bustes de personnage.
Les chaises et les fauteuils foncés de canne sont également une spécialité des chaisiers hollandais, et ils seront adoptés par la France sous la Régence.
À la fin du XVIIe siècle, à l'époque de cette période florissante qu'on appelle le Siècle d'or, chaque province produit divers types d'armoires, telles la frisonne à décor gravé entre des colonnes, l'armoire de la Gueldre à montants cannelés ou l'armoire d'Utrecht dont les vantaux sont surmontés d'un arc bordé d'incrustations d'ébène. Les marqueteries hollandaises resteront longtemps une source d'inspiration pour tous les ébénistes européens.

Chiffonnier à six tiroirs (appelé cependant semainier en Hollande), en placage d'acajou, à décor néo-classique, orné de marqueteries de fleurs et de coquillages (H : 155 cm, l : 99 cm, Prof. : 51,5 cm).

LA HOLLANDE ENTRE DEUX STYLES

Deux influences complémentaires font évoluer le style du mobilier hollandais au XVIIIe siècle : l'apport français entretenu par les artisans huguenots contraints de quitter la France après la révocation de l'édit de Nantes (1685) ainsi que le goût anglais favorisé par des échanges commerciaux et la présence d'un roi hollandais sur le trône d'Angleterre. Cette double vogue, qui a pour conséquence l'importation de meubles étrangers aux Pays-Bas, n'empêche pas les ateliers hollandais de poursuivre une fabrication diversifiée selon les provinces, tout en s'efforçant d'introduire les galbes rocaille et Louis XV dans les formes des sièges et des premières commodes. Celles-ci suivent avec une certaine lourdeur l'exemple français, avec un ventre bombé plaqué de noyer qui constitue un décor naturel ou orné de marqueteries florales composées de bois exotiques. Les ébénistes hollandais pratiquent également avec habileté l'art du laque chinois appliqué aux commodes. Certaines commodes très larges servent parfois de base à de grandes bibliothèques à décor de marqueteries florales surmontées d'une grande corniche à double galbe. Les cabinets s'enrichissent de savantes marqueteries, parfois incrustées de fleurs de jasmin en ivoire et de petits bronzes dorés. D'une façon générale, les bronzes sont d'un emploi beaucoup plus limité qu'en France, en dehors des poignées de tirage et des entrées de serrure.
Les marqueteries s'appliquent également aux ceintures des tables de jeu pliantes et aux tables de salon rectangulaires ou en demi-lune, portées par des pieds galbés. Les sièges en acajou à haut dossier ajouré relèvent davantage des modèles anglais aux lignes serpentines, dont les pieds fortement galbés se terminent par des petits sabots ou des griffes enserrant une boule. Cependant, les menuisiers huguenots qui travaillent dans des ateliers hollandais produisent des sièges Louis XV de qualité – cabriolets, bergères ou fauteuils à la reine –, aux galbes plus accentués.
Les menuisiers et les pêcheurs de certains ports du Nord des Pays-Bas se font une spécialité de meubles peints dans un style populaire : armoires aux contours très découpés, commodes galbées, lits clos, berceaux et sièges. Il ne s'agit là que d'un folklore local qui montre la vivacité de l'imagination hollandaise pour créer un décor domestique agréable à vivre.Suivant avec un certain retard le mouvement néoclassique de redressement des

lignes, les menuisiers et ébénistes hollandais produisent à la fin du XVIIIe siècle, des commodes et des secrétaires ornés de marqueteries de bois exotiques toujours aussi soignées. Sur les cabinets, les vantaux sont souvent réalisés avec des panneaux en laque à décors chinois ou japonais. Les modèles français Louis XVI prévalent à leur tour pour les sièges à dossiers rectangulaires ou en médaillon, le plus souvent en acajou, creusés de fines cannelures et ornés aux angles de petites rosaces.

À la fin du XVIIIe siècle, les menuisiers et ébénistes hollandais ont perdu leur inspiration originale et se montrent davantage ouverts aux styles anglais. Après la Révolution française, la domination napoléonienne avec la présence du roi Louis Bonaparte et de la reine Hortense impose de nouveau la France et le style Empire soit par des meubles importés, soit imités sur place avec fidélité et précision.

Après cet intermède, les menuisiers et ébénistes hollandais retournent à leurs traditions pour produire des meubles aux décors harmonieux d'une grande qualité d'exécution. Ils se contentent, au XIXe siècle, de reprendre les modèles du Siècle d'or, notamment pour les grandes armoires, ou de s'inspirer des autres styles européens, avec une prédilection pour le mobilier anglais, en raison d'affinités historiques et économiques. À la fin du siècle, les Hollandais retrouveront leurs qualités créatives avec le Modern Style, dans le grand courant qui déferle sur l'Europe entière pour donner un nouveau souffle au mobilier.

Cabinet hollandais, de la fin du XVIIIe siècle, à corniche galbée, en noyer. Les vantaux de la partie supérieure, comme l'abattant et les tiroirs de la commode, sont ornés d'incrustations de bois clair représentant des vases de fleurs, des papillons, des draperies et des médaillons enrubannés. Il repose sur des petits pieds tournés en forme de boule.

Petit bureau fin XVIIIe de forme galbée orné de marqueteries florales. (H : 32 cm, l : 44 cm, Prof. : 24 cm)

À l'épreuve des styles
LE CHOIX D'UN MEUBLE

La meilleure manière de réussir l'achat d'un meuble ancien est d'acheter avec ses yeux... et avec son cœur. Voici quelques conseils pour éviter les erreurs.

L'achat d'un meuble ancien soulève de nombreuses questions dont les principales concernent les garanties d'authenticité et la valeur. La particularité du marché des antiquités est qu'il livre à l'achat des meubles et des objets qui ne répondent pas à des normes de fabrication calculées en matières premières et en temps de travail, mais répondent uniquement à l'offre et à la demande. Il faut savoir qu'il n'y a pas de recette permettant d'acheter à coup sûr et au plus juste prix. L'amateur d'ancien ne doit pas avoir en tête l'idée de « faire une bonne affaire ». Sur ce marché mouvant où toutes les tromperies sont possibles, il convient d'agir avec prudence et réflexion. Il faut toujours s'interroger sur les possibilités ultérieures de revente. C'est souvent à ce moment que l'on s'aperçoit d'une erreur — involontaire ou non — sur l'époque donnée par l'antiquaire, d'une substitution tardive des bronzes ou de restaurations camouflées.

C'est en fréquentant les boutiques et les salons d'antiquaires, les foires à la brocante, et en suivant les enchères, que l'amateur pourra peu à peu « faire ses classes ».

Apprendre à acheter

Ce qui importe au moment de l'achat, c'est de connaître le mieux possible un style précis. Et l'on y parviendra d'autant mieux que le choix correspondra à un penchant personnel. À partir d'un style choisi, il faut ensuite se fixer sur un style de meuble ou de siège. Puis s'informer sur sa valeur. La meilleure façon d'y parvenir est de fréquenter les salles des ventes. Il est facile de se renseigner au moment des expositions qui précèdent les ventes où le commissaire-priseur, son représentant ou le commissionnaire donne sans hésiter une estimation qui, dans la plupart des cas, correspond à peu de chose près au prix d'adjudication, comme on pourra le vérifier soi-même en assistant à la vente. Pour élargir les exemples, il est recommandé de suivre les résultats des ventes, de Paris et de province, donnés toutes les semaines dans *La Gazette de l'hôtel Drouot*, l'hebdomadaire des ventes publiques . D'une façon générale, on constatera que les prix d'adjudication pour un style de meuble déterminé sont moins élevés en salle des ventes, ce qui est parfaitement normal compte tenu des frais de vente (voir plus loin) et surtout des frais de restauration souvent nécessaires. Il est plus difficile de se renseigner chez les antiquaires qui n'aiment pas dire leur prix aux clients de passage. Théoriquement, l'affichage des prix est obligatoire (arrêté du 3.12.1987, J.O. du 10 décembre 1987). Mais il est admis par le contrôle des prix que les meubles et objets exposés en vitrine soient dispensés d'une étiquette où un prix lisible pourrait intéresser d'éventuels voleurs.

En fait, l'étiquette n'est généralement pas apparente non plus à l'intérieur du magasin. Il

reste donc à questionner l'antiquaire même si l'on n'a pas l'intention d'acheter. Il en va de même dans les salons d'antiquaires. Toutefois, en ouvrant directement le tiroir d'une commode ou en regardant à l'intérieur d'une porte d'armoire, on découvre souvent le prix porté sur une étiquette.
À partir du moment où vous êtes décidé à faire un achat, ce qui importe plus que le prix que, d'une manière ou d'une autre, vous finirez par connaître, c'est d'obtenir des garanties d'authenticité. La plupart des antiquaires aiment leur métier et ne demandent qu'à parler des meubles et des objets qu'ils proposent à la vente. La meilleure façon d'établir des rapports de confiance est de les laisser vous raconter tout ce qu'ils savent. Ce sera d'ailleurs pour vous un bon moyen de mesurer l'étendue artistique et historique de ses connaissances. N'hésitez pas à le relancer sur des points de détail : le marbre a-t-il été changé ? Les entrées de serrure sont-elles d'époque ? Avez-vous les clés ? Le placage a-t-il été recollé ? Surtout, n'essayez pas d'avoir l'air d'en savoir plus que le marchand. Écoutez patiemment et demandez s'il serait d'accord en cas d'achat pour mettre par écrit une description détaillée du meuble en question. S'il vous a vanté les mérites d'une commode Louis XV, n'hésitez pas à demander s'il n'aurait pas plutôt un modèle Louis XIV ou un secrétaire Empire…
Ce sera l'occasion de voir avec lui d'autres meubles dans ses réserves. Faites encore l'innocent en commençant à parler prix. Dites par exemple : « Je crois que les meubles Louis XV sont beaucoup plus chers que les autres styles... qu'en pensez-vous ? » Puis revenez au premier meuble qui avait retenu votre attention et abordez enfin la question cruciale : quel est votre dernier prix ? Celui qu'il vous indiquera vous fera sursauter. Alors partez en dérapage contrôlé : « Finalement, si vous aviez une bonne copie récente, je crois que ça m'intéresserait. » S'il se montre offusqué — ce qui est bon signe — revenez au premier prix annoncé en le baissant d'au moins 10 %. Il devrait normalement vous dire qu'il y a peut-être moyen de s'arranger. Proposez alors des délais de paiement. S'il accepte, c'est vraiment qu'il a besoin de vendre.
Alors, revenez à la charge en baissant encore un peu le prix déjà réduit et dites : « Je vous réglerai en une seule fois... »

De style ou d'époque ?

Venons-en aux garanties. Normalement, l'antiquaire doit vous remettre au moment du règlement une facture descriptive qui vaut certificat de garantie. Le décret du 3 mars 1981 (J.O. du 29 mars 1981) fait obligation au vendeur (article 1) de spécifier sur facture la nature du meuble (commode, bureau, secrétaire, console, fauteuil, etc.), la composition (bois naturel, chêne, noyer, marqueterie de bois de rose ou de palissandre etc.), l'ancienneté et l'origine, la provenance d'un château, d'une collection particulière, d'une vente publique, etc. Il doit préciser également (article 2) que « la dénomination d'une œuvre ou d'un objet, lorsqu'elle est uniquement suivie de la référence à une période, garantit l'acheteur que cette œuvre ou objet a été effectivement produit au cours de la période de référence ».
En clair, cela signifie qu'une commode Louis XV ou Louis XVI a été fabriquée sous le règne effectif du souverain, en l'occurrence entre 1723 et 1774 (ou entre 1774 et 1791). Si le meuble a été réalisé après les dates données par les historiens, il sera dit de style Louis XV ou Louis XVI. Dans le langage courant des antiquaires, les meubles authentiques sont dits d'époque pour qu'il soit bien certain qu'il ne s'agit pas de copies ultérieures. Beaucoup d'antiquaires aiment insister en disant « bon d'époque », ce qui est parfaitement superflu. Par ailleurs, si certaines parties ont été refaites ou modifiées, l'antiquaire est tenu d'en informer l'acheteur en précisant par exemple « deux pieds refaits », « serrures changées », « bronzes d'époque postérieure », etc. Enfin, le décret (articles 3 et suivants) définit les termes qu'il convient d'employer pour assurer que le meuble a été fabriqué par tel ébéniste désigné

nominalement ou qu'il est seulement « attribué à ». L'intérêt de ce décret est qu'il élimine toute ambiguïté dans la terminologie professionnelle. De plus, la facture descriptive (certains antiquaires préfèrent remettre en plus un certificat d'authenticité signé par un expert et qui donne toutes les précisions voulues), et le fait d'écrire les mêmes précisions sur la facture ou le certificat de garantie, donnent une base juridique solide en cas de poursuites pour tromperie sur la marchandise. Enfin, ce même décret prévoit des sanctions au cas où les obligations indiquées ne seraient pas respectées.

L'estampille

Certains antiquaires sont très fiers de pouvoir dire dans leur description : meuble portant l'estampille de tel ou tel ébéniste célèbre « reçu maître » en telle ou telle année. Mais il faut savoir que les estampilles, tout comme les signatures sur les tableaux, ne prouvent pas grand-chose. Les experts affirment que les meubles estampillés après leur véritable date de naissance sont plus nombreux sur le marché que les véritables créations sorties des mains des maîtres ébénistes. De nombreux fers servant à marquer les bois de meubles circulent dans les ateliers de restauration. D'autres techniques récentes permettent également d'estampiller les meubles au nom d'un ébéniste célèbre. Encore faut-il que le meuble ainsi estampillé corresponde au style habituel de l'ébéniste, que les bois soient conformes à ses choix habituels et que les assemblages utilisés soient ceux qu'il a continué de pratiquer. Les experts chargés de dépister les fausses signatures ne s'y tromperont pas. De plus, ils prennent soin d'examiner à la loupe l'éclatement des fibres du bois à l'endroit où l'estampille a été frappée. Une estampille véritable se fond dans la surface du bois sans bavure. Une estampille récente meurtrit le bois au bord des contours des lettres frappées en creux. Finalement, l'estampille ne constitue pas une garantie absolue d'authenticité. Loin de là.

Les antiquaires qui n'ont d'autres arguments pour défendre les qualités d'un meuble que l'estampille montrent ou qu'ils sont ignorants, ou qu'ils cherchent à rouler le client dans la farine. C'est pourquoi tout acheteur d'un meuble doit davantage s'attacher à ce qu'il voit qu'à ce qu'il entend. Avec ou sans estampille, c'est à lui qu'il appartient de discerner la beauté des proportions, l'élégance des lignes, la nervosité des bronzes ciselés, la qualité des marqueteries, l'harmonie de l'ensemble du décor. Il faut acheter avec ses yeux et avec son cœur, mais non avec ses oreilles ! Il faut savoir aussi que l'estampille n'a été rendue obligatoire qu'en 1751. Après cette date, le nom de l'ébéniste doit être suivi des trois lettres JME. Avant cette date, les meubles estampillés sont suspects. Les meubles donnés d'époque Régence porteurs d'une estampille doivent être écartés (sauf rarissime exception). Mieux vaut posséder un bon meuble authentique sans estampille qu'un meuble douteux dont le marchand exhibe la marque de l'ébéniste.

Une garantie « syndicale »

Il n'est pas exclu que l'on découvre un bon meuble chez un brocanteur, même s'il implique des frais de restauration qu'il convient de prendre en considération dans la dépense envisagée. Ce qui distingue l'antiquaire du brocanteur, c'est que le premier a la responsabilité de ce qu'il vend, tandis que le second évite de s'engager — et il en a le droit — sur l'authenticité. Quand il déclare : « Je vous vends cette commode pour tel prix », il a tout dit. Mais il n'est pas autorisé pour autant à employer des arguments fallacieux pour forcer la décision du client. Si l'acheteur considère qu'il a été trompé sur la « nature de la chose vendue », il est en droit d'engager des poursuites pour faire annuler la vente, conformément au droit commun, en invoquant l'article 1110 du Code civil. Mais dans ce cas, c'est à l'acheteur trompé de démontrer qu'il n'aurait pas acheté le meuble ou l'objet s'il avait su qu'il n'était pas authentique. La loi française assure (théoriquement) une sérieuse protection de l'acheteur. Elle a fixé en effet à trente ans, à dater du jour de la vente, la responsabilité du vendeur quant à l'authenticité de la chose vendue. Cette garantie trentenaire permet l'annulation de la vente si les « qualités substantielles » de l'objet vendu ne correspondent pas à ce qu'il est.

Pour éviter les longues procédures d'annulation d'une vente, le Syndicat national du commerce de l'antiquité et de l'occasion (SNCAO) offre aux acheteurs une « garantie syndicale ». En cas de contestation avec un membre du SNCAO (qui généralement affiche un panneau d'appartenance), l'acheteur qui s'estime lésé peut s'adresser à la direction du syndicat pour obtenir soit l'annulation de la vente, soit une conciliation à l'amiable. Le syndicat résume ainsi sa doctrine : « L'objet doit être vendu pour ce qu'il est ».

ANTIQUAIRE OU SALLE DES VENTES ?

De l'achat chez l'antiquaire à l'achat en salle des ventes, les règles et les garanties sont similaires, mais la manière d'acheter est bien différente.

Les commissaires-priseurs proposent aux amateurs d'antiquités les mêmes meubles ou objets que les antiquaires, ils les définissent selon les règles et invoquent également la garantie trentenaire en cas de contestation. Mais la manière de les acquérir est entièrement différente. Alors que chez l'antiquaire on peut prendre son temps, examiner le meuble sous toutes les coutures, discuter le prix et les modalités de règlement, le système des enchères exige une rapidité de décision sans appel. Là aussi, une bonne connaissance des meubles est nécessaire mais non suffisante. Les grands prêtres de la vente aux enchères ne sont pas des commerçants, du moins dans le statut actuel (qui risque d'évoluer rapidement), mais des officiers ministériels. Ils ont essentiellement un rôle d'arbitre entre les vendeurs qui espèrent obtenir le plus haut prix de leurs biens artistiques et les acheteurs qui espèrent se les procurer au meilleur prix. Il est évident qu'il est difficile de contenter les uns et les autres. N'importe qui peut participer aux enchères du moment qu'il est majeur, saint d'esprit et solvable.

Avant de passer à l'acte d'achat, il faut évidemment savoir ce que l'on veut se procurer. Il est donc indispensable de se rendre à l'exposition qui précède toute vente publique (généralement le matin ou la veille de la vente). C'est le seul moment où l'on pourra examiner l'objet convoité. Ce sera aussi l'occasion d'avoir une idée de son prix en consultant le commissaire-priseur lui-même ou son représentant (clerc d'étude ou commissaire). Il répondra à toutes vos questions et vous donnera une estimation sur le prix d'adjudication probable. Les ventes ordinaires se font sans catalogue, raison de plus pour bien regarder le meuble ou l'objet qui vous intéresse, car vous n'aurez droit à aucune réclamation une fois l'enchère prononcée. Les grandes ventes et les ventes de spécialités se font sur catalogue, c'est-à-dire que chaque lot est décrit avec précision par le commissaire-priseur ou par l'expert qui travaille avec lui. C'est sur ces définitions que le commissaire-priseur engage sa responsabilité et celle de l'expert, comme l'antiquaire est responsable de ses factures descriptives. Lorsque vous serez fixé sur le prix d'estimation — qui n'est qu'indicatif —, n'oubliez pas que le prix est « au marteau », c'est-à-dire la somme annoncée au moment de l'adjudication. Voici d'ailleurs ce que mentionnent la plupart des catalogues sous la mention « conditions de vente » qui figure dans les premières (ou parfois dans les dernières) pages du catalogue : « La vente se fait au comptant. Les acquéreurs paieront en sus des enchères par lot et sans dégressivité [allusion à un ancien tarif dégressif] les frais suivants : honoraires 9 % + TVA de 20,60 % sur honoraires, soit : (0,854) ». À noter que pour les livres les frais sont de 9,495 %. Les catalogues mentionnent également les noms et adresses des experts. Ils précisent encore parfois : « Le commissaire-priseur et les experts se chargent d'exécuter gracieusement les ordres d'achat qui leur seront confiés par les amateurs ne pouvant assister à la vente. »

Cette possibilité n'est intéressante que si l'on est assuré que le commissaire-priseur ne favorisera pas un autre enchérisseur ou l'expert qui, à ses côtés, achète pour le compte de clients, ou pour lui-même, les lots les plus intéressants. De toute façon, il est toujours préférable d'assister à la vente. Il faut savoir aussi que le commissaire-priseur s'efforce de faire monter les enchères pour atteindre le prix de réserve fixé par le vendeur, prix au-dessous duquel l'objet sera repris, « ravalé », disent les professionnels, si les enchères n'atteignent pas le minimum fixé d'un commun accord entre le vendeur et le commissaire-priseur.

Le « bourrage »

L'intérêt du commissaire-priseur est évidemment d'obtenir le plus haut prix possible. Il arrive très souvent, malheureusement pour les acheteurs, que le maître de la vente use d'une pratique appelée « bourrage ». Lorsqu'il a repéré dans le public un particulier qui annonce, par exemple, une enchère de 1 000 francs, le commissaire-priseur pointe son marteau à droite puis à gauche de la salle, il va à la pêche d'invisibles acheteurs en faisant semblant d'enregistrer des enchères supérieures : « 1 200... 1 300... 1 400... 1 500 », annonce-t-il avec la complicité du crieur qui lui fait écho. Si le véritable intéressé suit l'enchère sans faire signe qu'il arrête, il se trouve entraîné vers des prix de plus en plus élevés même s'il n'y a personne d'autre que lui pour suivre l'enchère. Pour justifier cet usage, l'officier ministériel soutient qu'il défend les intérêts du vendeur qui l'a mandaté pour vendre sa marchandise au plus haut prix. Cette pratique qui consiste à saisir au vol des enchères fictives peut paraître immorale de la part d'officiers ministériels qui prétendent assurer la transparence des ventes aux enchères. Il n'empêche qu'un tribunal en a reconnu le bien-fondé, voici dans quelles circonstances :

Un amateur de tableaux modernes, M. Luc P., présente à Me Jean-Claude Binoche en 1977 une œuvre importante de Max Ernst, *Femme et Enfant*. Après comparaison avec les dernières cotes de ce peintre, le commissaire-priseur et son client tombent d'accord sur un prix de réserve de 700 000 francs. Au soir de la vente à l'Espace Cardin, le tableau provoque des enchères rapides jusqu'à 600 000 francs, qui soudain ralentissent. Le commissaire-priseur se rend compte que personne ne suit plus... Pour atteindre le prix de réserve, et sauver la face, il « bourre » rapidement jusqu'à 740 000 francs et prononce l'adjudication. « À Monsieur... », dit-il en désignant un clerc de l'étude qui a servi de complice. Le lendemain de la vente, M. Luc P. se présente à l'étude et demande qu'on lui verse le montant de l'adjudication — moins les frais convenus — soit 651 200 francs. Me Binoche lui explique alors ce qui s'est passé : le Max Ernst a été ravalé !...

Furieux, le vendeur s'obstine à réclamer son dû. Puis il claque la porte et promet de ne pas en rester là... Me Jean-Claude Binoche est bientôt assigné devant le tribunal de grande instance de Paris, ce qui donne lieu à des débats très vifs entre les avocats. Les uns soutiennent que le tableau a été vendu puisque l'adjudication a été prononcée, les autres que le tableau a été repris avec la complicité d'un tiers de l'étude pour respecter le prix de réserve convenu. Finalement, en première instance puis en appel, les juges ont donné raison à Me Binoche et M. Luc P. a été débouté. Dans ses attendus, le jugement précise que, dans l'intérêt du vendeur, le commissaire-priseur peut se livrer « à des gestes ou paroles concrétisant une apparence de vente ». Ce jugement, qui fait jurisprudence, légalise pour ainsi dire le « bourrage ». Il est donc parfaitement admis que les commissaires-priseurs ont le droit de tromper le public des acheteurs, dans l'intérêt des vendeurs.

La « révision »

Une autre pratique, qui s'exerce cette fois au détriment des vendeurs, contribue gravement à fausser le jeu des enchères. C'est la coalition des marchands qui se termine par une « révision ».

Il est évident que les professionnels de l'antiquité n'ont pas intérêt à enchérir les uns sur les autres. Si dans la même vente ils convoitent le même objet, ils vont donc s'entendre pour arrêter les enchères le plus rapidement possible. Il suffit pour cela de désigner un seul d'entre eux qui, en l'absence d'autres acheteurs intéressés, obligera le commissaire-priseur à prononcer l'adjudication à bas prix. Une fois le marteau tombé, le crieur (appelé aussi l'aboyeur) qui assiste le commissaire-priseur se fait immédiatement remettre le prix de l'objet adjugé en espèces ou en chèque ; il peut également prendre l'identité de l'acheteur, pour un règlement ultérieur ; en échange de quoi, il délivre un bulletin comportant un numéro d'ordre qui permettra l'enlèvement de la marchandise. Ce précieux billet numéroté, remis entre les mains du représentant des marchands, va bientôt faire l'objet d'une vente aux enchères clandestine. Pour obtenir ce petit papier indispensable pour retirer l'objet vendu, les initiés se retrouvent généralement dans un café voisin de la salle des ventes et ils procèdent à la « révision », ce qui consiste à écrire un prix sur un morceau de papier plié et jeté au fond d'un chapeau. Le marchand qui aura inscrit la plus forte enchère se fera délivrer le billet numéroté et n'aura plus qu'à retirer son lot au magasin de l'hôtel des ventes. Mais il devra pour commencer verser effectivement dans la cagnotte le prix marqué sur son papier. Quant aux autres, ils vont se partager la somme d'argent égale à la différence entre le prix officiel de l'adjudication et le prix payé par le marchand le plus offrant. Si par hasard l'objet convoité a été officiellement adjugé 500 francs (alors que les enchères auraient pu monter beaucoup plus haut) ; et qu'il a été « révisé » à 2 000 francs, les marchands qui ont participé à l'opération se partageront 1 500 francs.

L'article 412 du Code pénal relatif aux entraves à la liberté des enchères punit ceux qui se rendent coupables de cette coalition d'intérêts de quinze jours à trois mois de prison. Cette coalition de marchands est donc interdite par la loi... que personne ne s'avise de faire respecter. En effet, les commissaires-priseurs considèrent les marchands comme des clients indispensables dont ils ne veulent surtout pas contrarier la volonté.

Difficultés à la revente

S'il n'est pas simple d'acheter un meuble ou un objet ancien, il est encore bien plus difficile de vendre ou de revendre, pour un particulier du moins dont ce n'est pas le métier. Tout d'abord, l'acte d'achat, pour être bien accompli, est un acte d'amour, une démarche heureuse. À l'inverse, c'est presque toujours à contrecœur que l'on se sépare d'un objet familier. Il est moins douloureux d'aimer que de désaimer. C'est là une démarche malheureuse qui demande un certain courage pour être menée à bien. Lorsqu'on se retrouve dans la nécessité d'aller proposer son bien au plus offrant, c'est souvent parce que des problèmes d'argent imprévus vous mettent dans l'obligation de « réaliser » rapidement. Or nous avons vu que le prix de réalisation est toujours loin du prix qu'il faut payer pour acheter à l'identique. Le vendeur se trouve pris entre deux impératifs contradictoires : la nécessité de vendre le plus cher possible et le plus vite possible. Il faut, du même coup, redoubler de précaution.

Avec l'antiquaire, il convient surtout de ne pas donner l'impression d'être pressé. Plutôt que de vendre hâtivement, essayez d'étaler dans le temps l'obligation à laquelle vous devez faire face. Au besoin, demandez un acompte en laissant l'objet en dépôt pour parer au plus pressé. Ne demandez pas à l'antiquaire ce qu'il offre de votre antiquité, mais renseignez-vous sur sa valeur, par exemple en fréquentant les salons d'antiquaires.

À Paris, vous pouvez aussi vous rendre au

Nouveau Drouot où un service d'expertise gratuit, assuré par des commissaires-priseurs, vous donnera une utile indication de valeur en examinant l'objet ou, éventuellement, une bonne photographie, s'il s'agit d'un meuble ou d'un objet encombrant. Quand vous serez fixé sur la valeur approximative, allez de préférence chez un antiquaire dont la spécialité correspond le mieux à l'objet à vendre. Montrez bien que vous êtes au courant des prix actuels sur le marché. L'avantage d'une vente directe à un antiquaire est qu'elle peut être soldée immédiatement en cas d'accord. Si vous tentez la mise aux enchères chez un commissaire-priseur, ne comptez pas obtenir le règlement avant plusieurs semaines. Et ne perdez pas de vue que vous ne percevrez pas le prix au marteau mais le montant du prix d'adjudication diminué des frais de vente qui varient de 16 à 25 % selon les études (les frais d'expertise, auxquels s'ajoutent parfois des frais de catalogue, alourdis encore par les frais éventuels de reproductions photographiques en noir ou en couleurs). Certaines études prélèvent abusivement des frais de vente supérieurs à 30 %, ce qui diminue d'autant le montant qui vous est dû.

Alors, aussi bien pour acheter que pour revendre, il est bien difficile de choisir entre les antiquaires et les salles des ventes.

Le jeu des enchères est passionnant et dangereux mais on peut souvent y trouver des meubles et des objets à moindre prix que chez l'antiquaire... à condition de prendre toutes les précautions voulues. Quant à la revente, elle est également aléatoire chez les uns ou les autres. À vous de décider, selon votre tempérament, en tenant compte des avantages et des inconvénients des deux systèmes comparés. Tout est affaire de connaissance, de réflexion et de précautions.

« Expertiser les experts »

Il n'est pas facile de distinguer les bons des mauvais experts ! Voici quelques conseils pour trouver l'« homme de l'art » honnête et compétent. N'importe qui peut se parer du titre d'expert. En effet, cette profession ne fait l'objet d'aucune définition légale. Alors qu'il n'est pas possible de devenir plombier, garçon coiffeur ou boulanger sans un certificat d'aptitude professionnelle et une inscription au registre du commerce, il suffit pour devenir expert de se faire graver des cartes de visite en faisant suivre son nom de ce titre magique : « Expert ». On peut y ajouter si on veut « en objets d'art !... en archéologie, en meubles ou en tableaux » ! Les compagnies d'assurances accordent généreusement le titre d'expert à de simples serviteurs. Les experts n'engagent leur responsabilité qu'en respectant l'article 1382 du Code civil qui oblige tout particulier à réparer le préjudice qu'il a pu causer à autrui. Si par erreur ou négligence il a déclaré authentique ce qui ne l'est pas, il pourra éventuellement être condamné à rembourser l'acquéreur. Mais pour faire annuler une vente en se retournant contre l'expert, le particulier lésé devra apporter la preuve de l'erreur commise. Bref, le titre d'expert ne donne aucune garantie de connaissance professionnelle. Pour être pris au sérieux, la plupart des experts ajoutent à leur titre le mot « agréé » auprès d'une organisation professionnelle. La filière la plus simple pour devenir expert agréé consiste à travailler comme stagiaire auprès d'un autre expert, puis de se faire coopter par l'association ou le syndicat dont il dépend. Le titre relativement le plus sérieux peut être accordé au Syndicat français des experts professionnels en œuvre d'art (81, rue Saint-Dominique, 75007 Paris, tél. : 47.05.50.26). C'est généralement à cette organisation que les commissaires-priseurs font appel pour estimer les objets et rédiger les descriptions des catalogues de ventes. La Chambre nationale des experts spécialisés (CNES) est surtout active en province. Elle délègue souvent ses experts dans les principaux salons d'antiquaires (4, rue de Longchamp, 06000 Nice, tél. : 40.51.00.81). D'autres associations ont un caractère plus spécialisé, comme l'Union française des experts spécialisés en antiquités et objets d'art

(8, rue Saint-Marc, 75002 Paris, tél. : 40.26.18.32). Ou encore la Compagnie nationale des experts (10, rue Jacob, 75006 Paris, tél. : 40.51.00.81).

Enfin, avec de bonnes relations parmi les magistrats, certains experts qui ont acquis quelque notoriété pour leur compétence arrivent à figurer sur une liste qui leur confère le titre d'expert « auprès du tribunal d'instance de telle ou telle ville » , ou encore « auprès des douanes ».

La profession n'étant pas réglementée, les experts sont libres de leurs tarifs. Ils atteignent en général 3 à 6 % du prix des estimations, et davantage si l'expertise nécessite des recherches spéciales. La plupart des experts sont également marchands. Et on peut penser que s'ils sous-estiment la marchandise, c'est pour tenter de l'acheter pour leur propre compte le moins cher possible. Mais on peut aussi imaginer que s'ils surestiment la valeur des meubles ou objets qui leur sont soumis, c'est pour obtenir un pourcentage le plus élevé possible.

On voit ainsi la difficulté d'exercer le métier d'expert. Et comme disait avec humour un historien d'art, « il faudrait commencer par expertiser les experts » avant de se fier à leur compétence. Il n'est donc pas facile de distinguer les bons des mauvais experts. Le mieux est d'interroger les habitués du marché de l'art. Au-delà des rivalités de personnes, un certain consensus finit par s'établir sur l'honnêteté, le sérieux et la compétence de tel ou tel homme de l'art. Il conviendra évidemment de ne pas s'adresser aux experts qui, à l'occasion de procès publics, se sont signalés par leurs erreurs ou leur incompétence notoire.

Mais il ne faudrait pas non plus charger les experts de tous les maux. Si l'on considère le nombre d'expertises réalisées chaque année en France, il faut reconnaître que le nombre d'erreurs manifestes est très limité.

Le reproche qu'on peut adresser aux experts est de procéder d'une manière trop hâtive à l'examen des objets qui sont proposés à leur sagacité. Un célèbre expert en peinture s'est vanté d'examiner plus de dix mille tableaux par an, ce qui représente en moyenne une cinquantaine d'expertises par jour. Il est vrai que dans les coulisses des études de commissaires-priseurs où règne souvent une pagaille indescriptible il est demandé aux experts de se prononcer « au pif » le plus vite possible, sans avoir recours à des moyens scientifiques.

Il n'y a pas, il ne peut pas y avoir d'expert infaillible. Et comme disait l'un deux : « Les meilleurs d'entre nous sont ceux qui se trompent le moins souvent » !

FAUX ET USAGE DE FAUX

Les antiquaires ont toujours tendance à affirmer avec conviction que le meuble qu'ils proposent est « bon d'époque ». Il arrive que le meuble qu'ils défendent avec sincérité soit réellement authentique. Mais il est très possible que l'antiquaire se trompe en toute bonne foi et croit authentique ce qui ne l'est pas. Dans la plupart des cas, c'est un autre marchand qui lui a revendu une copie maquillée ou un meuble remonté avec du vieux bois.

Il faut savoir que les trois quarts du commerce de l'antiquité se font entre marchands, jusqu'à ce que l'acheteur revendeur trouve à l'extrémité de la chaîne le particulier enfin décidé à se procurer un beau meuble qu'il croit authentique. C'est donc au particulier d'écouter avec esprit critique ce que raconte l'antiquaire. Le marchand est particulièrement habile s'il sait qu'il vend un meuble trafiqué. Il emploie alors tous les arguments pour mettre en valeur certains détails qui peuvent faire croire que le meuble est ancien.

Avant même d'engager une discussion sur le prix, il est préférable de s'assurer soi-même de l'ancienneté réelle du meuble en question. Il faut donc apprendre à « faire parler » les meubles et ne retenir des belles paroles de l'antiquaire que les indices qui permettent de détecter les faux par un examen attentif et révélateur. Dans une première approche, il convient d'observer successivement les signes extérieurs, puis les marques laissées par les outils au cours de la construction du meuble. Il faudra enfin s'assurer que les accessoires tels que les entrées de serrure et les bronzes sont de la même époque que le meuble lui-même.

Les signes extérieurs

Tout meuble copié, tout meuble d'une époque déterminée possède une allure particulière que les experts savent reconnaître, grâce à une longue expérience obtenue par l'observation de très nombreux cas et des comparaisons répétées. Chaque meuble possède une facture qui doit correspondre à l'époque de sa création. Une bonne connaissance des styles, la fréquentation des musées, des centres d'antiquités, des salles des ventes contribuent à une formation visuelle qui permet de se mettre en mémoire les types de meubles classiques les plus courants et, du même coup, de dépister les copies qui foisonnent sur le marché. En observant par exemple un meuble de style Louis XV, fabriqué à la fin du XIXe siècle, on verra qu'il trahit sa date de naissance par l'excès des galbes et la surcharge des bronzes.

La patine

L'aspect même de la couleur du bois, ce poli produit par le passage pendant des années d'un chiffon sur la cire, donne à l'œil une impression de douceur luisante, difficilement imitable. Les patines artificielles, trop hâtives, sont pour ainsi dire inconsistantes. Elles sont obtenues par des teintures au brou de noix ou à la chicorée et passées ensuite au cirage.
Il suffit parfois de mouiller un chiffon et de frotter énergiquement sur une petite surface

Fauteuil d'époque Régence en hêtre sculpté, avec sa tapisserie d'époque. Les sculptures sont nerveuses et la patine a des reflets profonds.

Copie du même modèle par Mailfert-Amos. Les motifs sculptés, notamment la coquille, paraissent plus empatés. Le galbe des pieds a moins de vigueur que sur le modèle d'origine.

Guéridon de la fin de l'époque Louis XV à galerie de cuivre ajourée sur piètement en bronze doré et pieds en spirale.

Copie du même guéridon, mais qui s'en distingue par son aspect clinquant. De plus, les croisillons en ceinture n'ont pas la finesse du modèle d'origine et sont d'une trop froide rigueur géométrique.

pour faire apparaître la couleur plus claire du bois naturel, qu'il s'agisse de chêne, de noyer, de merisier ou d'autres bois fruitiers.

Les meubles en placage de fabrication récente, même ternis à l'acide, présentent souvent des teintes trop vives. Par ailleurs, les séparations entre les motifs sont bien visibles sur les marqueteries anciennes, tandis que les découpages faits à la machine donnent l'impression d'un serrage qui efface les contours comme si les motifs étaient sertis les uns dans les autres.

L'usure du temps

Si l'on observe de très près la surface d'un meuble ancien, on remarque de nombreuses blessures accidentelles : légers enfoncements, stries, rayures, marques foncées.

Il est relativement facile de reproduire ces petites taches au moyen de trousseaux de clés jetés contre le meuble ou à coups de chaîne trempée dans du bitume. Mais les faussaires en font toujours trop et, souvent, à des endroits qui n'ont pas de raison de recevoir des coups : plateau d'une commode ou dossier d'un fauteuil. Des marques trop abondantes sur les pieds peuvent également révéler un excès de zèle : les coups volontaires laissent généralement des marques identiques, en forme de grains de riz, à de trop nombreux endroits.

Les trous de vers

Les meubles de fabrication récente qui veulent se faire passer pour anciens sont percés de petits orifices à l'imitation des trous de vers. Vous pouvez déceler la supercherie avec une épingle ordinaire. Si elle pénètre verticalement, le trou est suspect ; en revanche, si en tournant légèrement la pointe en dessous de la surface vous rencontrez une galerie plus ou moins parallèle au sens du fil, il s'agit d'un vrai trou de ver.

En effet, les larves, avant d'opérer leur sortie par un petit orifice bien rond, cheminent dans de longues galeries sinueuses qui suivent les veines du bois. Mais les faussaires emploient souvent des techniques plus subtiles que l'en-

Vraie commode d'époque Louis XV, estampille de Hédouin. Elle a trois tiroirs (dont deux en haut), en placage de bois de violette, ornés de bronze doré et ciselé qui forme des feuilles d'acanthe déchiquetées. Remarquer la ligne noire en bordure du tiroir inférieur qui indique un mauvais affleurement à la suite d'un long usage.

Fidèlement copiée, la commode de Hédouin figure au catalogue Mailfert-Amos sous le nom de Commode Sévigné. Le placage en bois de violette a été verni à la demande d'un client japonais. Il paraît neuf et privé de sa chaleureuse patine d'origine. Les bronzes, fondus d'après les modèles prélevés sur la commode ancienne, sont parfaitement conformes, mais trop brillant. Les tiroirs de la copie, trop bien ajustés, montrent qu'ils n'ont pas servi.

foncement de pointes ou de mèches très fines : ils utilisent tout simplement de vieux bois parsemés de vrais trous de ver. Dans ce cas, ce n'est pas là qu'il convient de chercher une preuve décisive de l'ancienneté du meuble. Il faut donc continuer à l'examiner avec minutie.

La robe de lièvre

Si l'on retourne une table ou un siège, on constate que les teintures du bois au niveau de la ceinture, par exemple, forment un revêtement délavé où se dessinent des taches irrégulières tirant sur les beiges et les gris, avec des moires aux limites mal définies que les experts nomment « robe de lièvre », par analogie avec le pelage de cet animal qui se distingue par des teintes nuancées qui se fondent les unes dans les autres.

Les fonds

Dans des meubles tels que les commodes, les bureaux, les bibliothèques, les secrétaires, les armoires ou les buffets, les planches utilisées pour les fonds sont à l'état brut, à peine dégrossies, non rabotées et souvent mal ajustées. Les menuisiers d'autrefois (sauf pour des meubles exceptionnels) ne soignaient que les parties visibles.

L'usure des parties mobiles

L'usure d'un meuble est particulièrement intéressante à observer. Les pieds des sièges fréquemment déplacés présentent des traces de frottement irrégulières. Mais ce sont surtout les tiroirs et les encadrements de porte qui révèlent les signes les plus évidents d'une usure prolongée. Les arêtes sont légèrement arrondies au lieu d'être à angle vif. Les fibres du bois sont écrasées et lissées par le frottement. Mais n'oubliez pas qu'il est facile d'abraser au papier de verre les bords de tiroirs et les portes.
Il faut donc compléter nos dernières observations par des indications plus techniques.

Les marques de l'outil

Les assemblages sont un moyen de connaître approximativement l'époque de fabrication d'un meuble. Ouvrons de nouveau les tiroirs des tables, des buffets, des commodes ou des secrétaires : la traverse de façade est assemblée à angle droit avec les côtés par des sortes de dents en forme de trapèze qu'on appelle des queues-d'aronde. La base du trapèze, presque à angle droit sur les meubles les plus anciens

ASSEMBLAGES ET OUTILS DIVERS SUIVANT LES ÉPOQUES

Clou ancien.

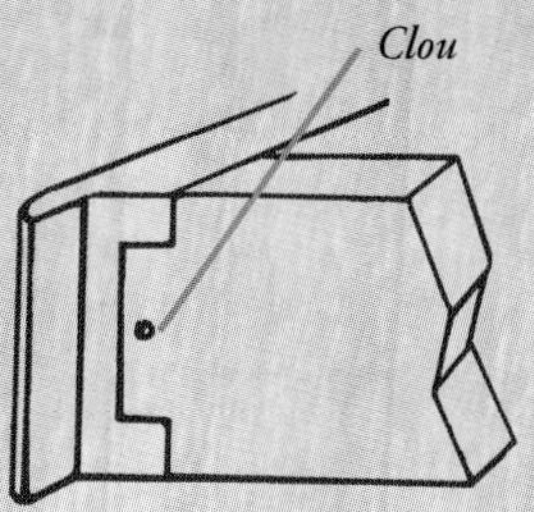

Louix XIII

Petit tiroir vers 1740

Grand tiroir vers 1740

Pointe ancienne.

Fin du XVIIIe siècle.
3 queues d'aronde.

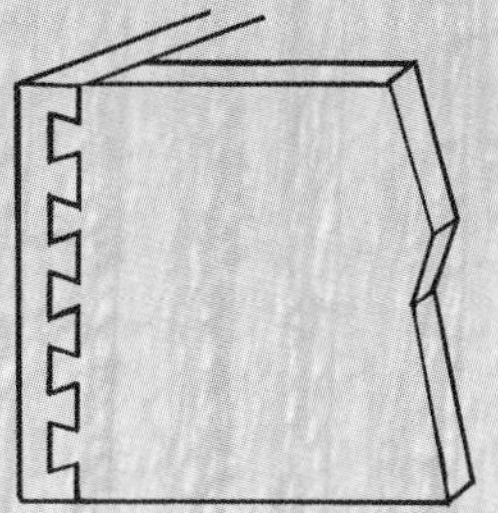

Début du XIXe siècle.
5 queues d'aronde.

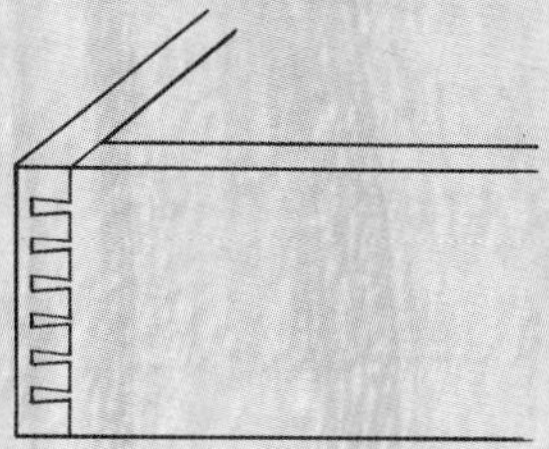

Fin du XIXe siècle.
Queues d'aronde très éffilées.

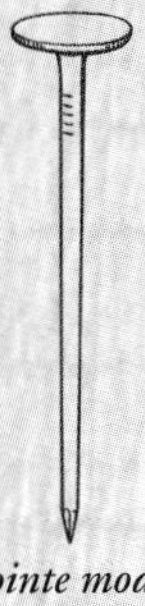

Pointe moderne.

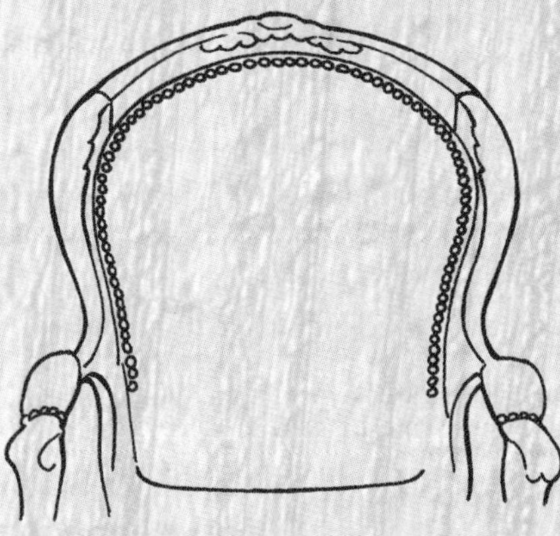

Début XVIIIe siècle. Les montants sont sciés verticalement.

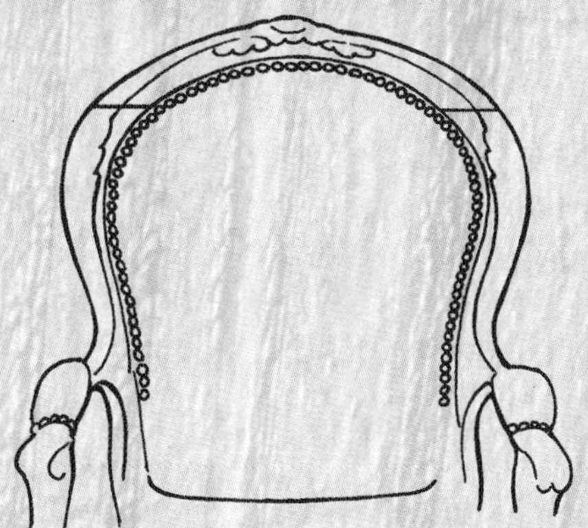

XIXe siècle. Les montants sont sciés horizontalement.

TROUS DE VERS

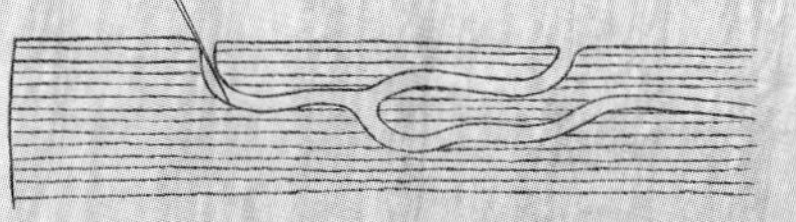

Vrai trou de vers.
L'aiguille s'enfonce le long de la galerie.

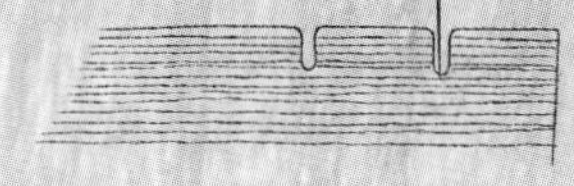

Faux trou de vers.
L'aiguille pénètre verticalement.

(aux XVIe et XVIIe siècles), forme un angle de plus en plus aigu jusqu'à devenir un triangle très allongé à la fin du XIXe. De plus, le nombre des queues-d'aronde par côté de tiroir va en augmentant au cours des siècles, passant par exemple de deux à cinq pour un tiroir de table, entre 1650 et 1850. Enfin, la régularité de la taille des queues-d'aronde révèle l'utilisation de la scie mécanique à partir de la moitié du XIXe siècle.

Les traces de scie

C'est également à partir de 1850 que la scie mécanique laisse sur les traverses des meubles et les ceintures des sièges des traits rigoureusement parallèles, tandis que la scie à débiter à la main, employée jusqu'alors, marque le bois de traits irréguliers qui s'infléchissent souvent les uns sur les autres.

Les traces de rabot à coller

Les placages les plus anciens ont une épaisseur qui permet de les dater par comparaison : les bois précieux débités à la main ont, jusqu'au début du XIXe siècle, 1,5 à 2 millimètres d'épaisseur. Là encore, l'utilisation d'une machine à trancher a permis de réduire les placages utilisés en marqueterie à moins de 1 millimètre d'épaisseur. Ces derniers sont, de plus, d'une régularité qui les distingue des placages antérieurs au XIXe siècle. L'épaisseur des placages s'observe facilement en regardant la bordure d'un tiroir ouvert.

Il arrive souvent qu'une partie du placage soit décollée, il est alors instructif de regarder de près les fines rayures laissées sur le bois de placage comme sur la carcasse qui le supporte. Jusqu'en 1750, on compte de cinq à sept traces de dents de rabot par centimètre.

À la fin du XVIIIe siècle, les stries sont plus rapprochées — on en compte six à neuf par centimètre. Et au siècle suivant, les rabots à coller marquent les bois de dix à douze rayures en creux par centimètre.

Les montages

La construction des meubles évolue au cours des siècles et certains signes bien visibles caractérisent les assemblages. Si l'on observe les mortaises où s'emboîtent les tenons, on constatera qu'elles sont creusées à angle droit sur les meubles anciens, tandis que sur les copies récentes la mortaise automatique laisse un arrondi parfaitement régulier, visible au niveau de l'assemblage des traverses.

Regardons maintenant les sièges au début du XVIIIe siècle. La traverse supérieure du dossier est retenue à la verticale entre les montants. Sous Louis XVI, les montants latéraux du dossier sont sciés horizontalement, de telle sorte que la traverse supérieure repose sur une base horizontale facile à discerner. Les sièges cannés les plus anciens (Régence et Louis XV) laissent visibles, au revers du dossier, deux baguettes de 20 à 25 centimètres qui servent à masquer les trous d'arrimage des brins de cannes. À la fin du XVIIIe siècle, une autre technique de cannage fait disparaître les baguettes en question.

Les éléments accessoires

D'autres indices permettent encore de dépister les copies de style de fabrication récente, notamment les clous et les bronzes.

Les semences anciennes, qui servaient à fixer les tapisseries aux bois de sièges, présentent une tête irrégulière martelée au marteau. De plus, les traces laissées dans le bois par les clous en fer forgé, antérieurs au XIXe siècle, ont une section carrée, alors que les clous du siècle dernier, fabriqués à la machine, sont d'un aspect uniforme et laissent des empreintes rondes ou régulièrement triangulaires.

Il convient encore d'observer les marques laissées par les serrures, les poignées de tirage et les gonds anciens qui ont souvent été changés. Les marques de leur emplacement constituent un signe favorable.

Le démontage des bronzes, en révélant les faces internes, permettra d'observer la technique de dorure employée. La surface d'un bronze XIXᵉ doré à l'électrolyse offre une mince couche d'or d'une épaisseur uniforme. On reconnaîtra également un bronze ancien à la qualité de la ciselure, beaucoup plus fine et plus nerveuse au XVIIIᵉ qu'au siècle suivant.

Les moyens de détecter les fabrications récentes doivent se compléter et se recouper pour parvenir à des conclusions positives. Cette recherche peut paraître complexe mais ce qui facilite le dépistage des copies de style, plus ou moins bien maquillées, c'est que le faussaire se trahit presque toujours lui-même par un désir de rentabilité qui exclut l'emploi des coûteux procédés de fabrication à l'ancienne. La découverte de quelques indices suffit à les démasquer. L'important est d'ouvrir l'œil et de prendre son temps pour examiner les meubles anciens. Méfiez-vous toujours des arguments avancés par les marchands qui prétendent faire la preuve de l'authenticité de la pièce qu'ils cherchent à vendre.

En résumé, voici ce qu'on doit voir sur un meuble ancien :

– Traces de scie manuelle sur les fonds, les intérieurs, les surfaces cachées (telle la ceinture intérieure des sièges). Les traces sont droites mais rarement parallèles, et souvent se recoupent.
– Inégalités dans les bois de fonds, souvent encrassés avec des marques de rabot à lame ronde.
– Marques de traçage : le bois est rayé au niveau des assemblages par la pointe du trusquin, notamment pour l'alignement des mortaises et des queues-d'aronde.
– Mortaises à angle droit (et non arrondies).
– Certaine unité de teinte, résultat d'un vieillissement naturel, avec des intérieurs plus clairs.
– Traces d'usure naturelle : frottement, arêtes de tiroirs émoussées, talons de sièges irrégulièrement usés.
– Moulures et cannelures légèrement irrégulières.
– Queues-d'aronde larges et grossières jusqu'au XVIIIᵉ siècle, puis plus fines.
– Différences de hauteur de pieds (tables, sièges).
– Trous de vers (sauf chêne ancien, acajou, châtaignier).
– Placages (visibles aux bords des tiroirs de 1,5 à 2 millimètres d'épaisseur légèrement irréguliers, coupés à la scie manuelle).
– Sculptures nerveuses, spontanées, imparfaites.
– Serrures montées à petites vis filetées jusqu'à la tête. Écrous légèrement coniques à filetage à la main.

... et voici ce qu'on ne doit pas voir :

– Traces d'outillage mécanique visibles sur la carcasse (traces parallèles de la scie à ruban, ou arrondies de la scie circulaire).
– Stries parallèles et concaves de la raboteuse.
– Bois de fonds bien rabotés.
– Mortaises à angles arrondis (mèche tournante de 12 millimètres).
– Traces d'assemblage au crayon.
– Moulures et cannelures lisses et rigoureusement parallèles.
– Traces d'usure artificielle, marques noires de coups de chaîne réparties anormalement.
– Arêtes trop vives aux angles et aux tiroirs.
– Queues-d'aronde effilées et régulières.
– Trous de ver artificiels à entrées verticales trop profondes.
– Chanfreins rectilignes.
– Panneaux montés dans des rainures rectilignes.
– Panneaux teintés à l'intérieur du meuble.
– Placages réguliers trop minces (moins de 1 millimètre).
– Traces de rabot à dents fines.
– Sculptures trop fouillées, trop parfaites, visages stéréotypés.
– Serrures modernes, vis régulières.

Critères de qualité

Un meuble authentique n'est pas obligatoirement un meuble de qualité. Il existe pour un meuble classique comme pour un meuble régional de grands écarts selon que l'ébéniste ou le menuisier travaillait pour un client fortuné, exigeant, soucieux de la perfection de fabrication ou pour un petit-bourgeois, ou un fermier aux disponibilités financières restreintes. Cette discrimination par l'argent a toujours existé.

ENTRETENIR VOS MEUBLES

S'il s'agit de donner à vos meubles « polis par les ans » cette patine à la fois discrète et brillante qui fait le charme du passé, frottez, frottez, mais avec douceur en employant les produits appropriés. Cela ne tient qu'à vous. Mais s'il s'agit de réparer un meuble ancien, sachez qu'il existe des artisans spécialisés. En prétendant vous passer d'eux, vous risqueriez d'aggraver les dégâts. Quelques petites remises en état sont cependant à votre portée, à condition de rester prudemment dans les étroites limites qui séparent les simples retouches d'une véritable restauration dans les règles de l'art.

Raviver la patine

Il arrive qu'une épaisse couche de poussière cache une belle patine, rien n'est plus facile que de lui donner un nouveau lustre. Frottez avec un chiffon doux, il faut éviter d'altérer l'épiderme d'un meuble par un traitement trop énergique.

Si à la suite d'un manque d'entretien, la patine reste terne, il faut procéder à un nettoyage général. Il s'agit d'éliminer la crasse formée par la cire accumulée. Évitez les « raviveurs » qui contiennent une poudre fine, c'est-à-dire un abrasif nuisible aux fibres du bois. En revanche, certains produits « décireurs » sont applicables au pinceau et sèchent en moins d'une heure. Ils permettent un lustrage rapide mais superficiel.

Un passage général à la térébenthine aura un effet de nettoyage en profondeur qui permettra de préparer une patine durable. La térébenthine est une excellente nourriture pour le bois, et de plus elle fait fuir les bestioles indésirables qui se cachent dans le bois. Après un badigeon à la térébenthine, laissez sécher une journée. Étendez ensuite une cire liquide avec un pinceau en la faisant bien pénétrer, à la façon d'une crème sur l'épiderme : laissez de nouveau sécher quelques heures. Puis faites briller avec un chiffon sec (chiffon non pelucheux, de préférence en lin, ou vieux collant en Nylon). Le bois doit retrouver la brillance qu'il avait perdu et vous n'avez plus qu'à l'astiquer régulièrement avec un chiffon de laine (chaussette ou morceau de vieux chandail).

Si le meuble présente des inégalités de teinte, vous pouvez y remédier avec une cire teintante dite « Antiquaire », composée de cire d'abeille additionnée d'essence de térébenthine (marque Starwax).

Nettoyer

Un nettoyage en profondeur sera toujours salutaire pour le meuble. Passez d'abord un tampon de toile fine imbibé de térébenthine sur toute la surface du meuble. Utilisez un pinceau touffu pour passer dans les interstices des sculptures et les rainures encrassées. Après séchage, les surfaces du bois paraissent encore sales, lavez alors avec un mélange concentré d'eau et de savon de Marseille. Le meuble étant déjà protégé par l'essence de térébenthine, le liquide ne risque pas d'abîmer le meuble. Il faut tout de même passer assez vite le tampon imbibé d'eau savonneuse. Insistez sur les endroits sales qui paraissent plus foncés. Rincez à l'eau claire avec un autre tampon de toile propre, mais toujours en passant rapidement pour que le bois n'absorbe pas l'humidité. Laissez sécher 24 heures et repassez de l'essence de térébenthine sur les endroits lavés. Le nettoyage a pu donner un aspect légèrement plus clair au meuble traité, mais il a gardé sa patine et il ne reste plus qu'à faire reluire comme nous l'avons expliqué précédemment.

Décaper

Si vous possédez un meuble campagnard ancien qui a été jadis peint ou verni, vous pouvez lui donner une nouvelle vie en le décapant. Voici la marche à suivre en commençant par mettre des gants de protection en caoutchouc.

Il est recommandé de procéder aux opérations suivantes en plein air (cour, allée, aire de ciment).

Lessiver

La lessive Saint-Marc diluée dans l'eau chaude est un bon décrassant (voir les doses sur le paquet). Passez une éponge bien imbibée de ce mélange sur toute la surface du meuble. Pour les rainures, les moulures et les sculptures, utilisez une brosse dure en la trempant souvent. Rincez abondamment à l'eau claire. Si l'aspect de la peinture ou de l'ancien vernis est homogène et que vous destinez ce meuble à une cuisine, le premier lessivage est peut-être suffisant. À vous de juger de son aspect selon la place qui lui est destinée.

Décaper

Cette opération a pour but de décoller complètement la peinture ou le vernis de la surface du bois. Un droguiste peut vous renseigner sur les derniers et les meilleurs produits généralement à base de chlorure de méthylène (genre « Décap truc » ou autres marques). Un ébéniste qui possède une grande expérience donne la recette suivante dont nous garantissons l'efficacité.

Opérez en plein air dans un espace dégagé, et les mains bien protégées par des gants. Cette recette est fondée sur la très vive réaction de l'ammoniaque sous l'effet de l'eau oxygénée. Son inconvénient est qu'elle est très désagréable pour l'utilisateur en raison de la violente odeur des vapeurs d'ammoniaque. Il faut donc vous protéger avec un masque de peintre ou un tampon de gaze fixé par un élastique.

Mettez un demi-litre d'ammoniaque dans une bassine, cuvette, compotier en verre ou vieille casserole. Attention, versez toujours l'ammoniaque en premier dans le récipient. Ajoutez ensuite deux bonnes cuillerée à soupe d'eau oxygénée à 130 volumes. Attendez environ 40 secondes. Dès que des petites bulles apparaissent, étalez vite le mélange au pinceau ou à la brosse à récurer la vaisselle. Agissez rapidement en passant bien dans les moulures. Il s'agit de déposer le mélange qui doit glisser sur le bois. Inutile de répéter le geste des peintres. Écartez-vous si les vapeurs d'ammoniaque vous incommodent puis reprenez et terminez rapidement. Le traitement ne doit pas durer plus de deux minutes pour la façade, autant pour les cotés et le fond. Rincez ensuite à l'eau vive, en versant des bassines à la volée ou au jet d'eau, comme pour un lavage de voiture. Le traitement n'altère pas le bois. Il le purge sans rémission de ses parasites et de ses vers.

Si le bois est légèrement éclairci, ne vous inquiétez pas, une remise en couleur lui fera retrouver facilement sa teinte naturelle. Une teinture à l'eau s'applique directement au pinceau. Cherchez la nuance souhaitable en faisant des essais derrière les panneaux de porte ou sur le panneau de fond. Vous pouvez vous-même préparer une teinture avec une décoction de 100 grammes (un demi-verre) de chicorée dans un litre d'eau. Appliquez le mélange au pinceau. Passez dans les deux sens pour éviter les « queues de cochon » laissées au premier passage du pinceau. Après séchage complet, procédez comme indiqué précédemment en passant de la térébenthine au pinceau, puis de la cire liquide étendue à chaud. Cirez et lustrez.

Enlever les taches

Avec ou sans décapage, des taches tenaces peuvent subsister. Voici quelques trucs qui pourront les faire disparaître ou les atténuer.

Les taches grasses

Recouvrez-les d'une bonne couche de talc. Posez trois épaisseurs de papier de soie sur le talc puis, avec un fer à repasser chaud sans être brûlant, repassez en insistant à l'endroit de la tache. Le gras passe alors du bois au papier en imprégnant le talc. La terre de Sommières donne également de bons résultats. Si le gras n'a pas disparu complètement, frottez avec un chiffon enduit d'huile de lin qui prépare l'absorption de la tache en la ramollissant.

Recommencez le repassage avec talc ou terre de Sommières. Effacez les dernières traces avec un papier de verre extrafin en frottant dans le sens du fil du bois. Passez de la térébenthine au tampon. Laissez sécher et enduisez de cirage plus ou moins foncé, de la teinte initiale du meuble.

Pour les taches de cire de bougie, enlevez l'épaisseur au couteau et procédez comme pour les taches grasses.

Les taches maigres

Produites par les boissons alcoolisées, la limonade, le thé ou le café, elles exigent un ponçage à la poudre abrasive additionnée d'huile de lin. Après séchage, finissez à la térébenthine et à la cire.

Les taches d'encre anciennes sur les plateaux de table à écrire sont très difficiles à faire disparaître. Commencez par frotter la tache avec une éponge à dos grattant, trempée dans du lait, frottez ensuite au jus de citron. Si la tache ne s'éclaircit pas suffisamment, essayez prudemment de l'attaquer avec de l'acide sulfurique dilué versé à petites doses sur un coton posé sur la tache. Prenez des précautions pour vos mains, mais sachez que le bois accepte l'acide sulfurique sans perte de substance. Le risque est que le bois s'éclaircisse sur la tache et au-delà de la tache.

Il faudra alors procéder à une remise en couleurs par teinture (voir plus haut) puis reconstituer la patine (térébenthine, huile de lin, cirage, lustrage).

Les acides au sel d'oseille dits oxaliques étendus d'eau chaude donnent également de bons résultats.

Les taches de sang séché ne résistent pas à l'eau oxygénée passée en plusieurs fois.

Les taches de rouille s'éliminent avec un léger ponçage (toujours dans le sens du fil) suivi de Rubigine passée au tampon.

Les taches de mercurochrome s'effacent avec de la benzine passée au tampon. Finissez par un rinçage à l'eau savonneuse.

Les taches de stylo à bille disparaissent avec de l'alcool à brûler. Et comme toujours : térébenthine, séchage, cirage.

Les traces de brûlure du bois, fréquentes sur les meubles anciens par l'emploi des systèmes d'éclairage à la flamme, ou provoquées accidentellement par un fer brûlant ou une cigarette, sont d'autant plus difficiles à atténuer que les fibres du bois ont été en partie détruites et noircies. On ne pourra atténuer les marques de brûlure qu'en procédant à une sorte de curetage à la lime plate ou bombée. Ce qui provoque inévitablement une nouvelle perte de substance ligneuse. Il faudra ensuite corriger l'effet de grattage en retrouvant la coloration d'origine de l'entourage de la brûlure (térébenthine, mise en couleurs, cirage, lustrage).

Éraflures

Nivelez légèrement les bords de la plaie au papier de verre ultrafin. Passez au pinceau du brou de noix plus ou moins étendu d'eau selon la teinte du meuble. Laissez sécher, renouvelez l'opération si nécessaire. On peut aussi essayer prudemment une application de teinture d'iode. Cirez plusieurs fois après séchages successifs.

Opération trous de vers

La présence des parasites du bois se signale par des rejets de sciure fine presque impalpable de couleur jaunâtre, provoquée par le cheminement dans le bois des larves voraces qui creusent des galeries. Commencez par enduire les parois intérieures d'un produit spécial (xylophène), vendu chez le droguiste, pour la protection du bois (ces produits existent aussi sous forme de bombes). L'odeur de ce produit fait sortir les vers de leurs galeries. Pour un traitement de longue durée, injectez le produit dans chaque trou avec une seringue.

Un autre traitement pratiqué par les antiquaires consiste à placer chaque pied du meuble dans une boîte de conserve remplie de pétrole qui, après plusieurs jours, montera par capillarité dans les galeries ouvertes par un petit trou vers l'extérieur. Retirez les boîtes qui normalement se sont partiellement vidées.

Laissez sécher le meuble sur pied. Il est conseillé ensuite de retoucher les trous d'ouverture des galeries avec un mastic à bois de la même teinte que le meuble. Appliquez-le sur les trous, galeries ouvertes et autres détériorations avec un couteau à lame souple. Le rebouchage peut également s'effectuer avec de la cire en pain que l'on passe en frottant directement sur les orifices. Lissez ensuite la surface avec un fer. Laissez durcir, cirez, lustrez.

Attention au vernis

Il ne faut jamais encaustiquer un meuble verni. Il est possible, en revanche, d'enlever les taches d'eau. Râpez un peu de cire blanche dans de l'huile d'olive. Faites fondre ce mélange au bain-marie. Appliquez au pinceau doux sur les taches. Laissez sécher. Frottez au chiffon doux mais non pelucheux.

Glissement des tiroirs

Il arrive souvent qu'un tiroir coince, à l'ouverture comme à la fermeture. On facilitera beaucoup son va-et-vient en frottant les surfaces de contact avec un morceau sec de savon dur, ou encore en passant une bougie sur les arêtes du tiroir.

Recoller un placage

Certains fragments de placage se décollent petit à petit à partir des craquelures. Il faut les recoller le plus vite possible avant qu'un coup de chiffon les accroche, les arrache et les fasse peut-être disparaître. Si un morceau se décolle complètement, recueillez-le et conservez-le précieusement en attendant la réparation.

Avant collage, il convient d'assainir le support en éliminant les restes de colle ancienne. Passez un chiffon mouillé dans l'eau chaude avec une pincée de lessive, puis grattez avec une lime fine. Si le morceau de placage n'est que partiellement décollé, soulevez-le très délicatement et, sans insister, procédez au nettoyage.

Vous pouvez même tenter de replaquer sans ajouter de colle en passant un fer légèrement chauffé (position « soie » pour les fers électriques). La chaleur peut ramollir la colle ancienne et lui redonner un pouvoir adhésif. Il existe trois sortes de colle : les colles à l'ancienne (colle d'os préparée au bain-marie), les colles vinyliques et les colles au Néoprène.

Les colles à l'ancienne, qui ont toujours la faveur des ébénistes, exigent une bonne préparation et nous ne les conseillons pas au réparateur débutant.

Avec les colles vinyliques, d'un emploi facile, évitez surtout les excès qui provoqueraient des épaisseurs et empêcheraient une bonne remise en place.

Mettez un point de colle au centre de la pièce à recoller et chassez-la vers les bords libres par une forte pression avec un manche d'outil. Mettez sous presse le temps nécessaire. Pour exercer une pression prolongée sur une partie galbée, utilisez soit un sac de sable qui maintiendra un serrage uniforme, soit des sangles en toile légèrement mouillées avant de ligoter énergiquement.

Remplacer les pièces manquantes

Il est possible de remplacer sur un meuble certaines pièces manquantes. Il est facile de remettre une vis à une serrure, à une attache de poignée de serrure ou à un accessoire de bronze. Il importe de choisir une vis du même métal ou tout au moins du même aspect qu'une pièce ancienne, fer gris ou laiton d'aspect doré. La brillance de la pièce neuve s'atténuera avec le temps. Choisissez de préférence chez un quincaillier des vis dont la tige filetée soit d'un diamètre légèrement supérieur à l'ouverture laissée vacante. Assurez-vous en vissant sans forcer de la solidité de la prise.

Il est également possible, mais c'est moins simple, de remplacer une cheville disparue ou une cheville branlante. Pour ce dernier cas, retirez la cheville flottante de son alvéole avec une vrille très fine ou une aiguille en acier. Taillez une nouvelle cheville dans un petit tasseau de chêne, hêtre ou noyer, de préférence du même bois que le meuble. Ne « sculptez » pas une cheville ronde mais une cheville avec des arêtes vives, presque carrée, et donnez-lui une forme effilée plus large à la tête qu'à l'extrémité à introduire dans l'orifice d'origine. Enduisez la cheville neuve de paraffine, enfoncez-la au marteau à petits coups. Si la tête dépasse, coupez-la au ciseau à bois ou avec une petite scie à métaux à lame fine, en évitant avec précaution de toucher les alentours de l'orifice d'entrée. N'enfoncez-pas complètement la cheville mais laissez une légère saillie. Il sera possible d'enfoncer plus tard la tête de la cheville jusqu'à l'effleurement à l'aide d'une petite cale d'un calibre légèrement plus grand. Frappez toujours par petits coups jusqu'au nivellement souhaitable.

Bois dorés

Nettoyage

Commencez par retirer délicatement la poussière à la brosse douce, puis battez deux blancs d'œufs dans lesquels vous incorporerez, goutte à goutte, une cuillerée à café d'eau de Javel. Frottez doucement avec ce mélange, et essuyez au fur et à mesure en tapotant avec un tampon de coton.

Pour redonner aux dorures leur éclat, vous pouvez aussi vous servir de jus d'oignon (il faut alors rincer et faire briller à la peau de chamois) ou encore recourir à du vinaigre pur, dont vous humecterez une éponge que vous passerez légèrement ; après rinçage, vous verrez l'or ravivé.

Redorure

Vous pouvez maquiller provisoirement (en attendant de faire appel à un spécialiste) certains manques de dorure avec une touche de peinture dorée. Il en existe plusieurs nuances chez les droguistes (or brillant, or mat, vieil or), ce produit s'applique au pinceau fin. Laissez sécher, enduisez légèrement de cire incolore. Pour éviter le clinquant, passez une couche de vernis.

Bronzes d'ameublement

Entretien

Les bronzes anciens sont dorés au mercure, on disait jadis « à l'or moulu ». Cette technique consiste à passer un amalgame de mercure et de poudre d'or. En chauffant, le mercure s'évapore (en vapeurs très toxiques) et l'or reste solidement fixé au support de bronze. À partir de 1830, le procédé de dorure par électrolyse s'est substitué à la dorure au mercure. Vous pouvez confier vos bronzes à un redoreur spécialisé. Pour leur redonner de l'éclat, n'utilisez jamais de produits destinés au nettoyage des cuivres qui attaqueraient la dorure d'origine. Lavez les pièces de bronze doré avec une brosse douce (ou une brosse à dents) trempée dans l'eau savonneuse additionnée de quelques gouttes d'ammoniaque ou d'une petite dose de lessive Saint-Marc (20 grammes par litre d'eau). Rincez à l'eau pure. Gardez un chiffon à la main pour empêcher l'eau de couler sur le bois. Passez le bronze au cirage incolore qui le protégera en lui gardant son brillant.

Remplacement des bronzes

Vous trouverez des bronzes d'ornement au moins dans certaines brocantes ou aux Puces de Saint-Ouen. Si vous ne retrouvez pas le modèle d'origine, autant remplacer tous les bronzes par des modèles anciens convenant au style du meuble, ce qui vaut mieux que des bronzes dépareillés. On peut aussi trouver des copies d'ancien chez les spécialistes des bronzes d'ameublement, mais ils sont rarement d'aussi belle qualité.

Il est possible de refixer les bronzes des poignées de tirage qui ne tiennent qu'à moitié. Retirez les petits clous dorés placés dans les motifs de bronze. Mesurez ces clous pour en chercher qui soient très légèrement plus longs (pas plus de 2 millimètres). Avant d'enfoncer les nouveaux clous, frappez la pointe avec un marteau en le tenant avec une tenaille contre un bloc de fer. C'est un vieux truc de menuisier qui évite de fendre le bois de support. Enfoncez à tous petits coups après avoir enveloppé la tête du marteau dans un chiffon pour éviter qu'un choc maladroit abîme le bois aux alentours. Laissez dépasser la partie supérieure du clou de 5 millimètres et appliquez sur la tête un chasse-pointe sur un gros clou coupé à la base avec une scie à métaux. Clouez par petits coups en évitant d'atteindre les reliefs du bronze.

Ferrures

Pour nettoyer les ferrures encrassées ou piquées de taches de rouille, démontez-les en gardant les vis. Trempez les plaques de ferrure dans un bain de pétrole et frottez avec une toile émeri triple zéro (la plus fine). Séchez et faites briller au chiffon fin. Passez une cire neutre (ou un cirage incolore) d'une marque de bonne qualité.

Marbres

Nettoyage

Passez à l'éponge imbibée d'eau savonneuse obtenue avec du savon de Marseille. Faites sécher le marbre décrassé. Préparez une bouillie épaisse composée d'un demi-litre d'eau mélangée à du blanc d'Espagne. Laissez sécher la bouillie plusieurs heures. Frottez énergiquement au chiffon sec.

Cassure

Il est possible, mais risqué, de recoller un marbre brisé si la cassure est nette malgré le grain irrégulier. Nettoyez les deux parties à l'eau savonneuse. Séchez bien au chiffon. Préparez une colle époxyde à deux composants (voir notice). Enduisez légèrement les deux parties en évitant toute épaisseur de colle. Avant de les rapprocher, prévoyez un serrage à plat en appui contre un mur d'un côté avec des poids (ou des gros dictionnaires) de l'autre. Rapprochez les deux parties d'un seul coup avec fermeté. Assurez la pression des deux côtés. Collez au-dessus de la fracture une toile fine enduite de colle de pâte. Laissez en place au moins deux heures. Arrachez la toile d'un seul coup. Le collage terminé doit avoir la solidité de la pierre. Nettoyez éventuellement les bavures avec un coton imbibé d'alcool.

INDEX

A

- Abini (Franco) 140
- Acajou 98
- Accotoirs 31, 45
- Adam (Robert) 180
- Adnet (Jacques) 142, 148
- Alchimia 141
- Androuet Du Cerceau (Jacques) 29
- Arbus (André) 141
- Arcs en plein cintre 22
- Arman (Armand Fernandez) 143, 148
- Armoire à deux corps 30
- Armoire à glace 112
- Armoire d'Aubazine 20
- Armoire lingère 190, 193
- Armoire Louis XIII 34
- Armoire 31
- Arnal (Monique) 148
- A la dantesca 159
- Arquillas 158
- Arte joven 128, 163
- Art pauvre 169
- Assemblage à joints vifs 12
- Athénienne 86
- Audran (Claude III) 39
- Avisse (Jean) 70
- A la capucine 47
- A orbevoie 24
- A plis de serviette 24

B

- Babylone, 8
- Bahut 18
- Banc 19
- Barbedienne (Ferdinand) 123
- Barbière 89
- Bargueño 34, 158
- Bauhaus 134
- Baumhauer (Joseph) 64
- Beeldenksaft 197
- Benemann (Guillaume) 90
- Berain (Jean) 38, 39
- Bergère 55
- Bernard 64
- Beurdeley (Louis-Auguste-Alfred) 119
- Biedermeier 125, 194, 195
- Biennais (Martin-Guillaume) 98, 101
- Bing (Samuel) 129
- Bisel 9
- Blanket-chest 189
- Bluc (André) 143
- Bois de rose 17
- Bois de violette 17
- Bois dorés 222
- Bois indigènes 105
- Bonetti (Mattia) 143
- Bonheur-du-jour 63, 77
- Borne 121
- Boudeuses 120
- Boulle (André Charles) 36, 38, 40
- Bourrage 204
- Branzi (Andrea) 144
- Bredin (Denis) 30
- Breuer (Marcel) 138
- Bronzes d'ameublement 218
- Buffet anversois 197
- Buffet à deux corps 44
- Buffet à diminutif 31
- Buffet de chasse 44
- Buffet-dressoir 191
- Bureau à cylindre 62
- Bureau à dessus brisé 62
- Bureau de dame 77
- Bureau en dos d'âne 62
- Bureau Mazarin 34, 41
- Bureau-ministre 100
- Burgau 118
- Byzance 10

C

- Cabinet 30, 34
- Cabriolet 70, 78
- Calder (Alexander) 148
- Canabas 87
- Canapé 55
- Caquetoire 31
- Carabin (François Ruppert) 131
- Carlin (Martin) 90
- Cassone 158, 164
- Ceinture 35
- Certosina 27
- Chaire 24
- Chaise à bras 31, 35
- Chaise à la perroquet 47
- Chaise à tenailles 31
- Chaise brisée 47
- Chaise longue 55
- Chareau (Pierre) 136
- Charivari 120
- Châtaignier 15
- Chayères 19
- Chenevières (Pierre) 30
- Chêne rouvre 15
- Chest of drawers 187
- Chesterfield 187
- Chevrons 45
- Chiffonnier 62, 65
- Chiffonnière 65
- Chippendale (Thomas) 94, 180
- Claw-and-ball 177
- Coard (Marcel) 137
- Cochin (Nicolas) 74, 76
- Coiffeuse 65, 89
- Colbert 37
- Col de cygne 109
- Commesso 167
- Commode à encoignures 86
- Commode à l'anglaise 86
- Commode à la Régence 52
- Commode à ressaut 86
- Commode demi-lune 86, 88
- Commode en arbalète 52
- Commode en tombeau 52
- Commode 42
- Confidents 120
- Console 42
- Contador 159
- Coquilles 38
- Cornucopia 160
- Coulisseaux 31

- Coupe d'onglet 13
- Crédence 191
- Credenza 168
- Cressent (Charles) 52
- Crosse 37
- Cul de four 79
- Cupboard 172, 175

D

- Dagobert 11
- Dasson (Henri) 119
- Daum (les frères) 131
- Davenport 176
- David (Jacques-Louis) 102
- De Feure (Georges) 131
- Décors grecs 82
- Décors mauresques 197
- Décors romains 82
- Delanois (Louis) 79, 91
- Delorme (Philibert) 29
- Dents de loup 19
- Design fonctionnel 148
- Desmalter (Georges-Alphonse) 107
- Dossier à bandeau 94
- Doucines 110
- Dressoir 24
- Dubois (Jacques) 64
- Dufresne (Maurice) 132
- Dunand (Jean) 137
- Duvaux (Lazare) 80

E

- Eames (Charles) 140
- Ébène 17
- Ébénistes 35
- Éclectisme 122
- École de Fontainebleau 31
- École de Munich 132
- École de Nancy 130
- Egyptian Revival 125
- Empire 96
- Entrejambe 45
- Entrelacs 19, 31
- Entretien des meubles 214
- Entretoise 35, 45
- Épicéa 16
- Époque romane 18
- Escritoria 159
- Estampille 202

F

- Experts 206
- Faudesteuils 19
- Fauteuil 45
- Fauteuil à la reine 66, 68, 78
- Fauteuil en confessional 46
- Fauteuil Voltaire 109
- Ferrures 219
- Feuillage déchiqueté 24
- Feuillages 27
- Feuilles d'acanthe 27, 29, 37
- Fleurons 24
- Floréalisme 171
- Follot (Paul) 136
- Fontaine (Pierre-François) 96
- Fonte industrielle 118
- Fourdinois (Alexandre-Georges) 119
- Frais de vente 206
- Frédéric II Le Grand 194
- Frêne 15
- Frisage 86

G

- Gabriel (Jacques Ange) 76
- Gagnère (Olivier) 144
- Gaillard (Eugène) 130
- Gallé (Émile) 130
- Garanties d'authenticité 201
- Garanties syndicales 203
- Garouste (Élisabeth) 143
- Gastou (Yves) 148
- Gate-legs 175, 189
- Gâteau 30
- Gaudi (Antonio) 163
- Gaudreaux (Antoine) 64
- Gengenbach (Joseph) 87
- Génie du christianisme 108
- Giacometti (Diego) 143, 148
- Gobelins 37
- Godrons 31
- Gole (Pierre) 37
- Goncourt (Edmond de) 129
- Gothic Revival 125
- Gothique 23, 108
- Gothique flamboyant 23
- Gothique lancéolé 23
- Gothique rayonnant 23
- Grohé (Guillaume) 119
- Gropius (Walter) 134
- Groult (André) 137
- Guéridon 43
- Guimard (Hector) 130

H

- Hardouin-Mansart (Jules) 37
- Henri II 29
- Henri IV 32
- Hepplewhite 181
- Herculanum 9, 74
- Herminette 20
- Hêtre 15
- Heurtaud (Nicolas) 70
- High table 173
- Hitchcock-chair 189
- Hoffmann (Joseph) 132
- Hogarth (William) 73
- Horta (Victor) 128
- Huchier 11, 12

I

- Imagiers 12
- Intarsia 26, 58, 165

J

- Jacob (Geoges II et François-Honoré) 92
- Jacob (Georges) 90, 91

- Jacobean 175
- Japonisme 126
- Jarret de lion 6
- Jeanselme (Pierre-François) 119
- Joints vifs 20
- Joseph 64
- Jourdain (Francis) 136
- Jugendstil 128, 195

K

- Kambli (Johann Melchior) 194
- Klaft 95
- Krieger 119

L

- Lacroix 64
- Lalique 129
- Lalive de July 76
- Lavabo 102
- Le Corbusier 135, 140, 146
- Lectrin 13
- Lelarge (Jean-Baptiste III) 91
- Leleu (Jean-François) 87
- Lemarchand (Louis-Edouard) 119
- Lingotière 38, 62
- Lit 103
- Lit à l'ange 103
- Lit à l'impériale 47
- Lit à la duchesse 47
- Lit à la française 72
- Lit à la polonaise 72, 103
- Lit d'ange 47
- Lit en bateau 103
- Loewy (Raymond) 149
- Loos (Adolf) 135
- Louis XIII 32
- Louis XIV 36
- Louis XV 56
- Louis XVI 80

M

- Mackintosh (Charles) 128
- Mahogany 17
- Mains pendantes 83
- Majorelle (Louis) 131
- Mallet-Stevens (Robert) 136
- Mare (André) 137
- Marie-Antoinette 80
- Mariette (Pierre Jean) 39
- Marqueterie 27, 38
- Martin (Guillaume et Étienne) 60
- Mategot (Mathieu) 143
- Mategot (Xavier) 143, 148
- Mauresque blanche 27
- Mazarin 32
- Memphis (groupe) 144
- Mercier 119
- Merisier-cerisier 16
- Meubles à transformation 89
- Meubles d'argent 39
- Milk-safe 189
- Modern Style 126
- Modernista 163
- Mollino (Carlo) 141
- Moraillons 22
- Moreux (Jean-Charles) 141
- Moser (Kolo) 132
- Motifs gothiques 156
- Motifs mudéjars 24
- Mourgue (Olivier et Pascal) 142

N

- Napoléon Ier 114
- Napoléon III 114
- Néo-Louis XIV 114
- Néo-Louis XV 114
- Néo-Louis XVI 114
- Néo-rocaille 114
- Nettoyage des marbres 219
- Noll (Alexandre) 148
- Nouvel (Jean) 144
- Noyer 15, 38

O

- Œben (Jean-François) 64, 78, 88
- Orillon 46
- Orme 15
- Os de mouton 45
- Ottomanie 126
- Oves 31

P

- Palissandre 17
- Palmettes 19, 31, 51
- Papier mâché 118
- Parchemin 24
- Patine 208
- Patte de lion 6
- Paulin (Pierre) 142
- Pentures 20
- Percier (Charles) 96
- Perriand (Charlotte) 142
- Pied en gaine 37
- Pied en jarret 103
- Pied en sabre 103
- Pied rudenté 89
- Pieds arrière 103
- Pignon bourgeonnant 24
- Pin maritime 16
- Pin sylvestre 16
- Pinacle 29
- Placet 35
- Platane 16
- Pointe de diamant 30
- Poiret (Paul) 136
- Poirier 16
- Pommier 16
- Pompadour 80
- Pompéi 9, 74
- Ponteuse 90
- Ponti (Gio) 140
- Portzamparc (Christian de) 145
- Pouf 121
- Printz (Eugène) 137
- Prix au marteau 203
- Prouvé (Jean) 137, 142, 148
- Prouvé (Victor) 131

- Prud'hon (Pierre-Paul) 102
- Psyché 102, 112

Q

- Queen Ann 176
- Queue d'aronde 12
- Quinet (Jacques) 142
- Quinibert-Foliot (Nicolas) 70, 73

R

- Rateau (Armand-Albert) 137
- Ratonas 162
- Récamier (Madame) 103
- Refectory table 173, 175
- Regency 183
- Renaissance 26
- Ressorts spiraux 109
- Restauration 104
- Retour d'Égypte 95
- Révision 205
- Riesener (Jean-Henri) 78, 87, 89, 91
- Rietveld (Thomas) 133
- Rinceaux 27
- Rocking-chair 189
- Roentgen (Abraham) 194
- Roentgen (David) 87, 194
- Rollin (Lucien) 142
- Rosace 24
- Rotin 119
- Roubo 66
- Royère (Jean) 141
- Ruhlmann (Jacques-Émile) 135, 137

S

- Saarinen (Eero) 140
- Saint-Germain-l'Auxerrois 24
- Sambin (Hugues) 30
- Secrétaire à abattant 63, 85
- Secrétaire à dessus brisé 62
- Secrétaire à guillotine 85
- Secrétaire de dame 63
- Sedia dantesca 31, 166
- Sedia savonarola 31
- Seicento 166
- Selle 19
- Séné (Jean-Baptiste) 91
- Sezessionstil 125, 128
- Sgabello 166
- Sgraffito 165
- Sheraton 180
- Sideboard 172, 175
- Sièges courants 46
- Sièges meublants 46
- Sillon de frailero 158
- Sofa 72
- Somno 102
- Sormani 119
- Splat 177
- Starck (Philippe) 143
- Stile Liberty 128
- Stipo 34, 168
- Studiolo 168
- Style auriculaire 192
- Style à la grecque 83
- Style étrusque 96
- Style Fernandino 163
- Style georgien 178
- Style Isabelino 163
- Style moustache 114
- Style pastiche 116
- Style victorien 185
- Süe (Louis) 137
- Suppression des corporations 92

T

- Table à écrire 34, 86
- Table à l'italienne 31
- Table à la Bourgogne 63
- Table à la Tronchin 88
- Table à ouvrage 86
- Table d'en-cas 86
- Table de jeu 65, 86
- Table de toilette 65
- Table liseuse 65
- Table Pembroke 183
- Table volante 54
- Table-bouillotte 86
- Table-coiffeuse 65, 102
- Table-console 43
- Tables gigognes 119
- Tabourets 35, 47
- Tallemouze 31
- Tall-boy 176, 178
- Tenons et mortaises 20
- Thomire (Pierre-Philippe) 98, 101
- Thonet (Michael) 129, 138
- Tiffany 129
- Tilleul 15
- Toilette 102
- Tournage des bois 34
- Transition 76
- Trophée 37
- Troubadour 108
- Trous de vers 209, 216
- Tudor 174
- Turquoise 72

V

- Vallin (Eugène) 131
- Van Riesen Burgh (Bernard) 64
- Vandercruse (Roger) 64
- Verterelle 22
- Vertugadins 31
- Victoria 185
- Voyelle 71, 89, 90
- Voyeuse 71, 90
- Vrederman de Vries (Hans) 197

W

- Wedgewood 180
- Weisweiller (Adam) 84
- Wilmotte (Jean-Michel) 142
- Wing-chair 188
- Withdraw table 174

CRÉDIT ICONOGRAPHIQUE

Couverture (à partir d'en haut à gauche) : Galerie Vallois, DR, J. Boccador, DR, Gismondi, R. Nice, Sotheby's, DR, Christie's, DR.
Sommaire et préface : R.M.N. (Musée du Louvre), P. Barrau, DR, Étude C. Charbonneaux, DR, Étude Ader, Picard, Tajan/Hermanovits-Nico, DR, Barrau, Étude C. Charbonneaux, G. de Montleau, DR.

Antichita' Tullio Silva : p. 138 ; p. 165 - Les Antiquaires à Cannes : p. 90 - Editions ARTcurial : p. 145 (en haut) P. Barrau (Brives) : p. 21 ; p. 22 - Bibliothèque nationale : p.11 - XVIIIème Biennale Internationale des Antiquaires. (13 septembre - 29 septembre 1996 au carrousel du Louvre à Paris) : p. 165 - J. Boccador : p. 23 ; p. 26 - J.-P. Bourret : p. 147 - B. Bresset : p. 18 ; p. 47 - Christie's : p. 40 ; p.42 ; p. 45 ; p. 69 (à droite) ; p. 71 ; p. 84 - J.-P. Defail : p. 35 ; p. 111 - A. Desogère : p. 27 - P. R. Doumic : p. 28 - Droits réservés : p. 32 ; p. 33 ; p.35 ; p. 43 ; p. 58 ; p. 60 ; p. 62 ; p. 73 ; p. 74 ; p. 75 ; p. 78 ; p. 80 ; p. 81 ; p. 83 ; p. 92 ; p. 93 (à droite) ; p. 105 ; p. 109 (en haut) ; p. 115 ; p. 126 ; p. 127 ; p. 130 ; p. 131 ; p. 133 ; p. 134 (en haut et en bas) ; p. 143 ; p. 144 ; p. 169 ; p. 189 - Drouot : p. 25 ; p. 192 - D. Duault : p. 88 - Encyclopédie Diderot : p. 67 - Etude Catherine Charbonneaux : p. 139 ; p.140 ; p. 141 ; p. 145 - Etude Ader, Picard, Tajan : p. 46 ; p. 56 ; p. 97 ; p. 116 ; p. 118 ; p. 119 ; p. 120 (en bas) ; p. 121 ; p. 157 ; p. 159 ; p. 161 - Expo cts : p. 93 - P. Farley : p. 195 - D. Feintrenie : p. 149 (VIA : 46.28.11.11) - Frémontier : p. 162 - T. de Galleani : p. 51 (Les Antiquaires à Cannes) - Y. Gastou : p. 142 (à droite) - Galerie Camoin : p. 132 - Galerie Michel Descours : p. 54 ; p. 85 (en haut) - Galerie David Gill (Londres) : p. 145 (en bas) - Galerie Vallois : p. 134 ; (au milieu) p. 136 ; p. 137 - Gismondi : p. 37 ; p. 40 ; p. 44 (à gauche) ; p. 45 ; p. 49 ; p. 65 ; p. 66 ; p. 69 (à gauche) ; p. 72 ; p. 85 (en bas, à droite) ; p. 89 ; p. 109 (en bas) ; p. 167 - Hermanovits-Nico : p. 36 (Les Antiquaires à Cannes) ; p. 57 (Les Antiquaires à Cannes) ; p. 82 (à droite ; Les Antiquaires à Cannes) - Huntington Antiques (Stow-on-the-Wold, Gloucestershire) : p. 173 ; p. 174 ; p. 177 ; p. 191 - J. Janisson : p. 86 - Kugel : p. 193 - H. Kuszelewic, Village suisse : p. 112 - F. Laffanour : p. 142 (à gauche) - Mailfert-Amos : p. 208 ; p. 209 ; p. 210 - Millon : p. 135 - G. de Montleau : p. 59 (Les Antiquaires à Cannes) - P. Mouffet : p. 38 ; p. 41 ; p. 44 (à droite, Les Antiquaires à Cannes) ; p. 55 (Les Antiquaires à Cannes) ; p. 61 ; p. 79 (Les Antiquaires à Cannes) p. 170 (en haut, Les Antiquaires à Cannes) ; p.171 - Musée des Beaux Arts de Dijon : p. 30 - R. Nice : p. 53 - A. Panderis : p. 68 - J. L Picard : p. 168 - R.M.N (Musée du Louvre): p. 7 - Renard et fils : p. 170 (en bas) - Renoncourt : p. 104 ; (en bas) ; p. 103 ; p. 106 ; p. 107 - Scuoppo-Musso : p. 100 - Ph. Sebert : p. 55 (à gauche) ; p. 95 - Sotheby's : p. 63 ; p. 77 ; p. 85 (en bas, à gauche) ; p. 99 ; p. 101 ; p. 103 ; p.120 (en haut) ; p. 123 ; p. 124 ; p. 125 ; p. 128 ; p. 129 ; p. 179 ; p. 182 ; p. 185 ; p. 187 ; p. 197 ; p.198 ; p. 199 - Villa Kerylos (Beaulieu sur mer) : p. 8 ; p. 9 - J. & M. Wolber : p. 82 (à gauche).

L'auteur remercie particulièrement les musées et organismes qui ont facilité les recherches iconographiques et complété les illustrations : le Musée du Louvre ; le Musée des Arts Décoratifs ; le Musée des Beaux-Arts de Dijon, la Bibliothèque Nationale, la Mairie d'Aubazine et la Villa Kerylos.
Ainsi que les antiquaires, comissaires-priseurs et experts suivants pour leur aimable collaboration : Jacqueline Boccador ; Bresset et fils ; Monique Desprairies ; Yves Gastou ; Jean Gismondi et Isabelle Richard ; Michel d'Istria ; Henri Kuszelevic ; Renoncourt ; Vallois ; le service de presse de l'hôtel Drouot ; l'étude Tajan et Dominique Perrin ; l'étude Couturier-Nicolay ; Christie's ; Sotheby's ; Huntington Antiques ; le cabinet d'expertise Camard ; Milcko Stack ; Garouste et Bonetti ; la galerie Downtown ; V.I.A ; Claude Amos (" Faux et usage de faux "). Les Éditions Vial et la maison George (bois, essences et variétés).

Dépôt légal : Janvier 2006
ISBN : 2-01.236936.7
23.48.6936.02- 1
Imprimé en France par I.M.E. - 25110 Baume-les-Dames